von Charlotte
31.5.2013

Drei Leben für die bayerische Krone

Karl Otmar von Aretin

Drei Leben für die bayerische Krone

Adam, Georg und Christoph von Aretin

Verlag Friedrich Pustet
Regensburg

Bibliografische Information der Deutschen Nationalbibliothek
Die Deutsche Nationalbibliothek verzeichnet diese Publikation in der Deutschen Nationalbibliografie; detaillierte bibliografische Angaben sind im Internet über http://dnb.d-nb.de abrufbar.

www.verlag-pustet.de

ISBN 978-3-7917-2476-8

Satz, Druck und Bindung: Friedrich Pustet, Regensburg
Umschlaggestaltung: Heike Jörss, Regensburg
Printed in Germany 2013

Inhalt

Redaktioneller Hinweis:

STAKA = Staatskanzlei
Minn = Ministerium des Inneren
MF = Finanzministerium
MA = Ministerium des Äußeren
Wien = Haus-, Hof- und Staatsarchiv
München = Hauptstaatsarchiv München
Donzdorf = Archiv des Grafen Rechberg
Haidenburg = Archiv der Freiherren von Aretin; es befindet sich heute im Bayerischen Hauptstaatsarchiv unter „Haidenburg“
ZbLG = Zeitschrift für Bayerische Landesgeschichte
HRG = Handwörterbuch zur Rechtsgeschichte
Die zahlr. Briefe Adam v. Aretins an seine Frau sind nicht einzeln nachgewiesen.

Wappen der Freiherren von Aretin
Die Krone verweist auf die fürstliche Abstammung der Aroutions,
das Schiff im Herzschild auf die Flucht des Ahnherrn als Kind
von Konstantinopel nach Venedig per Schiff

Vorwort

Es war eine spannende Zeit, in der die drei Brüder Aretin lebten.

Karl Albert von Aretin, ihr Vater, hatte dafür gesorgt, dass seine Söhne in den Dienst des bayerischen Kurfürsten traten. Der Älteste, Adam, kam im Lehenhof und als Rat in der Regierung unter; Georg arbeitete in der Donaumooskultur und Christoph ging an das Reichskammergericht in Wetzlar. Alle drei hatten in den 1790er Jahren die Endzeit des ungeliebten Kurfürsten Karl Theodor erlebt. In dieser Zeit war Bayern zum Teil Kriegsgebiet und wurde mehr verwaltet als regiert.

Für die Aretins brach mit der Regierungsübernahme Kurfürst Max IV. Joseph, ab 1806 König Max I. Joseph, in München eine neue Zeit an. Mit Begeisterung stellten sie sich in den Dienst des allmächtigen Ministers, Maximilian Graf von Montgelas, und dessen Reformprogramm. In diesem neuen Bayern machten sie in unterschiedlichen Bereichen Karriere:

Adam, geboren am 24. August 1769, wurde ein enger Mitarbeiter Montgelas'. Er gewann das besondere Vertrauen des Königs, indem er als Leiter des Verfassungsausschusses dessen Bemühungen um eine Verfassung für Bayern unterstützte. Als Vertreter Bayerns am Deutschen Bundestag in Frankfurt versuchte Aretin vehement, für Bayern eine besondere Stellung zu gewinnen.

Georg von Aretin, geboren am 29. März 1771, gehörte zu den Beamten, die in Tirol die bayerische Verwaltung einzuführen hatten. 1808 wurde er Generalkommissar des Eisackkreises, ein Amt, das er in den Turbulenzen des Tiroler Aufstands, 1809, verlor.

Christoph, geboren am 2. Dezember 1772, ist wohl der bekannteste der drei Aretins. Er war lange Zeit Oberhofbibliothekar, der die bibliophilen Schätze der in der Säkularisation aufgehobenen Klöster nach München überführte. Glanzvolle mittelalterliche Handschriften, Inkunabeln sowie Bücherschätze des 15.–18. Jahrhunderts sind heute der Stolz und der weltweite Ruhm der Bayerischen Staatsbibliothek. In seinen Schriften verteidigte Christoph die Reformen Montgelas'. Seine hier erstmals verwendeten Tagebücher über die Landtage von 1819 und

1822 geben wichtige neue Aufschlüsse. Sein *Staatsrecht der Konstitutionellen Monarchie* von 1824 erlebte mehrere Auflagen.

Es ist schwierig, drei zeitlich parallel laufende Leben zu beschreiben. Was die Brüder einte, war ein starker Familiensinn und die Begeisterung für die Reformen Montgelas'. Die Aretins waren in einer Zeit aktiv, als das moderne Bayern Gestalt annahm, eine Entwicklung, die sie auch publizistisch unterstützten.

Neues Licht wird in der vorliegenden Arbeit auf das Verhältnis König Max I. Joseph zu seinen Ministern und Räten geworfen. Wer sein Vertrauen gewonnen hatte, wurde von ihm nachhaltig unterstützt. Die Tatsache, dass er sich nicht gegen Montgelas durchsetzen konnte, zeigte sich bei der Verfassungsfrage: Mehrfach versuchte der König, die Verfassung von 1808 durch eine Volksvertretung zu ergänzen. Er scheiterte an Montgelas, der es ablehnte, seine Reformmaßnahmen mit einer Volksvertretung zu diskutieren.

Natürlich ist eine Arbeit, in der der Autor ein Nachfahre des hier dargestellten Adam von Aretin ist, auch eine Familiengeschichte. Sie ermöglichte den Zugriff auf bisher unveröffentlichtes Quellenmaterial, wie zum Beispiel den reichen Bestand an Briefen und anderen Unterlagen im Familienarchiv Haidenburg und die Tagebücher Christoph von Aretins.

So hofft der Autor, dass die Darstellung der Lebensläufe der drei Brüder von Aretin das Wissen zu dieser wichtigen Epoche der bayerischen Geschichte vertieft.

I. KAPITEL

Die Familie von Aretin zur Zeit Kurfürst Karl Theodors

Als Adam von Aretin am 24. August 1769 als ältester der drei Brüder geboren wurde, hatte sein Großvater wenige Monate zuvor, am 11. April 1769, vom bayerischen Kurfürsten Maximilian III. Joseph die Nobilitierung erhalten. Mit dieser formellen Eingliederung in den bayerischen Adel war aus dem ursprünglich aus Armenien stammenden Johann Baptist Christoph Aroution der Stammhalter der Familie von Aretin in Bayern geworden. Was nun folgte, war die Geschichte eines beispiellosen gesellschaftlichen Aufstiegs, der in den Karrieren seiner drei Enkel, um die es hier gehen soll, seinen Ausdruck fand.

Um die Entwicklung nachvollziehen zu können, die sich innerhalb von nur drei Generationen vollzog, ist es aufschlussreich, sich die Herkunft der Familie und die einzelnen Schritte ihrer Assimilation, der geschickten Beziehungspflege und der kulturellen Prägung in Bayern genauer anzusehen. Nur so ist zu verstehen, wie aus den anfänglichen Außenseitern innerhalb des bayerischen Adels später die Mitgestalter des modernen bayerischen Staates werden konnten.

Die armenische Abstammung der Familie

Der Großvater der drei Brüder, Johann Baptist Christoph Aroution Caziadur, wurde am 24. Mai 1706 in Konstantinopel geboren. Im Alter von vier Jahren kam er zu der im Spanischen Erbfolgekrieg nach Venedig geflüchteten bayerischen Kurfürstin Therese Kunigunde. Kurz zuvor war er noch in der armenischen Marienkirche von Konstantinopel unter reger Mitwirkung des niederen und höheren Adels getauft worden. Der Taufschein vom 8. Mai 1710 weist ihn als Sohn des königlichen Fürsten Bagdasar aus Siounik und der Prinzessin Cogza aus Karabach aus.

Lange Zeit hielten Historiker den Taufschein für eine Fälschung und vermuteten, dass es sich bei dem Ahnherrn der Familie Aretin um einen nichtehelichen Sohn von Kurfürstin Therese Kunigunde und ihrem Beichtvater, dem Jesuiten Smakers handele.[1] Erstmals hat der bayerische Historiker Karl Heinrich Ritter von Lang in seinen Erinnerungen diese Version erbracht. Inzwischen konnte nachgewiesen werden, dass die auf dem Taufschein genannten Personen zu der angegebenen Zeit in Konstantinopel waren und ihre Unterschriften echt sind.[2] Dasselbe gilt für das Siegel des apostolischen Patriarchats in Konstantinopel auf dem Taufschein.

Die königliche Abstammung Aroutions jedoch, auf die in diesem Dokument hingewiesen wird, beruht auf einem Missverständnis. Zu dieser Zeit gab es keine Könige von Armenien mehr, der Landstrich war Teil des persischen Reichs. Vor allem in den östlichen Provinzen Armeniens herrschten seit Mitte des 15. Jahrhunderts durchgängig örtliche Adelsdynastien, die sogenannten „Meliks". Diese aus dem Arabischen übernommene Bezeichnung ist ihrer ursprünglichen Bedeutung nach zwar mit „König" zu übersetzen; im Armenischen bezeichnet „Melik" jedoch einen Adelstitel, der etwa dem deutschen „Gaugraf" entspricht.

Der als Aroutions Vater genannte Bagdasar Melik von Siounik lässt sich tatsächlich als eine historische Persönlichkeit nachweisen. Sein Name taucht sowohl in den Akten des Archivs in Eriwan, wie auch auf einem Schreiben auf, mit dem mehrere armenische Meliks dem Kurfürsten Johann Wilhelm von der Pfalz, einem Wittelsbacher, anboten, König von Armenien zu werden.[3] Siounik liegt an der armenisch-persischen Grenze. Im 17. Jahrhundert tobte im Staatsgebiet des heutigen Armenien ein erbitterter Kampf zwischen Persern und Türken um die Vorherrschaft. In der Folge emigrierten zahlreiche Armenier ins Ausland. Eine Vertreibung des Melik von Siounik durch den Schah von Persien ist aus dieser Zeit verbürgt.

Fürst Bagdasar ist vermutlich mit seiner Frau nach Konstantinopel geflohen, wo er wahrscheinlich Opfer der schweren Pestepidemie wurde. Wohl um ihren Sohn vor der beginnenden Verfolgung von armenischen Christen in Konstantinopel zu schützen, schickte die Witwe Bagdasars 1710 den knapp Vierjährigen ohne Begleitung auf dem Schiffsweg von Konstantinopel nach Venedig an den Hof der bayerischen Kurfürstin. In seinem Gepäck befanden sich lediglich ein Empfehlungsschreiben des französischen Botschafters und einige Kostbarkeiten aus dem Besitz Bagdasars. In Venedig hatte sich in den Jahren zuvor auch der armenische Diplomat Israyel Ori aufgehalten, der Kontakt zum bayerischen Hof besaß, und es gab es eine große armenische Gemeinde.

Hier wurde Aroution am Hof der im Exil lebenden bayerischen Kurfürstin Therese Kunigunde aufgenommen, der die Habsburger die Rückkehr nach Bayern verweigert hatten. Auch wenn sie sich in zahlreichen Bittschreiben um die Rückkehr nach München bemühte, musste sie, getrennt von Mann und Kindern, bis 1715 in Venedig bleiben, wo ihre finanziellen Spielräume immer enger wurden. Therese Kunigunde war daher über die Ankunft eines armenischen Kindes, in dessen Gepäck sich Preziosen fanden, nicht unglücklich. Die Kurfürstin verstand es, sich ihr Leben im Exil so angenehm wie möglich zu gestalten. Nach eigenen Angaben war der junge Aroution bei diversen Anlässen mit dabei.

1715 betrat Aroution im Gefolge der Kurfürstin erstmals bayerischen Boden und wurde von ihr als königlicher Prinz von Armenien in München eingeführt. Auch wenn es für die von Aroution für sich beanspruchte Adoption durch Therese Kunigunde keine Quellen gibt, scheinen beide Zeit ihres Lebens ein enges Verhältnis gehabt zu haben. So hat die Kurfürstin Aroution beispielsweise 1728 angeboten, sie nach Venedig zu begleiten, wo sie bereits zwei Jahre später starb. Mit Rücksicht auf seine schwangere Frau kam Aroution dem Wunsch der Kurfürstin nicht nach. Gemeinsam mit den Söhnen des Kurfürsten Max Emanuel erhielt Aroution zunächst seine Erziehung in der kurz zuvor gegründeten Ritterakademie Ettal, wo er auf kurfürstlichen Wunsch als Mitglied des hohen Adels eingestuft war. Seit 1721 führte er – mit eigener Wohnung in der Residenz ausgestattet – ein privilegiertes Leben und wurde bereits 1723 vom Kurfürsten zum Hofkammerrat ernannt. Sein mitunter ausschweifendes Leben am Münchner Hof fand ein abruptes Ende, als er im Streit einen Kammerdiener erstach. Die Kurfürstin drang darauf, ihn aus München zu entfernen und ließ ihn als Hauptmautner an das Haupt- und Grenz-Mautamt in Ingolstadt versetzen.

Dort heiratete Aroution bereits mit 19 Jahren 1726 in den örtlichen Adel ein. Seine Frau Maria Anna von Chlingensperg stammte aus einer Familie bekannter Juristen, die das junge Paar maßgeblich unterstützte und dafür sorgte, dass die Söhne Aroutions später als Beamte Fuß fassen konnten. Aus der Ehe gingen zehn Kinder hervor. Karl Albert, der Vater der drei Brüder Aretin, von denen hier die Rede sein soll, war der jüngste Sohn Aroutions. Er wurde am 3. September 1741 in Ingolstadt geboren. Seine neun Geschwister waren vier Brüder und fünf Schwestern. Der älteste Bruder, Christoph, wurde Oberlehenhofkommissar und kurbayerischer Hofkammerrat. Er war mit Elisabeth Sautner verheiratet, eine Ehe, die kinderlos blieb. Der zweite Sohn Aroutions, Joseph Hermann, wurde wie sein Vater Hauptmautner in Ingolstadt. Er blieb unverheiratet und starb 1765 mit 37 Jahren. Zwei Brüder wurden Geistliche und alle fünf Schwestern wurden Nonnen. Es entsprach adliger Tradition, Töchter, die wegen fehlender Aussteuer nicht verheiratet werden konnten, in Klöstern unterzubringen. Da Aroution in sehr engen finanziellen Verhältnissen lebte, waren die Heiratschancen seiner Töchter nur gering.

Von den Geistlichen und Nonnen der Familie erlebten nur zwei die Säkularisation. Eine Schwester war Benediktinerin in der Abtei Hohenwart, von 1774 bis 1776 Interimsäbtissin des Klosters; sie starb am 14. April 1804. Die andere Schwester war Ursulinin in Ingolstadt. Das Kloster wurde nicht, wie andere Stifte, schon 1803, sondern erst 1806 aufgehoben, weil es eine Schule unterhielt. Sie wohnte dann bis zu ihrem Tod am 16. Februar 1808 bei ihrem Neffen Christoph. Er und sein Bruder Adam haben die beiden Tanten nach der Aufhebung der Klöster finanziell unterstützt. Ob bereits in ihrer Kindheit eine Verbindung zu den geistlichen Onkeln und Tanten bestand, ist wahrscheinlich, aber nicht belegt.

Aroution hat seiner stetig wachsenden Familie nur wenig über seine armenische Herkunft erzählt. Zu Beginn seiner Ehe hegte er noch große Hoffnung, seine aus Konstantinopel mitgebrachten Schätze oder deren Gegenwert vom bayerischen Hof zurückzuerhalten. Anders als erwartet, hinterließ die Kurfürstin bei ihrem Tod 1730 jedoch kein entsprechendes Testament. Aroutions Forderungen entbehrten damit der juristischen Grundlage. Es schwand die Hoffnung, seiner Familie durch ein großes Erbe ein standesgemäßes Leben zu ermöglichen. Vielmehr hatte die Familie seit Mitte der dreißiger Jahre mit schweren finanziellen Problemen zu kämpfen und war verschuldet. Kurz vor seinem

Tod wandte sich Aroution am 6. April 1769 an den Kurfürsten mit der selbstbewusst vorgetragenen Bitte, ihn in den bayerischen Adelsstand zu erheben. Es ist möglich, dass Aroution bis dahin gehofft hatte, für seine fürstliche Herkunft eine Bestätigung zu erhalten.

Sechs Tage nach Aroutions Eingabe wurde seine Familie in den Freiherrenstand erhoben. Aus dem gängigen armenischen Vornamen Haroution, der „Auferstehung" bedeutet, war der Name Aretin geworden. Eine Anspielung auf seine Identität als armenischer Prinz fand bei der Nobilitierung Aroutions in der merkwürdigen Bestimmung ihren Ausdruck, dass die Krone über dem Wappen als Bestandteil desselben Hinweis auf seine Abstammung sein solle. Ansonsten erwähnt der Wappenbrief die armenische Herkunft nicht. Aroution war von der Nobilitierung nur zu einem *Freiherrn von Aretin* schwer enttäuscht. Nach einem Schlaganfall starb er am 11. Oktober 1769.

Die Kinder Aroutions sind mit der väterlichen Abstammung sehr unterschiedlich umgegangen. Vor allem der älteste Sohn Christoph, der eine besonders enge Vaterbeziehung hatte, scheint nach 1769 seine ganze Hoffnung in den Nachweis königlicher Herkunft gesteckt zu haben. Dabei machte er sich von der tatsächlichen Situation Armeniens falsche Vorstellungen, hielt er doch seinen Großvater Bagdasar für einen reichen und machtvollen Herrscher nach dem Vorbild europäischer Fürstenhäuser. Um seine königliche Abstammung zu untermauern, war Christoph auf der ständigen Suche nach entsprechenden Dokumenten und unterhielt ausgedehnte Briefwechsel. So schrieb er auch einen Brief an Zarin Katharina II. von Russland, in dem er seinen Anspruch auf den armenischen Königsthron geltend machte.[4] Für das venezianische Kloster St. Lazarus ließ sich Christoph in der Tracht eines armenischen Kaufmanns malen.

Für seinen Bruder Karl Albert, den Vater der drei Brüder Aretin, spielte die armenische Herkunft indessen nur eine untergeordnete Rolle. Die Enkel Aroutions, um die es hier gehen soll, haben die Abstammung ihres Großvaters zwar nie in Zweifel gezogen, ihr aber auch keine besondere Bedeutung beigemessen. So lassen Bemerkungen in ihren Briefen erkennen, dass sie von ihrer armenischen Abstammung überzeugt waren. In einem 1815 von Christoph verfassten Lebenslauf beschreibt er sich selbst als „aus armenischem Fürstengeschlecht abstammend."[5] Zum

Werdegang des Großvaters schreibt er: „Die Kurfürstin Therese Kunigunde, Gemahlin des Kurfürsten Maximilian Emanuel, geborene Prinzessin von Polen, nahm ihn an Kindesstatt an, und gestattete ihm, das litauische Wappen zu führen, welches noch gegenwärtig dem aretinschen Wappen zur Grundlage dient." Auch in der 1825 von Aroutions Enkel Georg geschriebenen „Familiengeschichte" wird die armenische Herkunft des Großvaters als Selbstverständlichkeit betrachtet.

Betrachtet man den Werdegang Aroutions vom Mündel der bayerischen Kurfürstin über die Strafversetzung nach Ingolstadt bis hin zu seiner Nobilitierung, so ergibt sich daraus ein sehr wechselhaftes Schicksal. Unverschuldete Widrigkeiten, glanzvolle Möglichkeiten und nicht genutzte Chancen lagen für den Stammhalter der Familie Aretin eng beieinander. Die Arbeit als Hauptmautner – die etwa mit der Tätigkeit eines leitenden Zollbeamten vergleichbar ist – bedeutete eine Anstellung weit unter seinem Stand. Doch auch wenn seine materiellen Verhältnisse in Ingolstadt sehr begrenzt waren, schuf er seiner Familie die Möglichkeit, ungestört von den politischen Unruhen seiner armenischen Heimat und der Gefahr religiöser Verfolgung in Bayern Fuß zu fassen. Wie schwierig sich die gesellschaftliche Assimilation mitunter gestaltete und wie wichtig neu geknüpfte Netzwerke über die Standesgrenzen hinaus werden sollten, lässt sich am Lebensweg von Karl Albert, dem Vater der drei Brüder Aretin, verfolgen.

Karl Albert von Aretin Vom Verwaltungsbeamten zum Mitglied der Landesregierung

Als jüngster Sohn Aroutions 1741 geboren, wuchs Karl Albert gemeinsam mit seinen neun Geschwistern in Ingolstadt auf. Er studierte an der dortigen Universität Rechtswissenschaften und beendete sein Studium erfolgreich mit dem ersten juristischen Examen. Am 19. Januar 1765 legte er seine Proberelation ab, eine schriftliche Arbeit, die Teil des Examens war. Am 1. April fand dann vor einer sechsköpfigen Kommission unter dem Vorsitz des Hofrats Graf Savioli die mündliche Prüfung statt. Die Kommission beurteilte ihn als ein „ sehr wohl fundiertes und qualifiziertes Subjekt".[6]

Während sich Karl Albert mit Fleiß und Zielstrebigkeit durch sein Studium eine Basis für seine spätere Karriere schuf, geriet sein Vater in ernsthafte berufliche Schwierigkeiten. Er wurde aus nicht näher geklärten Gründen vom Dienst suspendiert und zog nach München. Karl Albert folgte ihm nach Abschluss seines Studiums dorthin und lebte gemeinsam mit den Eltern in sehr beengten Verhältnissen. Hier erlebte er 1769 auch die Nobilitierung seines Vaters zum Freiherrn von Aretin.

Die Münchener Zeit bedeutete im Leben Karl Alberts eine nachhaltige Weichenstellung. Eine zentrale Rolle spielte dabei seine freundschaftliche Verbindung zum Reichspublizisten und Professor der Rechtswissenschaften Johann Adam von Ickstatt, der lange Zeit Rektor der Universität Ingolstadt gewesen war. Ickstatt selbst hatte keine leiblichen Kinder. Er war verheiratet mit der Witwe des Professors der Rechte in Würzburg, Maximilian Koch, einer geborenen Weinbach. Bei dem kinderlosen Ehepaar lebten zwei Nichten seiner Frau, die als Töchter des Hauses bei den Ickstatts Aufnahme gefunden hatten. In die ältere der beiden, die 1747 geborene Maria Anna Rosina Weinbach, verliebte sich Karl Albert.

Das junge Paar heiratete 1767, wobei Ickstatt für eine glänzende Hochzeit sorgte. Die schöne und, wie ihre Briefe zeigen, auch geistreiche Braut besaß ein kleines Vermögen, das nun Karl Albert befähigte, aus den beengten Verhältnissen seiner Eltern auszubrechen. Er erwarb das Gut Perlach in der Nähe von München. Aus der überaus glücklichen Ehe gingen sechs Söhne und vier Töchter hervor, von denen neben der Tochter Sabine nur die drei Söhne Adam, Georg und Christoph überlebten. 1766, ein Jahr vor seiner Heirat, war Karl Albert, wie schon sein Vater, Hauptmautner von Ingolstadt geworden, nachdem sein älterer Bruder Joseph Hermann kurz zuvor gestorben war.

Neben dem persönlichen Glück, das Karl Albert im Haus der Ickstatts gefunden hatte, war die – zunächst freundschaftliche, später verwandtschaftliche – Verbindung vor allem für seine Karriere förderlich. Ickstatt gehörte zu den einflussreichsten Persönlichkeiten Münchens. Er war dafür bekannt, dass er die Verwandtschaft seiner Frau förderte, wo er nur konnte.[7] So ging wesentlich auf ihn zurück, dass Karl Alberts Schwager, Joseph Edler von Weinbach, 1777 Reichskammergerichtsassessor des bayerischen Kreises wurde. In diesen Kreis gehörte auch Franz

Xaver von Zwackh, verheiratet mit Margarethe Edle von Weinbach, der Schwägerin Karl Alberts. Zu Beginn ihrer Karriere haben die verwandtschaftlichen Verbindungen eine erhebliche Rolle gespielt. Sigrid Jahns spricht in ihrem Buch über das Reichskammergericht von einem *Familienverband Ickstatt*, dem die Familien Weinbach-Aretin-Hertwich-Zwackh angehörten und der am Ende der Regierungszeit Kurfürst Karl Theodors und bei der Durchführung der Reformen unter Montgelas eine wichtige Rolle spielte.[8] Ickstatt scheint auch bei der Nobilitierung des Vaters der Braut, Georg Adam von Weinbach, seine Hand im Spiel gehabt zu haben.

1775 wurde Karl Albert vom Kurfürsten zum Oberlehenhofkommissar ernannt und zog nun als Beamter nach München. Vier Jahre später schuf Kurfürst Karl Theodor eine Obere Landesregierung, um die ihm unterstellten Gebiete zentral von München aus zu verwalten.[9] Karl Albert übte bis zu seinem Tod 1802 das Amt des Oberlehenhofkommissars der Landesregierung aus und widmete sich sehr unterschiedlichen Aufgaben, wie beispielsweise dem Verkauf unrentabler Staatswaldungen oder der Freiheit des Getreidehandels. Er war mit den meisten Mitgliedern des bayerischen Adels nicht verwandt, die diesen „homo novus", der offenbar auch einigen Diensteifer entwickelte, mit Misstrauen betrachteten. Anfeindungen begleiteten Karl Albert deshalb seine ganze Dienstzeit. Seine Verwandtschaft mit der Ingolstädter Professorenschaft half ihm wenig.

Zeit seines Lebens mit Rückenproblemen kämpfend, hatte sich Karl Albert nach seiner Berufung in die oberste Landesregierung ein Haus in der Prannergasse gekauft. Und obwohl diese nicht weit von seinem Dienstsitz entfernt lag, musste er sich jeden Tag mit einer Equipage in das Regierungsgebäude bringen lassen. Wegen seines schlechten Gesundheitszustandes konnte er ohne Stock nur schwer gehen. Seine Rückenschmerzen machten jedes Jahr eine Badekur in Karlsbad nötig. Karl Albert wurde später wegen seiner etwas verwachsenen Statur mit gekrümmtem Rücken von seinen Kollegen nur „der krumme Aretin" genannt.

1785 verkaufte er sein Haus in der Prannergasse und erwarb das nach dem Vorbesitzer benannte Triva-Schlösschen am Kapuzinergraben in München. Dazu gehörten etwa zwei Tagewerke bei den sogenannten Kapuzinerbastionen, die sich in der Gegend

Triva-Schlösschen
Gemälde von Johann Georg von Dillis, 1797

des heutigen Maximilianplatzes befanden. Um diesen Kauf zu tätigen, verkaufte er das Gut Perlach. Neben dem Trivaschlösschen erwarb er noch das Gut Pirka, wo er die Sommermonate verbrachte.

Das politische Wirken Karl Alberts

Eine der wichtigsten Aufgaben, mit denen Karl Albert von Aretin als Mitglied der Landesregierung betraut wurde, war die Trockenlegung des Donaumooses und dessen Erschließung für landwirtschaftliche Zwecke. Das Donaumoos war eine bis dahin ungenutzte moorige Niederung südlich der Donau zwischen Ingolstadt, Neuburg an der Donau und Pöttmes, mit einer ursprünglichen Ausdehnung von 180 Quadratkilometern. Mit dem Regierungsantritt Kurfürst Karl Theodors 1778 war die bisherige, durch das Donaumoos gehende Grenze zwischen dem Kurfürstentum Bayern und dem Herzogtum Pfalz-Neuburg weggefallen, da er diese beiden Besitzungen in seiner Hand vereinte. Die Trockenlegung und Urbarmachung wurde zu einem der wichtigsten Vorhaben während seiner Regierungszeit.

Es ist das Verdienst Karl Alberts, als erster den Kurfürsten durch eine Denkschrift vom 23. März 1787 auf die Möglichkeiten eines solchen Vorhabens hingewiesen zu haben. Diese Denkschrift mit dem Titel *„Die Geschichte des Moor Mooses und Herstellung eines Surrogates an den Lehenshof"* muss sehr überzeugend gewesen sein. Schon am 16. Juni erhielt Karl Albert einen Vorschuss von 20.000 fl um die ersten Maßnahmen einzuleiten. Am 14. Juli wurde eine Donaumooskulturkommission unter dem Vorsitz des Staatskanzlers Aloysius von Kreittmayr und dem Neuburger Referendär Freiherrn von Oberndorff gebildet. Karl Albert und der Wasser- und Straßenbaudirektor Adrian Ritter von Riedl waren Mitglieder dieser Kommission. Die Arbeitsteilung zwischen Karl Albert und Riedl war so, dass Riedl für die Arbeiten vor Ort zuständig war, während Karl Albert alle Anliegen in der Landesregierung vertrat.

Die Kommission scheint den beiden freie Hand gelassen zu haben. Allerdings rächte sich bald, dass Karl Albert die Möglichkeiten der Kultivierung des Donaumooses zu positiv dargestellt hatte. Als er nach einem Jahr weitere 20.000 fl anforderte, bekam er nur 3.000 fl „letztmalig". Obwohl der Kurfürst großes Interesse an der Erschließung des Donaumooses hatte und sich 1789 bei einem Besuch vor Ort selbst ein Bild von den Fortschritten der Arbeit machen konnte, kamen die Arbeiten wegen Geldmangels schließlich zum Erliegen.

Ehe nun das Projekt völlig scheiterte, griffen der Geheime Kabinettssekretär Stephan von Stengel und der Hofkammerrat Joseph Utzschneider ein. Zur Finanzierung des Unternehmens gründeten sie eine Art Aktiengesellschaft, mit deren Hilfe das Unternehmen in den Jahren 1790–1793 zügig vorankam. Diese Gesellschaft, an der das Land und einige reiche Bürger beteiligt waren, brachte 75.000 fl auf. Auch Aretin und Riedl bekamen Anteile, was später zu Korruptionsvorwürfen führte. Die beiden konnten alle Vorwürfe entkräften, wobei Stengel sich für beide energisch einsetzte. Auch der Kurfürst unterstützte Aretin und ernannte ihn 1793 zum Geheimen Rat mit dem Prädikat Exzellenz.

1793 kam die Arbeit an der Mooskultur erneut ins Stocken. Abermals zeigte sich, dass das ganze Unternehmen an einer zu dünnen Kapitaldecke litt. Und wieder trafen die Vorwürfe vor allem Karl Albert von Aretin. Er hatte einen angeblich schwerreichen Herrn Bresselau aufgetan, der 1798 bereit war, die Mooskultur zu kaufen. Der Kauf kam tatsächlich am 12. Juni 1798 mit der Regierung zustande. Bei der Bezahlung der ersten Rate stellte sich jedoch heraus, dass Bresselau kein Kapital besaß. Es kam zu einer Reihe von Prozessen. In dieser verworrenen Lage griff Stengel noch einmal ein und erreichte, dass der Verkauf des Donaumooses rückgängig gemacht wurde und die Regierung für alle entstandenen Kosten aufkam. Das ganze Verfahren zog sich über Jahre hin. Nach dem Tod von Kurfürst Karl Theodor am 16. Februar 1799 übernahm die von Minister Montgelas gegründete Generallandesregierung die Verantwortung für die Donaumooskultur. In einem Gutachten vom 16. Januar 1800 erhob sie heftige Vorwürfe gegen Karl Albert und Riedl. Beide hätten mit ihrem Optimismus die Kosten der Trockenlegung des Donaumooses völlig falsch eingeschätzt.

Auch wenn diese Kritik heftig ausfiel – beide, Aretin und Riedl, wurden von dem Verdacht der persönlichen Bereicherung freigesprochen. So eindeutig es ist, dass Karl Albert mit seiner Denkschrift 1787 die Trockenlegung des Donaumooses überhaupt erst angestoßen hatte, so klar ist auch, dass das Werk nach 1790 nur durch das Eingreifen Stephan von Stengels über alle Schwierigkeiten zu einem guten Ende geführt werden konnte. Von diesen Schwierigkeiten abgesehen, an denen Karl Albert nicht unschuldig war, gilt die Erschließung und Trockenlegung des Donaumooses als ein großes Werk der sonst so kritisierten Regierung Kurfürst Karl Theodors. Es bedeutete den größten Landgewinn Bayerns seit dem Mittelalter.

Zwischen aufklärerischem Denken und Standesbewusstsein

Die frühe Prägung von Adam, Georg und Christoph von Aretin

Nach einem viel versprechenden Aufstieg hatte die Karriere Karl Albert von Aretins durch den unglücklichen Verlauf seines Donaumoos-Vorhabens ein wenig rühmliches Ende gefunden. Umso mehr bemühte er sich um die Ausbildung seiner drei überlebenden Söhne. Zwar war es ihm nicht vergönnt, ihre Karrierehöhepunkte noch zu erleben. Mit großer Befriedigung verbuchte er jedoch, dass es ihm gelungen war, alle im Staatsdienst unterzubringen. Dies war – wie wir noch sehen werden – ein nicht immer einfaches Unterfangen.

Über das Familienleben bei Karl Albert und seiner Gemahlin, sowie die frühe Kindheit der Söhne wissen wir nicht viel. Die wenigen erhaltenen Quellen lassen ein Elternhaus erkennen, dessen geistiges Klima stark von den Idealen der Aufklärung geprägt war. Die Geisteshaltung Karl Alberts lässt sich nur indirekt rekonstruieren. So taucht sein Name in den Listen des aufklärerischen Illuminatenordens auf. Dieser 1776 in Ingolstadt von Adam Weishaupt gegründete Geheimorden wurde 1784 von Kurfürst Karl Theodor verboten. Adam Weishaupt war wie die Frau Karl Alberts, Maria Rosina, im Hause Ickstatt aufgewachsen. Da Karl Albert nach dem Verbot des Ordens wegen seiner Mitgliedschaft keinerlei Nachteile erfahren hat, ist anzunehmen, dass seine Mitgliedschaft eher passiver Art war. Die Verbindung zum Illuminatenorden offenbart aber den gedanklichen Kosmos, in dem sich der Vater der drei Brüder bewegte: Zu den obersten Idealen des Ordens gehörte die Liebe zur Weisheit und Vernunft, die durch eine allumfassende Bildung des Menschen zur Basis einer neuen Gesellschaftsordnung werden sollte.

Für die Erziehung ihrer Kinder war vor allem die Mutter verantwortlich. Im Haus der Ickstatts hatte sie vor ihrer Ehe reichlich Gelegenheit gehabt, sich mit den gedanklichen Strömungen und kulturellen Werten der Aufklärung auseinander zu setzen. Aus den wenigen Briefen Maria Rosinas geht ihre geistreiche, kulturell interessierte Art hervor. So ist es beispielsweise ihrer Initiative zu verdanken, dass der Maler Johann Georg von Dillis als Zeichenlehrer für die Kinder gewonnen werden konnte.[10] Aus dieser Zeit als Zeichenlehrer der Aretin-Kinder stammt ein Gemälde des Triva-Schlösschens von Dillis. Darüber hinaus existiert in Haidenburg ein Skizzenbuch Johann Adam von Aretins, in dem sich eigenhändige Skizzen von Dillis befinden.

Die frühe kulturbeflissene Erziehung der Kinder schien auf fruchtbaren Boden zu fallen. Christoph, der wohl begabteste, aber wegen seiner Unbeherrschtheit auch umstrittenste der drei Söhne, gab zu großen Hoffnungen Anlass. Zusammen mit seinem gut eineinhalb Jahre älteren Bruder Georg besuchte er die Graf-Morawitzky-Schule in Biburg. In dieser Schule trat er als Verfasser von Gelegenheitsgedichten hervor. So verfasste er mit elf Jahren das Gedicht *Lied eines bayerischen Grenadiers auf die Geburt des späteren König Ludwig*, das sogar im Druck erschien.[11]

Der älteste der drei Brüder, Adam von Aretin, interessierte sich Zeit seines Lebens für Druckgraphik und Gemälde. Im Alter von 18 Jahren verfasste er einen Katalog des bis dahin erschienenen druckgraphischen Werks von Daniel Nikolaus Chodowiecki – ein beachtliches Unterfangen angesichts der Produktivität dieses Künstlers. Der stolze Vater beförderte dieses Werk seines Ältesten zum Druck. Es erlebte 1790 in Augsburg eine zweite Auflage.

Adam – Schwieriger Beginn einer erfolgreichen Karriere

Die berufliche Laufbahn der drei Söhne war ein Anliegen, um das sich Karl Albert bereits zu Schulzeiten der Jungen kümmerte. Als Mitglied der Oberlandesregierung – lange noch vor dem Debakel um die Trockenlegung des Donaumooses – nutzte er dazu seine persönlichen Verbindungen in die höchsten Regierungskreise. Sein ältester Sohn, Adam, war noch nicht dreizehn Jahre alt, als Karl Albert von Kurfürst Karl Theodor 1782 die Zusage erhielt, dass einer seiner drei Söhne eine Stelle im Oberlehenhofkommissariat erhalten würde. Voraussetzung hierfür wäre allerdings ein gutes Examen in Jura.

Damit stand die Studienwahl für Adam von Aretin fest. Nach seiner Schulzeit in München ging er nach Ingolstadt, um dort wie sein Vater Rechtswissenschaften zu studieren. Der erfolgreiche Abschluss wurde allerdings infrage gestellt, als Adam durch einen dummen Streich 1785 seine Karriere aufs Spiel setzte. Die von Kurfürst Karl Theodor eingeleitete Verfolgung des Illuminatenordens war in vollem Gang, als ein Baron Frauenberg wegen seiner Verbindung zum Orden von der Universität Ingolstadt relegiert wurde. Seinem Auszug aus der Stadt schlossen sich sieben junge Studenten der Rechte an, darunter Adam von Aretin, um – sehr zum Ärger des Universitätskanzlers – beim Vorbeireiten durch übertriebene Ehrbezeugungen ihren Schabernack zu treiben. Sie wurden alle von der Universität relegiert, damit sie, wie es in dem Beschluss des Senates hieß, „zu Hause noch in beste Zucht und Ordnung genommen werden“.

Für den besorgten Vater war dies umso ärgerlicher, weil Adam ein erstes Examen in Ingolstadt mit Bravour bestanden hatte.

Blieb das zweite Examen wegen der Relegation aus, drohte die Gefahr, die vorgesehene Stelle im Oberlehenhofkommissariat nicht antreten zu können. Seine Versuche, die Universität zur Rücknahme der Relegation zu bewegen, schlugen fehl, obwohl Karl Albert vom Kanzler Aloysius von Kreittmayr bis hin zum Kurfürsten Gott und die Welt in Bewegung gesetzt hatte.[12] Immerhin konnte er erreichen, dass sein Sohn sich zwar nicht an der Universität, wohl aber bei dem Repetitor Duschl auf das Endexamen vorbereiten durfte.

Diese Zusammenarbeit sollte sich allerdings später als Belastung herausstellen, weil Duschl ebenfalls dem Orden der Illuminaten angehörte. Umso mehr war Adam bemüht, sich selbst explizit vom Orden zu distanzieren und jegliche Verbindung abzustreiten, um sein berufliches Fortkommen nicht noch weiter zu gefährden. Karl Albert erreichte schließlich mit dem Verweis auf das hervorragende erste Examen seines Sohnes, dass Adam vor einer Hofratskommission unter dem Hofratspräsidenten Joseph August Graf Törring am 16. April 1788 seine Abschlussprüfung ablegen durfte. Die Beurteilung der fünf Räte fiel durchweg überaus positiv aus.[13] Die Bedingung für die Stelle im Oberlehenhofkommissariat, ein überdurchschnittliches Juraexamen vorweisen zu müssen, war damit erfüllt.

So begann Adam 1789 seinen beruflichen Werdegang bei seinem Vater in der Oberlehenhofkommission, wo er allerdings zunächst ohne Gehalt angestellt wurde. Die Ingolstädter Relegation hing ihm noch nach. Jedes Mal, wenn Karl Albert um eine bezahlte Hofratsstelle für seinen Sohn einkam, wurde ihm bedeutet, dass das Auftreten seines Sohnes in Ingolstadt dessen Nähe zum Illuminatenorden nahe lege. Schließlich verlor Karl Albert die Geduld. Er wandte sich direkt an den Kurfürsten. Unter Hinweis auf die einst ungerechte Behandlung seines Vaters, die man dem Enkel nicht nachtragen könne, bat er um eine bezahlte Hofratsstelle. Karl Albert hatte Erfolg: Am 14. November 1789 erhielt Adam schließlich eine Hofratsstelle auf der Ritterbank cum voto consultativo.[14] Vielleicht als Ausgleich für die Zurücksetzung gehörte er 1790 der kurpfalz-bayerischen Delegation an, die nach dem Tod Kaiser Josephs II. zur Wahl Leopolds II. nach Frankfurt am Main kam. Außerdem gehörte er zu den Mitgliedern der bayerischen Delegation, die nach der Wahl des neuen Kaisers den traditionellen Ritterschlag erhielten. Unter ihnen war neben zwei Ministern auch Freiherr Maximilian Joseph von Montgelas.[15] Es war wohl das erste Mal, dass sich die beruflichen Wege Adam von Aretins und Montgelas' kreuzten, der zu dieser Zeit Legationsrat im Dienst des Herzogs von Zweibrücken war.

Am 10. Oktober 1793 heiratete Adam die einzige Tochter des Geheimen Ratskanzlers Friedrich Freiherrn von Hertling. Adam hatte mit seinem Schwiegervater neben der Ickstatt-Weinbachschen Verwandtschaft einen weiteren Protektor gefunden, der ihm bei seiner Karriere sehr förderlich war. Hertling war der einzige der Minister Kurfürst Karl Theodors, der mit dem Erben Bayerns, Herzog Maximilian von Zweibrücken, und seinem Minister Montgelas in der Zeit, als dieser mit dem Kurfürsten in gespanntem Verhältnis lebte, Verbindung hielt. Hertling ist daher von Kurfürst Max IV. übernommen worden.

Georg – In den Fußstapfen des Vaters

Die Schwierigkeiten, die Karl Albert mit dem Berufsbeginn seines ältesten Sohnes hatte, sind ihm bei seinen Söhnen Georg und Christoph erspart geblieben. Es erwies sich als geschickter Schachzug, dass er sie zum Studium an die damals pfalz-bayerische Universität Heidelberg schickte. Karl Albert wollte damit vermeiden, dass sie unter dem negativen Ruf ihres älteren Bruders an der Universität Ingolstadt zu leiden hätten. Sie nahmen Quartier bei dem Professor für Reichsrecht, Friedrich von Zentner, der später der wichtigste Mitarbeiter Montgelas' bei der Durchführung der Reformen wurde.

In Heidelberg begann Georg ein Studium der Cammeralwissenschaften, ein Fach, das etwa den heutigen Verwaltungswissenschaften entspricht. Georg, der später auch journalistisch tätig war, verfasste schon während des Studiums Aufsätze für den *Bayerischen Landboten*. Diese Zeitschrift, herausgegeben vom Direktor der Münchner Theater, Joseph Maria Babo, und Felix Joseph Lipowsky, erschien in den Jahren 1790 bis 1792. Im ersten Jahrgang veröffentlichte Georg eine vierteilige Serie in Briefform, in der er sich mit den Sitten und Gebräuchen des Erdinger Landes befasste.[16]

Georg und Christoph scheinen im selben Jahr ihr Studium beendet zu haben. Im Anschluss unternahmen die beiden Brüder eine Reise durch die Schweiz. Der um das Fortkommen seiner Söhne bemühte Vater erreichte, dass Georg 1793 als oberpfälzischer und pfalz-neuburgischer Rentdeputationsrat und als Moosrichter und Administrator in Karlskron mit einem Anfangsgehalt von 1.200 fl jährlich angestellt wurde. In seiner Eigenschaft als Moosrichter setzte Georg erfolgreich die Arbeit seines Vaters bei der Erschließung und Trockenlegung des Donaumooses fort und hat sich dabei große Verdienste erworben. Er stellte sich auch hinter seinen Vater, als die Angriffe gegen diesen wegen vermeintlicher Versäumnisse bei der Trockenlegung des Donaumooses immer schärfer wurden. 1795 legte Georg ein Buch *Aktenmässige Donaumooskulturgeschichte* vor, das bis heute als eine hervorragende Quelle der schwierigen Geschichte des Donaumooses gilt. Ein Jahr später, 1796, veröffentlichte er eine Schrift *Vier wichtige Aktenstücke zur Geschichte der Mooskultur*, in der er seinen Vater verteidigte.

Christoph – Juristische Praxis und wissenschaftliche Verdienste

Christoph von Aretin, der jüngste der drei Brüder, studierte in Heidelberg Staatsrecht und Reichsrecht. Rasch gewann er dabei das Vertrauen Zentners, der nicht nur der Vermieter der beiden Brüder war, sondern als Professor für Staatsrecht auch Christophs akademischer Lehrer wurde. Diese persönliche Verbindung sollte sich für Christophs Karriere als wichtiger Türöffner erweisen; später wurde daraus eine kollegiale Verbindung im Ministerium von Montgelas.

Bereits der Weg vom Studium zum Beruf wurde durch Zentners Vermittlung geebnet. Nach der Reise durch die Schweiz mit seinem Bruder Georg begab sich Christoph auf Empfehlung Zentners zu dem damals bedeutendsten Staatsrechtler und Reichspublizisten, Stephan Pütter, nach Göttingen. Dieser erkannte die Begabung des jungen Mannes. Die hohe Wertschätzung, die Pütter für Christoph von Aretin hatte, zeigte sich unter anderem darin, dass er ihn später zu mehreren staatsrechtlichen Untersuchungen heranzog.

Vor allem aber vermittelte Pütter ihn an den Reichskammergerichtsassessor Andreas Freiherrn von Steigentesch, dessen Mitarbeiter er für einige Zeit wurde.[17] Das Reichskammergericht in Wetzlar war zusammen mit dem Reichshofrat in Wien das höchste Gericht im Reich. Neben seiner Tätigkeit am Reichskammergericht in Wetzlar schien sich Christoph dort vor allem um das weibliche Geschlecht gekümmert zu haben. Das Tagebuch, das er über die Zeit führte, ist jedenfalls sehr eindeutig.[18] 1792 kehrte er nach München zurück und unterzog sich der für den Eintritt in den Staatsdienst vorgeschriebenen Prüfung. Im Mai 1793 wurde Christoph als Hofrat eingestellt und hatte damit die Anstellung schneller geschafft als sein Bruder Adam. Das Praktikum bei Steigentesch hatte Früchte getragen.

1795 wurde er im Auftrag der Regierung wieder nach Wetzlar geschickt, um die Interessen des Landes in einem Prozess Bayerns gegen die Reichsstadt Nürnberg zu vertreten. In seinem ausführlichen Lebenslauf schreibt Christoph, die Regierung habe ihn seiner publizistischen Kenntnisse wegen für diese Aufgabe ausgewählt.

Er nahm auch die Verbindung nach Göttingen zu Pütter wieder auf. Auf dessen Anregung verfasste er einen historisch-kritischen Kommentar zur ersten Sammlung von Aktenstücken zum Westfälischen Frieden.[19] Pütter war von dieser Arbeit so angetan, dass er den damals Dreiundzwanzigjährigen zum Mitglied der Göttinger Akademie der Wissenschaften vorschlug. Auf Veranlassung Pütters verfasste Christoph 1796 eine Schrift *Prüfung des Stengwertschen Gutachtens, die Übergabe der Festung Mannheim an den Reichsfeind betreffend*, die in München solchen Gefallen fand, dass Christoph auch dort zum Mitglied der Bayerischen Akademie der Wissenschaften gewählt wurde. Mit der Aufnahme an die beiden renommierten Akademien hatte Christoph jedoch bereits in jungen Jahren den Schritt aus der juristischen Praxis in die Wissenschaft getan.

So zielstrebig und diszipliniert Christoph seine berufliche Karriere vorantrieb, so ungeordnet und zügellos schien sich sein Privatleben zu entwickeln. Kaum in Wetzlar angekommen, verliebte er sich 1795 in die siebzehnjährige Magdalena Dorothea von Requilé. Sie war die Nichte des kurböhmischen Reichskammergerichtsassessors Kaspar Anton Freiherr von Albini.[20] Christoph heiratete sie noch im selben Jahr.

Die Ehe stand unter keinem guten Stern. Die Umstände der übereilten Hochzeit mögen dazu beigetragen haben, dass die junge Frau bei Christophs Familie in schlechtem Ansehen stand.

Vor allem Karl Albert schien ihr das Leben schwer gemacht zu haben. Zudem hatte sie schon bald unter der extremen Eifersucht Christophs zu leiden, an der die Ehe nach wenigen Jahren auch zerbrach. Nur vier Jahre nach ihrer Hochzeit verließ Dorothea ihren Mann, obwohl sie erneut von ihm schwanger war, und kehrte zu ihren Eltern nach Niederlahnstein zurück. An den Folgen der Geburt eines Sohnes starb die unglückliche Frau im November 1800. Christoph sollte später auch seine zweite Frau in Wetzlar finden. Am 15. Juni 1802 heiratete er Wilhelmine Freiin von Hertwich, Tochter des Reichskammergerichtsassessors des schwäbischen Kreises, Karl Kaspar Freiherrn von Hertwich.[21] Durch seine freundschaftlichen und ehelichen Verbindungen, die ihm wiederum wichtige Fürsprecher am Reichskammergericht garantierten, hatte er sich ein enges Netzwerk geknüpft, das er für sein berufliches Fortkommen zu nutzen wusste. Ob er zu dieser Zeit eine Karriere am Reichskammergericht anstrebte, geht aus den Akten nicht hervor.

Von der Geschichte überrollt
Bayern wird Kriegsgebiet

Christoph hatte in Wetzlar gerade die junge Magdalena Dorothea von Requilé geheiratet und war Vater eines Sohnes geworden, als 1796 der Krieg nach Bayern kam. Seit 1792 war Bayern bereits Durchmarsch- und Nachschubland der österreichischen, bzw. kaiserlichen Armee gewesen, die dann seit 1793 im Ersten Koalitionskrieg für das Deutsche Reich gegen das revolutionäre Frankreich kämpfte. Die Versorgung der durchziehenden Truppen war vertraglich geregelt und schien einigermaßen funktioniert zu haben. Das änderte sich 1796 radikal. Eine französische Armee unter General Moreau hatte den Rhein bei Straßburg überschritten, eine zweite Armee unter General Jourdan folgte weiter nördlich. Sie stießen seit dem Frühjahr 1796 energisch nach Osten vor. Die österreichische Armee unter Erzherzog Karl zog sich vor der nachrückenden französischen Armee immer weiter ins bayerische Kernland zurück. Damit wurde Süddeutschland zum Kriegsgebiet.

Das Jahr 1796 war für Christoph und seine neu gegründete Familie in Wetzlar aufregend. Die Stadt wurde von französischen

Truppen besetzt und das junge Paar mit dem einjährigen Sohn floh nach Gießen. Christoph war vorher Zeuge eines heftigen und blutigen Gefechts in der Nähe von Wetzlar geworden, sodass es ihm geraten schien, auf die Neutralität der Stadt des Reichskammergerichts nicht allzusehr zu vertrauen. Später zog er sich nach München zurück, das kurz darauf jedoch ebenfalls den feindlichen Angriffen der Franzosen ausgesetzt war.

Während Christoph und – wie wir noch sehen werden – Georg von Aretin beide auf ihrem Lebensweg gleichsam von den Turbulenzen des Kriegs überrollt wurden, boten die politischen Ereignisse dem ältesten der drei Brüder die Gelegenheit zu einer ersten beruflichen Bewährungsprobe. Bis zu diesem Zeitpunkt ist über Adams Tätigkeit als Regierungsrat in der Oberlandesregierung nur wenig bekannt. Dann aber machte seine Rolle im Kriegsgeschehen den erst 27jährigen Adam mit einem Schlag zum wichtigen Akteur auf Seite der bayerischen Regierung. Angesichts einer unaufhaltsam nach Bayern vorrückenden französischen Armee war die Regierung gezwungen, entsprechende Maßnahmen zu ergreifen. Am 13. August 1796 wurde dazu eine Kommission gebildet. Sie sollte direkt dem Kurfürst unterstehen als „Kurfürstliche Kriegsdeputation"; in den Akten taucht mitunter die Bezeichnung „Kriegskumulativkommission" auf. Diese Kommission hatte bis in die Zeit Montgelas' hinein Bestand. Da in dessen Ministerium später verschiedene Deputationen gegründet wurden, die von ihrer Struktur her keineswegs mit dieser kurfürstlichen Kriegsdeputation vergleichbar waren, soll diese im Folgenden als „Kriegskommission" bezeichnet werden.

Ihre wichtigste Aufgabe bestand darin, als regelndes Organ Ordnung in die vom Kampfgeschehen betroffenen Landstriche zu bringen. So wurden ihr alle Kriegsvorfälle, das Durchmarsch-, Verpflegungs- und Vorspannwesen der fremden Kriegsheere, die vorgekommenen Exzesse und daraus resultierende Klagen der Untertanen und alle damit verbundenen Probleme zur gemeinschaftlichen Beratung, Beschließung und Vollführung übertragen. Zu den weiteren Aufgaben der Kommission gehörte auch die Versorgung und Abrechnung der Bayern passierenden Reichs-Armee. Zu dieser gehörte zwar auch ein bayerisches Kontingent, hauptsächlich bestand sie aber aus Österreichern und wird daher oft als „Österreichische Armee" bezeichnet.

Die erste Sitzung der Kriegskommission fand drei Tage nach ihrer Gründung am 16. August 1796 statt.[22] Unter der Leitung von Oberlandesregierungsvizekanzler Max von Pettenkofer trafen sich acht Personen. Von der Oberlandesregierung waren Adam von Aretin, Josef von Stichaner und Herrmann von Sicherer in die Kommission abgeordnet. In Anbetracht der unmittelbaren Gefahr wurde beschlossen, vormittags und nachmittags zu tagen. Wenn man bedenkt, dass die Arbeit der Kommission mit einem beachtlichen Zeitaufwand verbunden war, ist es umso erstaunlicher, dass die Tätigkeit nicht honoriert wurde.

Während sich die österreichische Armee einigermaßen geordnet zurückzog, tauchte ein weiterer Truppenverband im Kriegsgeschehen auf, der die Kommission noch eine Zeitlang beschäftigen sollte. Es war das unabhängige, unter englischem Sold stehende französische Emigrantencorps unter dem Fürsten Louis Antoine de Condé, Herzog von Enghien, das mehrfach gegen die französischen Revolutionstruppen gekämpft hatte und einige Niederlagen hatte hinnehmen müssen. Am 13. August 1796 kam es zwischen dem Condéschen Corps und einer Abteilung der Armee Moreau bei Oberkamlach zu einer überaus blutigen Schlacht. Es gelang zwar Condé, das Corps vor der Vernichtung zu bewahren, aber die geschlagenen Condéer strömten in einiger Unordnung in der Gegend von Landsberg am Lech auf bayerisches Gebiet. Die Kriegskommission war über diese Truppe, die sich viele Übergriffe zuschulden kommen ließ, stark beunruhigt. Wie mit dem Condéschen Corps, dessen Existenz offenbar bis dahin in München unbekannt war, vorgegangen werden solle, war völlig offen.

Dies war der Zeitpunkt, an dem Adam von Aretin zum ersten Mal als Vertreter der Kriegskommission in Erscheinung trat. Er sprach am besten Französisch und wurde daher mit allen Angelegenheiten im Zusammenhang mit dem Condéschen Corps betraut. Für die Kriegskommission scheint er bald eine Art Sprecherrolle übernommen zu haben. Die Berichte der Kommission an den Kurfürsten, die österreichische Gesandtschaft oder an Erzherzog Karl über sich häufende Übergriffe österreichischer Truppen trugen meistens Aretins Unterschrift. Allerdings zeigt sich in diesen Schriftstücken auch, wie begrenzt die Einflussmöglichkeiten der Kriegskommission waren angesichts der dramatischen Entwicklungen, die Rechtsbestimmungen der Reichsverfassung durchzusetzen. So war zwar in der Wahlkapitulation des Kaisers von 1792 festgelegt worden, dass für Landesfestungen und Residenzstädte Neutralität gelte und sie von Einquartierungen verschont bleiben sollten. Als aber Mitte August 1796 Erzherzog Karl in die Festung Ingolstadt eine österreichische Besatzung legte, war sich auch Adam von Aretin im Klaren, dass man dagegen bestenfalls formal protestieren könne.[23] Hinzu kam, dass die sich zurückziehende Armee Leistungen nicht mehr bezahlte, sondern lediglich Quittungen ausstellte. In Anbetracht der sich ausbreitenden chaotischen Zustände war dies zwar verständlich, für die Kriegskommission jedoch ein großes Problem: Auf der einen Seite erhöhte sich dadurch der Verwaltungsaufwand, auf der anderen Seite wuchs der Unmut der Bevölkerung angesichts dieser Gutschriften ohne materiellen Gegenwert.

Im Lauf des Jahres 1796 eskalierte die Lage. Der Krieg näherte sich mit großer Geschwindigkeit der Landeshauptstadt München. Am 22. August 1796 verließ Kurfürst Karl Theodor die Stadt und begab sich auf den Landsitz des Grafen Schalbertin Lobositz bei Dresden. Vorher gab er der Landschaft, einem Ausschuss der bayerischen Landstände, die Vollmacht, mit den Franzosen zu verhandeln. Die Minister Hertling, Törring und Weichs blieben in München.

Die täglich tagende Kriegskommission hatte bald jeden Überblick verloren.[24] Am 30. August wurde Nymphenburg von französischer Garde besetzt. Am 2. September schloss die französische Armee den Ring um München. Karl Albert von Aretin, der in seinem Triva-Schlösschen nahe an der Stadtmauer wohnte, konnte, wie er seinem Sohn schrieb, die Befehle der französischen Offiziere hören.[25] In der Sorge, für die Stadt könnte ein Versorgungsproblem auftauchen, ließ die Kommission 24 Ochsen und 24 Kühe von Schleißheim in den Englischen Garten treiben.

Die in der Nähe Münchens stationierten bayerischen Truppen wurden in die Stadt befohlen, da man davon ausging, dass die Franzosen die Neutralität der Residenzstadt akzeptieren würden. In den folgenden Tagen trafen etwa elftausend Soldaten ein. Sie biwakierten zum größten Teil in Zelten auf den Straßen Münchens, was der Stadt das Aussehen eines Heerlagers gab. Die Forderung des französischen Befehlshabers, die Tore zu öffnen und Teile der französischen Armee in die Stadt zu lassen, wurde von

Kurfürst Karl Theodor

der Kommission mit dem Hinweis auf die Neutralität Münchens abgelehnt. Die Franzosen umlagerten die Stadt, besetzten den vor der Stadtmauer an der Isar gelegenen Roten Turm und starteten am 1., 7. und 8. September Attacken auf die Isarhöhen. Vom 2. bis 12. September blieb München zwischen den Linien. Mehrfach verhandelte Adam von Aretin mit französischen Offizieren, um Lebensmitteltransporte durch die französischen Linien zu bringen. Die Franzosen drohten, die Neutralität der Stadt nicht mehr anzuerkennen, wenn Bayern nicht sein Truppenkontingent aus der Reichsarmee zöge. Die Kampfhandlungen zwischen Österreichern, Condéern und Franzosen konzentrierten sich an der Isar, Granaten schlugen im Viertel um die Hl. Geist Kirche ein, der Rote Turm an der Isar ging in Flammen auf. General Rumford hatte in der Turmstube der Frauenkirche Stellung bezogen, kommentierte von dort aus die militärische Lage und versuchte, die Bevölkerung zu beruhigen. In der Nacht vom 11. auf den 12. September zog sich die französische Armee überraschend von München zurück.

Während Adam und Christoph in München in dieser ungemütlichen Situation verharrten, erlebte Georg in Amberg stürmische Tage. Er heiratete dort am 22. August 1796 die Erbtochter von Wimbuch, Henriette Freiin Teuffel von Birkensee. Während des Hochzeitmahls wurde ausgerechnet Amberg zum Ort, an dem die kaiserlich-österreichischen Streitkräfte und die französischen Revolutionstruppen aufeinanderstießen. Die Stadt war voller Soldaten. Die Briefe Georgs, in denen er seine Hochzeit schildert, lesen sich spannend. Die Hochzeitsfeierlichkeiten mussten mehrfach unterbrochen werden, weil entweder österreichische oder französische Soldaten die Stadt besetzten.

Für die Kriegskommission war es in den folgenden Monaten mühsam, einigermaßen Ordnung zu schaffen und Lebensmittellieferungen zu bekommen. Die größeren süddeutschen Fürsten hatten mit den Franzosen wenig günstige Friedensverträge ausgehandelt. Obwohl die Armee Jourdan auf dem Rückzug war, schlossen die bayerischen Stände am 8. September mit General Moreau den Waffenstillstand von Pfaffenhofen, der Bayern zu erheblichen Zahlungen an die Franzosen und zum Rückzug des bayerischen Kontingents aus der Reichsarmee verpflichtete. Kurfürst Karl Theodor verwarf diesen für Bayern sehr ungünstigen Vertrag nach seiner Rückkehr. Österreich nahm diese Verträge aber zum Anlass, um über die Einlösung seiner Quittungen für Verpflegung und Spanndienste mit größter Zähigkeit zu verhandeln.

In der Kriegskommission gab es eine wichtige personelle Veränderung: Nach kurzer Krankheit war ihr Präsident, Max von Pettenkofer, gestorben. Nach seinem Tod leitete nun Adam von Aretin die Sitzungen. Er scheint de facto zwischenzeitlich die Rolle eines Vizepräsidenten eingenommen zu haben. Zum Nachfolger Pettenkofers wurde am 23. Februar 1797 der Vizepräsident der Oberlandesregierung, Freiherr von Weichs, ernannt.[26] Adam von Aretin wurde bald sein wichtigster Mitarbeiter.

Anfang April 1797 erweckte der Vorstoß General Napoleon Bonapartes von Italien nach Österreich in München die Sorge, Bonaparte werde über den Brenner nach Bayern vorrücken. Dessen Ziel war aber nicht München, sondern Wien. Am 18. April 1797 kam es zwischen Frankreich und Österreich zum Vorfrieden von Leoben. Am 17. Oktober 1797 beendete der Friede von Campo Formio den Ersten Koalitionskrieg mit Frankreich.

In dieser Zeit liefen mühsame Verhandlungen über die Abwicklung der in Bayern angerichteten Schäden. Man war froh, als das Condésche Corps von Russland übernommen wurde. Es sollte auf der Donau an das Schwarze Meer und von da nach Wollynien gebracht werden. Als Einschiffungsort wurde Günzburg bestimmt. Die Versorgung des Corps, solange es sich noch in Bayern aufhielt, wurde Adam von Aretin übertragen. Von seinem Schwiegervater Hertling erhielt er am 6. Oktober 1797 eine eingehende Instruktion.[27] Am 13. Oktober konnte Adam in Ochsenhausen eine für Bayern günstige Übereinkunft mit Fürst Gortschakoff erzielen. Die Verhandlungen mit dem jähzornigen Fürsten, der nur schlecht französisch sprach, erwiesen sich als schwierig. Condé musste mehrfach vermitteln. Sie wurden in den folgenden Tagen noch komplizierter, als Adam von Aretin angewiesen wurde, für die vom Corps in Bayern angerichteten Schäden von den Russen Schadensersatz zu verlangen. Da verlor der Fürst rasch die Beherrschung und drohte unter russischen Flüchen mit der Kriegserklärung Russlands an den kleinen Kurfürsten von Bayern.

Für Adam von Aretin waren diese Verhandlungen ein einziger Balanceakt. In dieser schwierigen Situation bewies er jedoch großes diplomatisches Geschick und erreichte eine gütliche Einigung. Insgesamt 4.100 Mann, samt Fürsten mit Gefolge, wurden auf 42 Flössen, 12 Ulmer Schiffen, 3 Ulmer Schachteln und 23 Doppelflössen eingeschifft und zogen auf der Donau dem Schwarzen Meer entgegen. 900 Pferde und ein Bataillon Kavallerie ritten auf dem Landweg bis Melk, wo sie sich mit dem Haupttrupp vereinigen sollten. Am 23. Oktober 1797 gab Fürst Gortschakoff auf seinem Floß ein Abschiedsessen. Unter Tränen und häufigen Umarmungen verabschiedete er sich von Aretin, der an diesem Abend, wie er seiner Frau schrieb, ständig in Sorge war, der Fürst werde ein unfreiwilliges Bad in der Donau nehmen.

Adam von Aretin wurde nach seiner Rückkehr für seine geschickte Verhandlungsführung sehr gelobt. Er selber hatte diese Tätigkeit allerdings noch lange in schlechter Erinnerung. Dies umso mehr, als er vergeblich versuchte, die bayerischen Forderungen an die Condéer abzurechnen. Auch über die Forderungen an Österreich verhandelte Aretin mit mäßigem Erfolg. Wiederholt musste er hierfür in das Hauptquartier Erzherzog Karls nach Friedberg reisen. Schließlich einigte man sich darauf, dass Österreich kein Geld zahlte, sondern die österreichischen Magazine auf bayerischem Boden von Bayern in Zahlung genommen werden sollten.

Das Abrechnungsgeschäft war so unerfreulich, dass Aretin mehrfach bat, aus der Kriegskommission entlassen zu werden. Am 25. Oktober 1798 schrieb er in einem Gesuch von der unerträglichen Belastung seiner Doppelstellung in der Kriegskommission, im obersten Lehenhof und in der Oberlandesregierung und wies darauf hin, dass er für seine aufreibende Tätigkeit in der Kommission kein Gehalt erhalte.[28] Er erreichte damit gar nichts.

Trotzdem scheint der gerade einmal 30jährige Adam von Aretin seine Aufgaben mit zäher Beständigkeit gemeistert zu haben. Am 16. Februar 1799 wurde er zum Vizekanzler der neu errichteten Generallandesdirektion ernannt,[29] noch im Namen Kurfürst Karl Theodors. Dieser starb noch am selben Tag, nachdem er vier Tage zuvor einen Schlaganfall erlitten hatte.

Anmerkungen

1 Die Memoiren des Ritters Freiherr von Lang 1764–1835, hrsg. von Hans Hausherr, 1957, S. 245 f. Die Amme aus Arezzo, bei der der Knabe nach Meinung von Langs die ersten vier Jahre seines Lebens zugebracht haben soll, ließ sich trotz intensiver Suche nie ermitteln. Das vom Obersthofmeister der bayerischen Kurfürstin, Graf Johann Maximilian Preysing, genannte Schiff „San Paolo", auf dem der Knabe von Konstantinopel nach Venedig kam, ist hingegen tatsächlich nach Auskunft der venezianischen Hafenbehörde damals in Venedig eingetroffen.

2 Der Nachweis von der Echtheit des Taufscheins ist geführt von Erwein von Aretin in: Die Freiherren von Aretin, Manuskript 1912, Haidenburg, S. 17–98. Es ist wenig sinnvoll, die Ergebnisse im Einzelnen hier zu wiederholen, weil die Frage der armenischen Abstammung im Leben der drei hier behandelten Brüder nur eine untergeordnete Rolle spielt.

3 Karl Theodor von Heigel, Über den Plan des Kurfürsten Johann Wilhelm von der Pfalz, die armenische Königskrone zu gewinnen (1688–1705) in: Sitzungsberichte der Bayerischen Akademie der Wissenschaften 1893, S. 272–319.

4 Ich konnte bei einem Besuch in Moskau 1981 dieses Schreiben im Archiv der alten Akten einsehen. Der Präsident der armenischen Akademie der Wissenschaften hatte mich darauf aufmerksam gemacht.

5 Unter Cgm 1809 in der Bayerischen Staatsbibliothek München, befinden sich zwei Lebensläufe von Christoph Freiherrn von Aretin. Der ausführlichere von 1815 ist nicht gezeichnet. Aus diesem Lebenslauf stammt das Zitat. Der zweite von 1809 ist von Christoph gezeichnet. Die armenische Abstammung wird hier nicht erwähnt.

6 Erwein v. Aretin (wie Anm. 2).

7 Fritz Kreh, Leben und Werk des Reichsfreiherrn Johann Adam von Ickstatt, 1702–1776; ein Beitrag zur Staatsrechtslehre der Aufklärungszeit, 1974, weist mehrfach auf diese Eigenschaft Ickstatts hin.

8 Vgl. Sigrid Jahns, Das Reichskammergericht und seine Richter. Verfassung und Sozialstruktur eines höchsten Gerichtes im Alten Reich, Teil II: Biographien, Quellen und Forschungen zur höchsten Gerichtsbarkeit im Alten Reich Bd. 26, 2003, S. 862–877.

9 Zu den Angaben zu seiner Karriere, vgl. Gerlinde Gigl: Die Zentralbehörden Kurfürst Karl Theodors in München 1779–1799, 1999, S. 152.

10 Richard Messerer, Georg von Dillis, Leben und Werk, in: Oberbayerisches Archiv 84, 1961, S. 7–106.

11 Die Bezeichnung König war keine Vorwegnahme des bayerischen Königtitels, sondern zielte auf seine mögliche spätere Wahl zum deutschen König, von der auch der Vater Ludwigs, Herzog Maximilian von Zweibrücken, damals träumte.

12 Im Personalakt Adam von Aretin, Haidenburg, liegen die Gesuche des besorgten Vaters an den Kurfürsten und an einflussreiche Persönlichkeiten.

13 Urteil der Kommission vom 9. Mai 1788, Haidenburg.

14 Erst als Adam 1793 zum Rat mit Sitz und Stimme der Oberlandesregierung ernannt wurde, erhielt er die für diese Stelle vorgesehene Besoldung von 1200 fl.

15 Die Aufforderung zu dieser Reise nach Frankfurt vom 19.10.1790, Haidenburg. Vgl. Vollständiges Diarium der Römisch-königlichen Wahl und Kaiserlichen Krönung Ihro immermehr allerglowürdigst regierenden Majestät Leopold des Zweiten, Frankfurt am Main 1791, S. 326. Es ist erstaunlich, dass Montgelas unter den sechs Kavalieren ist. Karl Theodor hatte seinen Wahlbotschaftern Hertling und Oberndorff die Zusammenarbeit mit Montgelas untersagt. Vgl. Eberhard Weis, Montgelas 1759–1799, Bd. 1. Zwischen Revolution und Reform, 1971, S. 210 f.

16 Claudius Stein/Dietmar Schmitz, Johann Georg von Aretin (1771–1845) und seine Studie „Sitten und Gebräuche im Landgericht Erding," in: Erdinger Land 19, 2001, S.71–76; S.77–87 der Abdruck von Georgs Artikel „Sitten und Gebräuche im Landgericht Erding".

17 Vgl. S. Jahns (wie Anm. 8), S. 1157 ff.

18 Dieses „Tagebuch eines Sanguinikers", das im Diözesanarchiv München aufbewahrt wurde, ist im Zweiten Weltkrieg verloren gegangen.

19 Das Manuskript liegt in der Universitätsbibliothek Göttingen.

20 Vgl. S. Jahns, (wie Anm. 8), S. 1053.

21 Vgl. ebenda, S. 862–877.

22 Die umfangreichen Akten der Kriegsdeputation liegen im Bayerischen Kriegsarchiv im Bestand B 311. Sie werden künftig mit B 11 und der Nummer des Aktenbündels zitiert. Ein zusammenfassender in 150 Paragraphen gegliederter Bericht über die Ereignisse Juli bis November 1796 B 11/47. „Übersicht der sich währenden Reichs Krieg wider Frankreich angegebene Ereignisse und Schicksale in Baiern und der Oberen Pfalz vom Julius 1796 empfangend aus der Aktensammlung der Kriegsdeputation gezogen und gesammelt." Hier wurden alle Ereignisse und Schandtaten des Condé'schen Corps, der Franzosen und der Kaiserlichen im Einzelnen festgehalten.

23 Die dadurch entstehenden Schwierigkeiten sind in der Note an die bayerische Gesandtschaft am Reichstag vom 25. 1. geschildert, B 311/163. (vgl. Anm. 20)

24 Über die Vorgänge vgl. Karl Otmar Freiherr von Aretin, Die Belagerung von München 1796, in: Gehört, gelesen, hrsg. vom Bayerischen Rundfunk 12, 1955, S.1136–1146.

25 Brief an Adam v. Aretin vom 4. 9.1796, Haidenburg.

26 Betrauung Adam von Aretins, die Sitzungen der Kommission bis zur Ernennung eines Nachfolgers von Pettenkofer zu leiten, B 311/73/18. (vgl. Anm. 8) Die Ernennung Freiherrn von Weichs vom 24. 2. 1797, B 311/75/2.

27 Die Weisung Hertlings an Adam Aretin vom 6. 10. 1797 B 311/135. In diesem Aktenstück sind alle Berichte von und alle Weisungen an Aretin zusammengefasst. Hier auch der Abschlussbericht Aretins und die Belobigung Aretins durch den Kurfürsten.

28 Das ausführliche Gesuch B 311/282/8.

29 Aretin erfuhr die Ernennung von seinem Schwiegervater Hertling. Die Ernennungsurkunde vom 27. 2. 1799 ist bereits von Kurfürst Max Joseph und Hertling unterschrieben, Haidenburg.

Maximilian Joseph Graf von Montgelas

II. Kapitel

Die Rolle der Brüder Aretin in der ersten Phase der Ära Montgelas

Mit dem Regierungsantritt Kurfürst Max IV. Joseph 1799 begann auch die Ära seines Ministers Maximilian Graf von Montgelas. Dieser hatte ihm schon am 30. September 1796 in Ansbach ein Memoire vorgelegt, in dem er sehr präzise seine Vorstellungen entwickelt hatte, mit welchen Reformvorhaben er Bayern in einen modernen Staat wandeln wolle. Das Papier zeigt, dass Montgelas die Verhältnisse in Bayern, insbesondere die personellen Voraussetzungen sehr genau kannte. Er strebte auf der Grundlage eines neuen aufgeklärten Staatsverständnisses einen Wechsel von der Fürsten- zur Staatssouveränität an. Der Minister ging ab 1799 sofort an die Verwirklichung seiner Ideen.

Bereits am 1. März, nur zehn Tage nach seinem Eintreffen in München, nahm Montgelas die grundlegendste Maßnahme seiner Verwaltungsreform in Angriff, die Einrichtung von vier – später fünf – Fachministerien, die ihrem jeweiligen Ressort entsprechend Regierungsaufgaben übernehmen sollten. Waren den Ministern bisher von Fall zu Fall Aufgaben übertragen worden, so schuf Montgelas nun eine Behörde mit klaren Zuständigkeiten. Es handelte sich um die Ministerien des Äußeren, der Finanzen, der Justiz und für geistliche Angelegenheiten. Ein Innenministerium kam erst später dazu. Damit hatte Montgelas das Ressortprinzip in der Staatsspitze durchgesetzt. Die Minister trafen sich – auch das war eine Neuerung – zu regelmäßigen Sitzungen.

Auf der ersten Sitzung gab Montgelas seine Absicht bekannt, die bisherigen Oberlandesregierungen für Bayern und Neuburg an der Donau nach preußischem Vorbild durch eine in Ressorteinteilung aufgegliederte *Generallandesdirektion* für Bayern und Neuburg zu ersetzen.[1] Diese zentrale Behörde bildete ein übergeordnetes Verwaltungsorgan, das die einzelnen Fachministerien in sich vereinte. Laut amtlicher Verkündigung vom 23. April 1799 „wurde eine einzige Landesstelle, die Generallandesdirektion, gebildet. Sie soll alle Regierungs- Polizei- Kameral- und Kriegsökonomie Gegenstände der bayerischen und neuburgischen Lande umfassen."[2] Die Rentämter Landshut, Straubing und Burghausen, die Hofkammer und die Fachkollegien wurden aufgelöst und ihre Geldvorräte nach München überführt.

Mit der Generallandesdirektion wollte Montgelas die historischen Regionen in einem einheitlichen Staat verschmelzen. Das Prinzip der Vereinheitlichung konnte jedoch nicht durchgehalten werden. So gab es für die Oberpfalz eine eigene Landesdirektion. 1803 wurden auch für die neu gewonnenen Landesteile Landesdirektionen gebildet. Sie wurden durch das *Gesetz über die Umorganisation der Generallandesdirektionen* gleichgestellt und damit die ursprüngliche Absicht aufgegeben, über die Generallandesdirektion zu einem einheitlichen Unterbau des Staates zu kommen.[3] Diese Struktur bestand bis 1808 und verlor mit Inkrafttreten der Verfassung durch die Organischen Edikte ihre Bedeutung.

Die tiefgreifendste Veränderung brachte die *Säkularisation*. Im Frieden von Luneville (9. 2. 1801) zwischen Frankreich und dem Reich wurde das linke Rheinufer an Frankreich abgetreten. Die dadurch geschädigten Fürsten sollten mit den Ländern der geistlichen Fürsten entschädigt werden. Die Form, in der der Reichstag im Reichsdeputationshauptschluss vom 25. 2. 1803 das Problem löste, ging weit über die ursprüngliche Absicht hinaus. Alle Fürsten wurden ermächtigt, alle Klöster, auch die landständischen, aufzuheben. Das hatte für ein katholisches Land wie Bayern weitreichende Folgen. Es bedeutete praktisch das Ende des alten Bayern und eröffnete die Möglichkeit, einen nach rationalen Grundsätzen gestalteten säkularen Staat zu schaffen. Schon 1802 hatte sich Montgelas von Frankreich und Russland einige Erwerbungen, beispielsweise Freising, fest zusagen lassen. Die durch die Säkularisation erworbenen Gebiete konnten jedoch erst 1803 offiziell Bayern eingegliedert werden.

Die Verwaltungsreformen und die Säkularisation hatten tiefgreifende gesellschaftliche Umwälzungen zur Folge. Mit der Mediatisierung der landständischen Klöster verlor die Landschaftsverordnung ihren von der Geistlichkeit gebildeten ersten Stand. Solange die Rechtsverordnung des Reichs existierte, musste Montgelas gegenüber der unter Karl Theodor sehr selbstbewusst gewordenen Landschaftsverordnung vorsichtig vorgehen.[4]

Beginn der Karriere Adam von Aretins unter Montgelas

Mit dem Eintreffen Max Josephs und seines Ministers Montgelas in Bayern setzte sich die Karriere Adam von Aretins fort. Der ausgebildete Jurist war von Anfang an unmittelbar am Aufbau der von Montgelas geschaffenen Generallandesdirektion beteiligt und arbeitete eng mit dem Minister zusammen. Recht selbstbewusst wies Adam 1806 auf seinen Anteil bei der Errichtung dieser neuen Behörde hin: „...dass es vorzüglich meine angestrengten Bemühungen waren, durch welche die damalige ungeheure Maschine, als eine ganz neue Schöpfung in Gang gebracht und darin auf eine ausgezeichnete Art erhalten wurde."[5]

Zum Präsidenten dieser Behörde wurde Joseph August Graf von Törring ernannt, die beiden Vizepräsidenten waren der frühere Vizepräsident der Oberlandesregierung, Freiherr von Weichs, und Georg Reichsgraf von Hegnenberg. Das Justizressort erhielt Adams Schwiegervater, Friedrich von Hertling. Es wurden sieben Deputationen mit einer klar definierten Aufgabenstellung gebildet. Adam von Aretin wurde zum Direktor der ersten Deputation ernannt, in deren Zuständigkeitsbereich Landeshoheits-, Grenz-, Fiskal- und Lehenssachen fielen. Ihm unterstellt arbeitete ein kleiner Kreis von Hofräten, darunter sein Bruder Christoph.

Die Direktoren erhielten 2.500 fl. die Hofräte je 1.500 fl. Adam von Aretin erhielt darüber hinaus als Kanzleidirektor eine Zulage von 300 fl. In dieser Stellung wies er am 7. Mai 1799 in einem Vortrag die Direktoren in ihre neue Aufgabe ein. Bei Abwesenheit von Präsident und Vizepräsident hatte er bei Sitzungen der Direktoren der sieben Deputationen den Vorsitz zu führen.

Adams von Aretins Beitrag am Aufbau dieser neuen Behörde erschöpfte sich nicht allein in seiner juristischen Tätigkeit. Als Mitgestalter der Generallandesdirektion übernahm er auch die Vermittlung der montgelasschen Verwaltungsreform nach Außen. Mit der Schrift *Briefe eines bayerischen Patrioten über die neu errichtete Generallandesdirektion* stellte Adam die Behörde der Öffentlichkeit vor. Darin entkräftete er einerseits die mögliche Verärgerung von Personen, die beim Aufbau der Generallandesdirektion nicht berücksichtigt wurden, andererseits sparte er nicht an Lob über deren personelle Besetzung: „Endlich müssen Sie eingestehen, dass die bei der Generallandesdirektion angestellten Männer ein Collegium bilden, wie man wohl schwerlich in und ausser Deutschland ein zweites finden wird." Das eigentliche Ziel dieser Schrift war die Erklärung, warum in der neuen Behörde keine eigene Deputation für geistliche Fragen vorgesehen war. Adam von Aretin begründete es damit, dass früher vieles im Geistlichen Rat behandelt wurde, was eigentlich zu den weltlichen Sektionen gehöre und nun auch dort behandelt werde. Ebenso gab es keine Deputation für Justizangelegenheiten, die nun von einer eigenen „Gerichtsstelle" verwaltet werden sollten.[6]

Die Generallandesdirektion nahm ihre Arbeit in zwei vorbereitenden Sitzungen am 7. und 8. Mai 1799 auf.[7] Durch das umfangreiche Protokoll der zweiten Sitzung wurden die weitgehenden Vorbereitungen, die Montgelas schon 1796 für den Fall der Übernahme der Regierung durch Herzog Max Joseph von Zweibrücken getroffen hatte, deutlich. In diesem Protokoll sind alle Ernennungen, Beförderungen und Pensionierungen festgehalten, die nun in Bayern und Neuburg mit der Übernahme der Regierung durch Max IV. Joseph vorgenommen wurden. Präsident Graf Törring und seine Vizepräsidenten sowie Adam von Aretin hatten in den vierzehn Tagen seit der Gründung der Generallandesdirektion am 23. April eine enorme Arbeit geleistet, die eine unglaubliche Personalkenntnis voraussetzte. Es zeigt aber auch, mit welch genauen Vorstellungen Montgelas an seine Aufgabe ging.

Montgelas war von Aretin so angetan, dass er ihn zum offiziellen Leiter der Kriegskommission machen wollte. In einer von allen Mitgliedern unterschriebenen Note bat Aretin aber, Weichs weiter als deren Vorstand zu belassen, weil dieser als Vizepräsident der Generallandesdirektion mehr Gewicht habe als er.[8] Der Minister ließ sich von der Argumentation überzeugen. Größere Veränderungen wurden in der Kriegskommission nicht vorgenommen, da die bisherigen Mitglieder ihr schwieriges Amt zur Zufriedenheit des Ministers ausführten.

Über die Zusammenarbeit der beiden Brüder Aretin in der Generallandesdirektion wissen wir nur wenig. Adam scheint Christoph auch in der Kriegskommission eingesetzt zu haben, wie eine Weisung an ihn vom 29. Dezember 1800 zeigt.[9] In den Sitzungsprotokollen der 1. Deputation ist relativ häufig die Abwesenheit Christophs vermerkt. Als dieser seine Reise zu den

Klosterbibliotheken antrat, beschwerte sich sein Bruder: „Man kann wirklich jetzt kaum noch drei der Räte zählen, die sich ausschließlich der Arbeit der ersten Deputation widmen können, indem Freiherr von Aretin wegen der Besorgung der Geschäfte in der Hofbibliothek von höchster Stelle dispensiert ist."[10] Als Rat der ersten Deputation war Christoph kein bequemer Mann. Er griff in die Diskussion um die Landstände mit der 1799 erschienenen Schrift *Ein neuer Landtag, die wichtigste Angelegenheit für Baiern* ein. Darin machte er den Vorschlag, den seit 1669 nicht mehr zusammengetretenen Landtag einzuberufen und mit ihm die von Montgelas geplanten Reformen zu besprechen. Christoph war nicht der Einzige, der mit Hilfe des ständischen Landtags Reformen durchführen wollte. Montgelas hielt von dieser Idee nichts. Das hielt Christoph jedoch nicht ab, im folgenden Jahr eine Geschichte der bayerischen Landstände vorzulegen.[11]

Adams Tätigkeit in der Kriegskommission

Obwohl er deren Vorsitz abgelehnt hatte, gelangte Adam von Aretin in der Zeit um 1800/1801 in der Kriegsdeputation zu führender Stellung. Ab Mai 1800 rückte die französische Armee im Zweiten Koalitionskrieg erneut nach Süddeutschland vor. Die Ereignisse von 1796 schienen sich zu wiederholen, als Ende Juli 1800 der Vorfriede von Paris das weitere Vordringen der Armee General Jean Victor Moreaus stoppte. In dieser Zeit hatte sich Weichs weitgehend auf die Generallandesdirektion zurückgezogen und Aretin die Berichte an den Kurfürsten und die Leitung der Kriegsdeputation überlassen.

In einem sehr ausführlichen Bericht an den Kurfürsten schilderte Aretin eingehend die Gefahren für das Land, wenn Bayern sich wie bisher auf die Seite Österreichs bei Wiederaufnahme der Kampfhandlungen schlage.[12] Der Kurfürst war Mitte Juni vor der französischen Armee nach Amberg ausgewichen. Die anstehenden Verhandlungen mit den Franzosen wurden mit großer Sorge betrachtet, weil die Bedingungen des 1796 zwischen den bayerischen Landständen und den Franzosen geschlossenen Vertrags von Pfaffenhofen nicht erfüllt worden waren. Weder war das bayerische Kontingent von der Reichsarmee abgezogen, noch die Summe von 2 Millionen Gulden an die französische Armee gezahlt worden.

Am 28. Juni 1800 wurde München durch französische Truppen besetzt. Im Gegensatz zu 1796, als die französische Armee durch ihr diszipliniertes Auftreten viele Sympathien gewinnen konnte, hatte sich die Situation deutlich geändert. Bayern wurde, weil Verbündeter Österreichs, als Feindesland behandelt. In der Kriegsdeputation häuften sich die Beschwerden: Der Pfarrer von Rottlach wurde von französischen Soldaten ermordet. Die Besatzer plünderten in München das Zeughaus und boten erbeutete Säbel den Trödlern zum Kauf an. In der Gegend von Dachau trieb die Bevölkerung ihr Vieh in die Wälder, um die Beschlagnahme zu verhindern. Auch wurden mehrere Ermordungen von Bauern gemeldet.

Adam von Aretin bat dringend, einen Commissär in das Hauptquartier General Moreaus zu entsenden. In seiner Antwort erklärte Minister Hertling, über keine geeignete Person zu verfügen.[13] Die Kriegsdeputation solle die Exzesse, insbesondere die vorgekommenen Morde, genauestens protokollieren. Von den requierenden Soldaten wurden zwar Quittungen und Bons ausgestellt, aber ob es je zu deren Abrechnung kommen werde, war mehr als ungewiss.

Die Kriegsdeputation wurde auf elf Mitglieder vergrößert, Adam von Aretin, der am besten Französisch sprach, wurde zum Leiter der Liquidationskommission mit den Franzosen ernannt. In einem eingehenden Bericht schildert er die Schwierigkeiten mit den oft nicht eindeutig formulierten Quittungen, die dann von den Franzosen nicht anerkannt wurden, und die vielen Schikanen, denen er sich ausgesetzt sah.[14]

Um mit den Franzosen überhaupt eine Verhandlungsbasis zu schaffen, machte Aretin den Vorschlag, den einflussreichsten unter ihnen, Inspecteur Sotin, mit einem Geschenk zu gewinnen. Sotin war zwei Jahre französischer Minister gewesen. Mit dieser heiklen Mission wurde Aretin betraut. Die „Aktion" war ihm, wie er seiner Frau erklärte, höchst unheimlich, da er nicht wusste, wie dieser, von republikanischen Idealen geprägte Mann auf einen Bestechungsversuch reagieren würde. Er sah sich schon verhaftet und vor ein französisches Gericht gestellt. In der Unterredung mit Sotin postierte Aretin vorsichtig ein Säckchen mit 30 Golddukaten am Fuß des Schreibtischs. Sotin hob es auf, schüttete es zum Entsetzen Aretins aus und zählte. Dann erklärte er, diese 30 Golddukaten wären für ihn zu wenig. Damit er tätig werde, müsse die Summe erheblich erhöht werden.[15] Von der Geldgier Sotins war Aretin geschockt. Als Sotin wenige Tage später regelmäßige Geldzahlungen einforderte, gelang es Aretin, ihn auf eine einmalige Zahlung festzulegen. Ab Mitte November erhielten die französischen Kommissare regelmäßige, von Aretin mit Sotin ausgehandelte Beträge. Auch nach dem Waffenstillstand zwischen Frankreich und Österreich flossen noch erhebliche Summen, als „Gratifikationen".

Am 28. November 1800 lief der im Vorfrieden von Paris vereinbarte Waffenstillstand zwischen Österreich und Frankreich ab, und der Krieg begann von neuem. Nach seinem Sieg in der Schlacht von Hohenlinden drang General Moreau tief auf österreichisches Gebiet vor. Am 28. Dezember beendete ein Waffenstillstand die militärischen Operationen.

Einen Tag später schickte Adam von Aretin seinen Bruder Christoph in die salzburgische Exklave Mühldorf. Diese Mission ist eines der wenigen gut dokumentierten Beispiele, die zeigen, wie Adam seinen Bruder für Aufgaben der Kriegskommission einsetzte. Christoph sollte den von Franzosen verhafteten Generallandesdirektionsrat Maximilian Freiherrn von Leyden befreien. Der französische General Ney lud zwar Christoph zur Tafel, war aber über Leyden derart verärgert, dass Christoph nichts erreichte.[16]

Er wurde dann Ende Januar nach Burghausen versetzt, wo er zum Vorstand der dortigen Kriegskommission ernannt wurde. Christoph selbst bewertete 1809 in seinem Lebenslauf seine Tätigkeit in Burghausen recht positiv. „Insbesondere habe ich als Vorstand der Kriegskommission in Burghausen," hieß es da, „dem Land und den Untertanen mehrere hunderttausend Gulden erspart, und die Stadt Burghausen, die mir noch jetzt Dankbarkeit bezeigt, vor dem Untergang gerettet." Seine Tätigkeit in Burghausen wurde auf Antrag von Joseph Ritter von Stichaner Ende Mai 1801 besonders hervorgehoben.[17]

Die Situation für die Kriegskommission veränderte sich durch den Abschluss des französisch-österreichischen Friedens von Lunéville am 9. Februar 1801, in den auch das Reich einbezogen war. Die bayerische Regierung benutzte dies, um die Kriegskommission auf eine neue Basis zu stellen. Ihr wurde die Liquidation der Forderungen an den Wiener Hof und die französische Regierung übertragen.[18] In Wien konnten nur geringe Summen liquidiert werden. Paris weigerte sich, Verhandlungen darüber aufzunehmen. Am 23. Dezember erhielten die elf Mitglieder der Deputation eine Gratifikation von je 100 Dukaten. Zum 1. Januar 1802 wurde die Deputation aufgelöst. Adam von Aretin wurde in der Auflösungsverfügung besonders lobend erwähnt. In seinem Abschlussbericht zeichnet Adam von Aretin eine Geschichte dieser Behörde, die in den stürmischen Jahren von 1796 bis 1801 Ordnung in ein teilweise chaotisches Geschehen zu bringen versucht hatte.[19]

Adams Rolle bei der Übernahme der Thurn und Taxis Reichspost

Zu den Aufgaben Adam von Aretins in der Generallandesdirektion gehörte von Anfang an die juristische Beratung von Montgelas, wie am Beispiel der taxisschen Reichspost deutlich wird. Seit 1615 hatten die Fürsten von Thurn und Taxis das Privileg, die Post im Reichsgebiet zu betreiben. Diese Reichspost galt lange als eine Einrichtung, wo in so genannten Postlogen Briefe geöffnet wurden und so wichtige Nachrichten an den Wiener Hof gelangten. Seit der Mitte des 18. Jahrhunderts gab es in den größeren Ländern die Tendenz, die Postbeförderung selber zu übernehmen. Dagegen wehrte sich das Haus Thurn und Taxis, indem es Verträge mit verschiedenen Regierungen schloss, um sich sein Postprivileg zu sichern. Am 25. Februar 1799, also unmittelbar nach seiner Ankunft in München, bestellte Montgelas den Professor für Staatsrecht an der Universität Ingolstadt, Johann Nepomuk von Krenner, und Adam von Aretin zu sich, um mit ihnen zu erörtern, wie man sich aus den Verpflichtungen des 1784 mit Thurn und Taxis geschlossenen und für Bayern sehr ungünstigen Vertrags lösen könne.[20] Aretin war bereits mit der Materie vertraut, da Freiherr von Weichs ihn schon 1795 gebeten hatte, die entsprechenden Möglichkeiten zu prüfen. In seinem damaligen Gutachten sah Aretin keine Möglichkeit, zumal Herzog Max Joseph von Zweibrücken am 12. Juli 1793 den Vertrag bestätigt hatte. Lediglich die dem Haus Thurn und Taxis zugestandene Gerichtsbarkeit über das Postpersonal hielt er für anfechtbar. Aretin, der ja neben seiner Tätigkeit in der Generallandesdirektion auch noch in der Kriegsdeputation tätig war, brauchte diesmal fast ein dreiviertel Jahr, bis er sich durch die überaus komplizierte Materie der Postverträge gearbeitet hatte.

Bei den Feierlichkeiten zur Hochzeit der Prinzessin Auguste von Bayern mit dem Stiefsohn Napoleons, Eugen Beauharnais, am 18. Januar 1806 machte Napoleon gegenüber Montgelas die Bemerkung, das souveräne Königreich Bayern solle seine Souveränität auch auf das Gebiet des Postwesens ausdehnen. Es war nur eine Bemerkung, mit der Napoleon auf die Vorteile hinwies, die sich der Kaiser durch das Öffnen von Briefen in den Postlogen bei den Taxisschen Postämtern verschaffe. Sie veranlasste Montgelas, in dieser Frage erneut aktiv zu werden. Die Grundlage bildete das 246 Seiten umfassende Gutachten Adam von Aretins vom 12. November 1799. Montgelas berief am 24. Januar 1806 eine Konferenz ein. Aretin legte ein weiteres ausführliches Gutachten vor, in dem er die Vorteile einer baldigen Übernahme der Post durch das Königreich betonte.[21] Er trug den Bedenken des Königs insofern Rechnung, als er für den Fürsten von Thurn und Taxis den Titel eines Königlich Bayerischen Erblandpostmeisters und eine großzügige Entschädigung vorschlug. Montgelas entschied sich demgegenüber für den Vorschlag Max Franz von Krenners und Johann Heinrich Ritter von Schenks, der vorsah, das Postprivileg noch weitere sechs Jahre bei den Fürsten von Thurn und Taxis zu belassen. Tatsächlich wurde die Post zwei Jahre später von Bayern übernommen. Adam hat sich nach 1806 nicht mehr mit dieser Materie befasst.

Die Übernahme des Hochstifts Freising durch Adam

Die Tätigkeit in der Kriegskommission war beendet, als Adam Ende Februar 1802 eine heikle Mission übertragen wurde: die Aufhebung und Abwicklung des Damenstifts St. Anna in München.[22] Offiziell handelte es sich um eine „Neuorganisation“ des Stifts. Tatsächlich wurde es auf eine neue säkulare Basis gestellt. Heikel war die Mission, weil das Stift als erste derartige Institution säkularisiert werden sollte. Zwar war nach dem Rastatter Kongress die Säkularisation unabwendbar, noch aber lag kein offizieller Beschluss des Reichs vor. Der Reichsdeputationshauptschluss, die rechtliche Basis für die Säkularisation, sollte erst 1803, also ein ganzes Jahr später, in Kraft treten. Die Reichstags-Kommission, die den Umfang der Säkularisation zu bestimmen hatte, war noch nicht zusammengetreten. Auch war bisher nur von der Säkularisation der Fürstbistümer und nicht der Klöster die Rede. Wie der Bericht Adam von Aretins zeigt, nahm die Äbtissin des Stifts, eine Herzogin von Bayern, die Neuorganisation trotzdem widerspruchslos hin.

Adam von Aretin muss diese Mission mit Erfolg ausgeführt haben, denn er erhielt Mitte August 1802 den Auftrag, die Säkularisation des Hochstifts Freising und der Salzburger Exklave Mühldorf durchzuführen. Auch diese Mission war heikel. Als Aretin am 23. August 1802 mit einer Kompanie bayerischer Infanterie in Freising eintraf, trat in Regensburg gerade erst die Reichsdeputation zusammen. Das Bistum Freising war das erste Hochstift, das säkularisiert werden sollte. Aretin handelte zwar auf klare Weisung des Kurfürsten[23], allerdings noch ohne rechtliche Grundlage. Er wurde daher angewiesen, mit größter Vorsicht vorzugehen und bei möglichen Protesten zu erklären, dass die Besetzung nur „vorläufig" geschehe. Da Aretin jedoch die freisingschen Beamten auf den Kurfürsten vereidigte, war der „vorläufige Charakter" der Besitzergreifung eine Fiktion. Nachdem sich Bayern vorher von Frankreich die Säkularisation der Fürstbistümer Freising, Würzburg, Augsburg, Bamberg und Teilen von Eichstätt und Passau hatte zusagen lassen, war das Vorgehen in Freising politisch abgesichert. Fürstbischof Schroffenberg protestierte zwar, ließ aber die Besetzung Freisings geschehen. Er lebte schon damals schwer krank in Berchtesgaden, dessen Probst er war. Seine Abwesenheit erleichterte Aretins Mission. Er ging offenbar sehr geschickt vor, denn er erhielt am 9. September ein lobendes Schreiben von Montgelas.[24]

In früheren Arbeiten über die Säkularisation ist die Tätigkeit Aretins in Freising sehr negativ beurteilt worden.[25] Er habe den Freisinger Dom sprengen lassen wollen und anderes mehr. Tatsächlich hat Aretin mehrfach im Dom feierliche Pontifikalämter abhalten lassen, an denen er selbst teilnahm. So am 3. Februar 1803, dem Geburtstag des Fürstbischofs, und am Jahrestag seiner Wahl zum Fürstbischof am 1. März. Als die Nachricht vom Tod Schroffenbergs am 4. April 1803 in Freising eintraf, ließ Aretin ein feierliches Requiem im Dom abhalten mit Genehmigung aus München. Gleichzeitig wurde die Schließung des Domes verfügt, die bis 1822 aufrechterhalten wurde.

Durch die täglichen Briefe Aretins an seine Frau haben wir einen guten Überblick über Adams Sicht seiner Tätigkeit in Freising. Ende November waren die Verhandlungen über die Säkularisation auf dem Reichstag so weit fortgeschritten, dass Aretin offiziell zum Generalkommissar für das Fürstentum Freising, die salzburgische Exklave Mühldorf und die freisingschen Besitzungen im Werdenfelser Land ernannt werden konnte.[26] Im *Churfürstlichen Baierischen Regierungsblatt* vom 27. November 1802 wurde die Besitzergreifung des Fürstbistums Freising offiziell bekannt gemacht. Die Tatsache, dass dort bereits seit Ende August eine bayerische Garnison stationiert war, wurde dabei nicht erwähnt.

Adam von Aretin bezog nun auf dem Domberg in der fürstbischöflichen Residenz Quartier. Er wurde am 29. November 1802 von der Trabantengarde und der ganzen Hofdienerschaft empfangen. Sein Einzug wurde mit einem feierlichen Amt im Dom und der Predigt eines Franziskaners begangen. Danach empfing er die Angehörigen des Domkapitels und die höheren Beamten. Er gab eine Mittagstafel mit 12 Gängen. Graf Barbien, ein Neffe Schroffenbergs, übergab ihm zwei Koffer mit den geheimen Regierungsakten des Fürstbischofs.

Auch im salzburgischen Mühldorf, das inzwischen von Christoph von Aretin mediatisiert worden war, bescherte man Adam von Aretin einen festlichen Empfang. Am 1. Dezember zog er unter Glockengeläut, einer Parade des Militärs und der Bürgerschaft in Mühldorf ein. „Der Enthusiasmus der Mühldorfer ist außerordentlich für den Churfürsten", schrieb er seiner Frau, „und ich bin versichert, daß keine Stadt allgemeinen tollen Jubel so sehr geäußert hat." Weder in Freising noch in Mühldorf war eine Gegnerschaft gegen die bayerische Übernahme zu spüren. Aretin wurde mit Arbeit so überhäuft, dass er in den Seufzer ausbrach: „es ist eine schöne Sache ums regieren, aber verdammt incommod ist's auch."[27]

Die Stimmung schlug auch nicht um, als Mitte Dezember der Direktor der kurfürstlichen Gemäldesammlung, Christian Mannlich, nach Freising kam und mit Adam die Gemälde aussuchte, die nach München verbracht werden sollten.[28] Sein Bruder Christoph, der sich – wie wir noch sehen werden – auf die Auswahl von bibliophilen Schätzen aus den säkularisierten Klöstern spezialisiert hatte, suchte aus der Bibliothek wertvolle Bücher aus. Am 14. Dezember 1802 ging ein erster Transport von Bildern, Büchern und Manuskripten nach München. Offenbar hat das die Stimmung in der Bevölkerung wenig berührt.

Nicht immer sind jedoch die „Plünderungen" so glatt verlaufen. Als Adam von Aretin einem Domherrn, der nach München fuhr, das beschlagnahmte Kirchensilber mitgab, kam es in München nicht an, sondern wurde von dem Prälaten versteckt. Bei der Rückkehr des Domherrn nach Freising ließ Aretin ihn verhaften. Er kam erst frei, nachdem alles Silber aufgetaucht war. „Manchmal muß man ein wenig Terrorismus untermischen", meinte er zu seiner Frau, „sonst glauben die Leute man wäre gar zu gut."

Ende Januar kamen die beiden Brüder Georg und Cantius von Dillis nach Freising, um noch eine Nachlese zu halten. Sie wurden besonders im Neustift fündig. Begeistert berichtete Adam von Aretin: „Es war ein herrliches Erlebnis mit einem so klugen Mann wie Georg Dillis zu sprechen. Er hat meine Kunstliebhaberei neu geweckt."

Eine ganze Reihe von Kirchen und Kapellen sind danach in Freising geschlossen worden. Mit Weihbischof Johann Nepomuk von Wolf besprach Adam von Aretin, wie der Gottesdienst in der Stadt aufrechterhalten werden könne.

Adam von Aretin blieb bis Anfang Juni 1803 in Freising. Mitte Mai teilte ihm Weichs eine andere Aufgabe zu: Die Abrechnung über Fourage und Gespannkosten mit Österreich, die nicht vorankämen. „Das geniert mich sehr", war Aretins Kommentar seiner Frau gegenüber. Aber selbstverständlich folgte er der Weisung des Leiters der Kriegsdeputation und begab sich nach Österreich, wo er in Wien Quartier nahm.

Adams Verhandlungen in Wien

Die neue Aufgabe Aretins war eine wichtige diplomatische Mission: Er sollte in Wien zusammen mit Herrn von Schindelar die im Reichsdeputationshauptschluss vorgesehenen Ausgleichsverhandlungen mit Österreich und dem Kurfürstentum Salzburg führen. Durch die Mediatisierung der Fürstbistümer und die Abschaffung der Klöster hatte sich eine Reihe von finanziellen und territorialen Fragen ergeben. Es waren drei Problemkreise, die Adam von Aretin mit der österreichischen Regierung und dem Vertreter Salzburgs zu lösen hatte:

Zunächst ging es um eine Reihe territorialer Fragen zwischen Österreich, Bayern und dem für Großherzog Ferdinand III. von

Toskana neu geschaffenen Kurfürstentum Salzburg. Es war eine Folge der Säkularisation, dass sowohl mit Salzburg wie mit Österreich überaus komplizierte Verhandlungen über einen finanziellen Ausgleich geführt werden mussten. Aretin erhielt Unterlagen, die den Wert der einzelnen Positionen, berechnet nach den in den letzten zehn Jahren erzielten Einnahmen, enthielten. Es war zu erwarten, dass von der Gegenseite viele Positionen angezweifelt oder neu berechnet werden würden.

Der zweite Problemkreis wurde unter der Bezeichnung „droit d'épaves" geführt,[29] einem Begriff, der ursprünglich das Besitzrecht der Küstenbevölkerung an angeschwemmten Gütern bezeichnete. Im übertragenen Sinn beschrieb er einen rechtlich höchst komplexen Sachverhalt: In österreichischen Banken und Fonds lagen mehr als 2 Millionen fl. Dieses Geld gehörte zum einen den landständischen säkularisierten Klöstern sowie den in der Säkularisation aufgehobenen Prälaturen und Abteien in Bayern. Mindestens 1,8 Millionen fl. davon waren Besitz der an Bayern gefallenen Fürstbistümer Würzburg und Bamberg. Hinzu kamen die in Österreich liegenden Ländereien der Fürstbistümer und Klöster. Wer diese Gelder nun erhalten würde, das „Sitzland" oder die neuen Eigentümer, darüber musste verhandelt werden. „Droît d'épaves" – wieweit die freisingschen Besitztümer in Kärnten in deren Bereich fielen, war umstritten. In München war man an den Ländereien wenig interessiert, weil ihr Besitz Bayern in Abhängigkeit von Österreich bringen konnte. Das Interesse Bayerns galt vielmehr den Geldern und Fonds der säkularisierten Bistümer, Abteien und Klöster, die von Österreich als herrenloser Besitz sequestriert worden waren.

Gegen diese Beschlagnahme sollten die beiden Kommissare Aretin und Schindelar protestieren. Die bayerische Regierung vertrat den Standpunkt, dass dieser Besitz dem neuen Eigentümer, Bayern, gehöre. Bei der Geldsumme handelte es sich um den größten Betrag, den Bayern aus der Säkularisation der in Bayern gelegenen Prälaturen und Abteien sowie den Depots von Würzburg und Bamberg zu gewinnen hoffte. Daher war hier die Instruktion sehr präzise: „Da nun ein so beträchtlicher Überschuß von den wirklichen Deputationsschlussmäßigen Ausgleichsgegenständen im österreichischen Haus ist, so habt Ihr vor allem darauf zu bestehen, dass die Beschlagnahme auf die zur Ausgleichung gar nicht gehörenden sequestrierten Objekte unverzüglich wieder aufgehoben werde." Bayern berief sich auf den österreichisch-französischen Vertrag vom 26. Dezember 1802 und auf den Artikel 48 des Reichsdeputationsschlusses. Allerdings war hier die Frage, wem die Güter und Guthaben säkularisierter Stifte in Österreich nach der Säkularisation gehören sollten, offen geblieben.

Der dritte Bereich, den Aretin und Schindelar in Wien zu verhandeln hatten, betraf die in den Jahren 1796–1801 zwar quittierten, aber bis dato nicht bezahlten Leistungen Bayerns an die kaiserliche Armee. Die Instruktion bezifferte deren Wert mit 10.105.556 fl. oder, nach Requisitionspreisen berechnet 3.242.140 fl. Dazu kamen noch quittierte Leistungen aus dem Hochstift Würzburg in Höhe von 1.250 fl. Außerdem sollten die beiden Kommissare Ersatz für die 1796 aus der Festung Ingolstadt entführten Geschütze und Munition fordern.

Die diplomatische Mission, mit der Aretin und Schindelar beauftragt wurden, war mehr als heikel; hatten doch die beiden Kommissare an Österreich Ansprüche auf eine Summe zwischen sieben und zwanzig Millionen fl. zu erheben. Der ganze Bereich des „droit d'épaves" war juristisches Neuland. An der Erledigung der quittierten Leistungen der kaiserlichen Armee hatte sich schon Baron Goltstein die Zähne ausgebissen. Aretin und Schindelar waren auf das Entgegenkommen der Gegenseite angewiesen.

Erwägt man die Summe, um die es bei diesen Verhandlungen ging, so ist die Ernennung dieser beiden Männer als Verhandlungsführer unbegreiflich. Adam von Aretin war damals gerade 34 Jahre alt und diplomatisch weitgehend unerfahren. Dies galt auch für Schindelar, der eigentlich für die Verwaltung der dem bayerischen Kurfürsten gehörenden böhmischen Lehen verantwortlich war. Ihre Entsendung lässt eigentlich nur den Schluss zu, dass Montgelas kaum ein positives Ergebnis von diesen Verhandlungen erwartete. Auch Aretin sah sich zu einer Mission kommandiert, deren Erfolgsaussichten er eher skeptisch beurteilte. Warum Montgelas nicht den bayerischen Gesandten in Wien, Karl Ernst Freiherrn von Gravenreuth, mit diesen komplizierten Verhandlungen betraute, ist unklar. Aretin wurde nur ganz allgemein an Gravenreuth verwiesen, der allerdings auch erst kurz zuvor den Grafen Wieckenburg auf dem Wiener Gesandtschaftsposten abgelöst hatte.

Über den Verlauf dieser Mission sind wir aus verschiedenen Quellen informiert. Von den Berichten Adam von Aretins sind nur wenige erhalten geblieben. Den Verlauf der Mission während der ersten Zeit schildert eine undatierte und nicht unterzeichnete Schrift: *Das dem Herrn Kurfürsten von Salzburg für die Grafschaft Neuburg am Inn, Mühldorf und die Eichstättischen Ämter zu leistende Äquivalen.*[30] Kurz vor dem Ende seiner Mission fasste Adam den Verlauf der Verhandlungen tagebuchmäßig zusammen.[31] Dazu kommt ein intensiver Briefwechsel mit seiner Frau.[32]

Die Mission Aretins vom 4. Juni 1803 bis zum 25. September 1804 liest sich als ein ständiger Kampf gegen die Verzögerungstaktik der österreichisch-salzburgischen Kommissäre. Anfangs fanden die Sitzungen relativ häufig statt. Sie wurden immer weniger, bis sie 1804 praktisch aufhörten. Aus den Briefen an seine Frau ist zu erkennen, dass Aretin keine großen Erwartungen an seine Mission knüpfte. Seine Schilderungen aus dem kaiserlichen Wien aber geben ein lebendiges Bild dieser Stadt zu dieser Zeit.

Adam machte sich mit Schindelar am 4. Juni 1803 von München aus auf die Reise. In Mühldorf, wo er als Besitzergreifungskommissar noch in bester Erinnerung war, wurde er mit Glockengeläut und Kanonendonner begrüßt. Erst am folgenden Tag konnten sie weiterreisen. Nach Passieren der österreichisch-bayerischen Grenze in Braunau stellte Adam, wie er seiner Frau schrieb, erstaunt fest: „Die Kleidung ist dann viel ordentlicher, die Postillons geschickter und Pferde und Geschirr besser, als auf den Reichsposten." Auch die Straßen schienen ihm besser. Nach drei Tagen mühseliger Reise, die auch nachts nicht unterbrochen wurde, trafen die Herren in Wien am 7. Juni 1803 ein. Aretin nahm Quartier in der Herrengasse gegenüber der italienischen Hofkanzlei.

Sie sprachen am folgenden Tag beim bayerischen Botschafter vor, der ihre Ankunft dem Vizekanzler Ludwig Joseph Graf Cobenzl meldete. „Am 12. Juni," schrieb Adam seiner Frau, „fuhren wir in die Staatskanzlei, wo uns Cobenzl sehr artig empfing. Er hat ganz den ungezwungenen leichten Ton eines alten Franzosen." Die Konferenz war damit eröffnet und Aretin hatte Hoffnung, dass seine Mission in spätestens sechs Wochen beendet sein würde. Das sollte sich als Irrtum erweisen.

Am 29. Juni gab Cobenzl den bayerischen Abgesandten ein Essen. Aretin saß neben dem Hausherrn. Außer Gravenreuth und Schindelar nahmen vier Staatsräte der österreichischen Staatskanzlei teil, mit denen die Verhandlungen geführt werden sollten. „Es wurde auf Silber sehr gut gespeist und vorzüglich excellente Weine gegeben, was hier selten ist." Am nächsten Tag begann die erste förmliche Konferenz in der Staatskanzlei. Tatsächlich wurde im Juli so intensiv verhandelt, dass Aretin der Meinung war, das Geschäft könne unmöglich lange dauern.

Beide Seiten legten ihre Entschädigungs- bzw. Etaterwartungen vor. Am 20. Juli war man so weit, dass man sich in der Beurteilung der Etats der Grafschaft Neuburg bis auf 3.600 fl. und beim Etat von Mühldorf bis auf 600 fl. angenähert hatte.[33]

Die Verhandlungen schienen vor einem Abschluss zu stehen, als Aretin Anfang August überraschend Bescheid erhielt, die Etats von Neuburg und Mühldorf seien einer Kommission zur Prüfung übergeben worden. Die österreichisch-salzburgische Seite spielte auf Verzögerung.

Die erzwungene Untätigkeit war für Adam eine schwere Belastung, da man sich, wie er seiner Frau schrieb, mit diesem Geschäft unmöglich Ehre und Verdienst erwerbe. Er fürchtete, in München bei den anstehenden Entscheidungen vergessen zu werden. Am 10. Oktober ging eine ausführliche Note der österreichischen Kommission ein. „Unser Geschäft geht endlich voran!" jubilierte Adam; vierzehn Tage später: „Ich hoffe nunmehr die Sache so weit vorzubereiten, dass sich in der nächsten großen Konferenz in der Staatskanzlei, welche wir wahrscheinlich am nächsten Sonntag halten werden, entscheiden muss, ob wir in der Hauptsache einig werden und dann doch in Bälde zurückkehren können." Bei dieser Konferenz am 4. November wurden von österreichischer Seite jedoch neue Forderungen erhoben, die praktisch das Ergebnis der bisherigen Verhandlungen infrage stellten. Es wurde erwartet, dass die Besitzungen und Bankguthaben der säkularisierten Bistümer und Klöster dem Sitzland, d. h. Österreich zufallen sollten. Gemäß diesem Standpunkt hätte Bayern nur noch geringe Forderungen an Österreich gehabt und erhebliche Zahlungen an das Nachbarland und den Kurfürsten von Salzburg leisten müssen.[34]

„Durch diese auffallenden Anträge" hieß es in der zusammenfassenden Darstellung Aretins vom 4. November, „sah sich die

Kommission weiter vom Ziel, als bei Beginn der Verhandlungen."[35] Die österreichischen und salzburgischen Vertreter erwarteten nun von der bayerischen Seite Vergleichsvorschläge, wofür sich Aretin nicht berechtigt fühlte. Er fuhr daher nach München. Der bayerische Gesandte in Wien, Gravenreuth, gab Aretin eine Darstellung der Lage in Wien mit, in der er die Verhandlungen in den größeren Zusammenhang der österreichischen Politik stellte.[36]

Montgelas gab Aretin eine sehr vorsichtig formulierte Instruktion: „... Dabei sollten Sie eine Hingabe en bloc nicht unversucht lassen, auch könnten Sie zur Beendigung der Sache, sich zu beträchtlichen Opfern herbeilassen, welche jedoch die Anlassung der böhmischen Herrschaften nicht überwiegen dürfen."[37] Montgelas wurde zu dieser Zeit vom bayerischen Gesandten in Paris, Anton Freiherrn von Cetto, wegen seiner zu vorsichtigen Haltung Österreich gegenüber gemahnt.[38]

Am 23. November war Adam wieder in Wien. Diesmal waren es Geplänkel zwischen bayerischen und österreichischen Soldaten in Schwaben, die Österreich als Vorwand dienten, die Beratungen nicht aufzunehmen.[39] Österreich verlangte eine bayerische Entschuldigung. „Ich habe meinen Aufenthalt hier satt", schrieb Adam an seine Frau. „Ich will nur sehen, wenn unser Geschäft wiederum im Gange ist, welche Hoffnung sich zeigt, mit dem Ganzen bald fertig zu werden, denn wenn sich diese fatale Geschichte noch immer so verzögert, so ist es für mich zum Verzweifeln. Von allem, was mir lieb ist, entfernt, aus meiner Karriere gerissen, mit einem undankbaren Geschäft beladen, von dem sich unmöglich ein günstiger Ausgang versprechen lässt was dann auch für meine Person nachteilig wirken muß! Kurz ich bin äußerst missvergnügt."

Anfang Januar versuchte Aretin eine Zusammenfassung der gegenseitigen Forderungen aufzustellen, wobei der Ersatz der freisingschen Besitzungen in Österreich eine entscheidende Rolle spielte.[40] Bayerns Forderungen für Verpflegung und Gespanndienste in den Jahren 1796–1801 scheinen keine Rolle mehr gespielt zu haben. Auf Aretins Aufstellung erfolgte keine Antwort. Mehrfach erhielt Aretin aus München Anfragen über das „befremdliche Verhalten des Wiener Hofes", ohne dass es ihm gelungen wäre, die Verhandlungen wieder aufzunehmen. Am 25. Juli 1804 versprach Graf Cobenzl eine Antwort auf die bayerische Aufstellung von Anfang Januar. Sie ist nie erfolgt.

So sehr Adam von Aretin auch betonte, dass er lieber in München bei seiner Familie wäre, so hat er doch das kulturelle Leben Wiens in vollen Zügen genossen. Es waren die reichen Kunstsammlungen, die ihn fesselten. Fast jeden Abend war er in einem der Wiener Theater. Von der Schönheit des Theaters an der Wien war er besonders begeistert. Von den Opern Salieris und Cherubinis, aber auch Mozarts und vieler Zeitgenossen gab er seiner Frau eingehende kritische Schilderungen. Einige Male bat er sie, den mit Christoph befreundeten Intendanten der Münchner Oper, Marius von Babo, auf ein neues Werk hinzuweisen, das ihm besonders gefallen hatte. Babo solle sich für die Münchner Oper bemühen, die Partituren zu erhalten.

Hatte seine Frau für seine vielen Theaterbesuche Verständnis, so war ihr Adams Kunstbegeisterung offenbar fremd. Nachdem er die Gemäldegalerie des Grafen Lamberg besucht hatte, schilderte er ihr anschließend auf 16 Seiten die wichtigsten Gemälde. „Wenn es Dich nicht interessiert", meinte er abschließend, „heb den Brief auf, damit ich später beim Lesen den Genuß der Erinnerung habe." Im selben Brief gibt er Einblick in seine Methode der Kunstbetrachtung: „Ich setze mich gleich ganz warm noch, wie ich davon nach Hause kam, hin und notiere mir die vorzüglichsten Bilder aus dem Gedächtnis. Dillis macht das auch so, ja er tut noch mehr, wenn er so von einer Galerie nach Hause kommt, so zeichnet er sich die vorzüglichsten Bilder gleich aus dem Kopf in sein Zeichenbuch ... Gerade diesem Steckenpferd verdanke ich meine glücklichsten Stunden in Wien."[41] Seine Vorliebe für Kupferstiche, die er sammelte, ging so weit, dass er seiner Frau schrieb: „Ich wüsste mir nichts angenehmeres als Aufseher eines großen Kupferstichkabinetts zu sein." Er träumte davon, Dillis seine in Wien erworbenen Schätze zu zeigen. Mit seiner Begeisterung für Grafik erlebte er einen besonderen Triumph. Im Gespräch mit dem Direktor der österreichischen Hofbibliothek, Bartsch, stellte Aretin fest, dass die Blätter Daniel Nikolaus Chodowieckis reichlich ungeordnet in der Bibliothek seien. Da er bereits achtzehn Jahre zuvor ein Werkverzeichnis dieses Künstlers verfasst hatte, bewegte er sich auf wohl bekanntem Terrain. „Bartsch bewunderte, wie ich ihm auswendig sagen konnte, welche Nummern dieses oder jenes Blatt hat. Er hat schließlich den Catalog über das Oevre Chodowieckis zu Grunde gelegt welchen ich vor einigen Jahren herausgegeben habe."[42]

Anfang Mai 1804, als sich ein Ende der Verhandlungen nicht mehr absehen ließ, holte Adam seine Familie nach Wien. Die Tatsache, dass die österreichischen Unterhändler jede Gelegenheit wahrnahmen, um entweder neue Forderungen zu erheben oder Gründe zu finden, um die Verhandlungen zu unterbrechen, lag allerdings wie ein Schatten auf diesem Wiener Sommer 1804, weil Aretin sich kaltgestellt fühlte und um seine Karriere bangte. Die Familie blieb bis zum 24. September in Wien, dem Tag, an dem Adam endgültig aus Wien abberufen wurde.[43] Dass die weitere Arbeit in Wien allein Schindelar übertragen wurde, zeigt, wie gering Montgelas die Erfolgschancen weiterer Verhandlungen einschätzte. Adams Befürchtungen, durch die lange Abwesenheit von München Einbußen in seiner Karriere hinnehmen zu müssen, erwiesen sich als unbegründet. Nach seiner Rückkehr erhielt er eine Stelle im Außenministerium.

Es dauerte jedoch nur ein halbes Jahr, dann war er wieder mit der Problematik seiner Wiener Mission beschäftigt. Der neue österreichische Gesandte, Rudolf Graf Buol-Schauenstein, kam mit einem sehr detaillierten Vorschlag, wie die verschiedenen Ansprüche zwischen Österreich und Bayern gelöst werden könnten. Am 28. März 1805 trug Montgelas in der Geheimen Staatskonferenz die schwierige Materie vor,[44] die ständigen Verzögerungen der österreichischen und Salzburger Partner. Man habe sich in St. Petersburg, Paris und Berlin über die Verhandlungsführung des Wiener Hofes beschwert, habe aber keinerlei Unterstützung erfahren. Montgelas bezeichnete den österreichischen Vertragsentwurf als eine Art Ultimatum. Trotzdem müsse man über einige Punkte verhandeln. Mit diesen Verhandlungen auf der Basis des österreichischen Vertragsentwurfs betraute er wiederum Adam von Aretin. Er sei mit der Materie am besten vertraut. Einige Punkte, über die 1803 noch verhandelt wurde, waren in dem österreichischen Vertragsentwurf gar nicht mehr enthalten. Das betraf die noch nicht bezahlten Leistungen der österreichischen Armee und alle Fragen zum „droit d'épaves". Zu diesem gehörten die Guthaben von Freising, Würzburg und Bamberg sowie der in Bayern aufgehobenen Klöster und Prälaturen auf österreichischen Banken und die Bewertung der großen freisingschen Besitzungen in Österreich.

Bei den im österreichischen Vertragsentwurf aufgezählten Problemen ging es nur noch um eine Entschädigung von Großherzog Ferdinand, Kurfürst von Salzburg, für die Ämter Mühldorf, Neuburg am Inn und Eichstätt, die an Bayern gefallen waren. Diese Forderungen sollten mit dem Ertrag der freisingschen Besitzungen in Österreich verrechnet werden. Montgelas schlug vor, auf dieser Basis mit kleinen Verbesserungen, die Aretin erreichen sollte, abzuschließen.

Die Verhandlungen zwischen Buol-Schauenstein und Aretin begannen am 6. August.[45] Am 2. September konnte Buol einen von Montgelas unterschriebenen Vertrag nach Wien schicken. Aretin war zwar der Meinung, Montgelas habe den Österreichern zu sehr nachgegeben. Dahinter steckte jedoch ein taktisches Manöver Montgelas'. Der hatte mit Absicht die Verhandlungen verzögert. Von österreichischer Seite wurde Buol-Schauenstein später vorgeworfen, er habe sich von Aretin in zu eingehende Verhandlungen verwickeln lassen und darüber nicht bemerkt, dass Montgelas inzwischen in intensiven Verhandlungen mit Frankreich stand. Dieser Vorwurf war nicht ganz berechtigt, denn bereits am 23. Juli und am 16. August schickte Buol chiffrierte Warnungen nach Wien, Bayern verhandle mit Frankreich.[46] Das großzügige Nachgeben, das Montgelas und Aretin bei den Verhandlungen zeigten, und der Vertragsabschluss am 3. September 1805 hat den Wiener Hof dazu verführt, die Warnungen Buol-Schauensteins nicht ernst zu nehmen.

Eine Woche nach Vertragsabschluss musste Buol nach Wien von der äußerst befremdlichen Abreise des Münchner Hofs nach Würzburg berichten. Der König und Montgelas reisten Napoleon entgegen. Am 25. September 1805 wurde in Würzburg der Allianzvertrag zwischen Frankreich und Bayern unterzeichnet, der das Schicksal Bayerns für acht wichtige Jahre an Napoleon band. Der Übertritt Bayerns auf die Seite Napoleons kam für Wien überraschend. Er wurde Buol-Schauenstein trotz seiner Warnungen angelastet, was bei diesem einen Karriereknick zur Folge hatte.

Im Sommer 1806 erwarb Adam die Hofmark Haidenburg in Niederbayern mit einem großen Barockschloss. Sechs Jahre später kamen das angrenzende Kloster und die Brauerei Aldersbach dazu. Dieser Kauf veränderte sein Leben. Hatte er bisher alle Ereignisse in seiner Umgebung und die Karriere von Kollegen im Hinblick auf seine eigene mit ehrgeiziger Unruhe beobachtet, so betrachtete er nun alles mit größerer Gelassenheit und Überlegenheit. Es schien ihm durchaus erstrebenswert, als Schlossherr von Haidenburg sein Leben zu genießen und seine Kupferstichsammlung zu ordnen. Aus dem ehrgeizigen jungen Mann, immer besorgt um seine Karriere, war ein selbstbewusster Herr geworden, der gelegentlich wagte, dem Minister zu widersprechen.

Christoph von Aretins Werdegang

Während Adam von Aretin unter der Ägide von Montgelas eine erfolgreiche Karriere als Direktor der ersten Deputation der Generallandesdirektion begonnen hatte, machte sein Bruder Christoph schon bald nach Errichtung der Generallandesdirektion in der Politik von sich reden. Zwar war er von der Stellung her seinem Bruder Adam unterstellt, seine Aufgaben hoben ihn jedoch bald über seinen Rang hinaus.

Christoph und die Emanzipation der Juden

Als erste wichtige Aufgabe wurde er mit einem Problem betraut, dem sich Montgelas gleich nach seiner Amtsübernahme widmete: der Stellung der Juden in der Gesellschaft. Noch 1799 hatte die Generallandesdirektion den Auftrag erhalten, in dieser Frage einen Vorschlag auszuarbeiten. Weichs gab den Auftrag an Christoph von Aretin weiter. Das Problem war nicht sehr drängend, weil es damals nur in München eine kleine jüdische Gemeinde gab.

Aretin legte am 25. März 1802 einen Entwurf zu einem neuen Gesetz über die Rechtsstellung der Juden vor, worin er für die gebildeten Juden die bürgerliche Gleichstellung vorschlug.[47] In seiner Einleitung propagierte er für jüdische Kinder die allgemeine Schulpflicht, für männliche Juden die Wehrpflicht.[48] Seine Arbeit sah entweder eigene jüdische Schulen, oder, wenn die jüdischen Kinder in die allgemeinen Schulen gingen, eine Befreiung von der Religionsunterweisung vor. An deren Stelle sollte jüdischer Religionsunterricht treten.

Einerseits sind Christoph von Aretins Vorschläge, die in allen späteren Judenverordnungen der Montgelaszeit in Bayern ihren Niederschlag fanden, sehr judenfreundlich. Andrerseits finden sich Vorschläge, die aus heutiger Sicht eher befremdlich wirken. Dazu zählt seine merkwürdige Idee, die Zahl der Juden durch Ehegesetze zu steuern. Der Vorschlag, der später ebenfalls Eingang in die bayerische Gesetzgebung fand, geht so weit, dass für die neue Verheiratung jüdischer Witwen eine Genehmigung vorgeschrieben wurde. Die Vorschläge Christoph von Aretins sind teilweise sehr negativ beurteilt worden. So kommt Stephan Schwarz in seiner Arbeit *Die Juden im Wandel der Zeiten* zu dem Urteil: „Im Vergleich mit den bis dahin erlassenen Judenverordnungen in anderen Ländern bedeutete das Judenreglement Aretins zweifellos einen Rückschritt."[49] Schwarz verweist auf das Gesetz der Französischen Revolution von 1791 und die Judenverordnung Kaiser Joseph II. von 1783, die keine Beschränkung für jüdische Eheschließungen und für die Niederlassung von Juden enthielten.

Vergleicht man Christoph von Aretins Ausarbeitungen mit den Gesetzen und Bestimmungen für Juden in den anderen Rheinbundstaaten, so wird das Urteil allerdings weniger negativ ausfallen. Er war davon ausgegangen, dass die bestehende Judenverordnung in Bayern der Menschlichkeit, der Staatswohlfahrt und den Rechtsgrundsätzen widersprach. Von ähnlichen Überlegungen gingen alle späteren Verordnungen und Gesetze zur Judenfrage in den Rheinbundstaaten aus, die sich alle an der Französischen Revolution orientierten. Am eindeutigsten war die Generalverordnung zur bürgerlichen Gleichstellung der Juden im Großherzogtum Berg vom 22. Juli 1808.[50] Dasselbe gilt für das Dekret zur bürgerlichen Gleichstellung der Juden im Königreich Westphalen vom 27. Januar 1808.[51] Die Regierungen der anderen Rheinbundstaaten machten, wie Aretin, einen Unterschied zwischen gebildeten, vermögenden Juden und ungebildeten, armen Juden, wie es Joseph Freiherr von Eberstein im Großherzogtum Frankfurt formulierte: „Allein, die Erfahrungen aller Länder, und namentlich in Frankreich hat es bewährt, daß, so leicht die Dekretierung gleicher Rechte für Christen und Juden ist, man doch bald wieder auf Einschränkungen der letzteren im Vergleich mit den Ersteren zurück kommen mußte."[52]

Christoph von Aretin hielt seine neu gewonnenen Ideen in einem 1803 erschienen Büchlein *Die Geschichte der Juden in Bayern* fest. Damit war dieses Thema für ihn nicht weiter von Interesse.

Christoph und die Schätze der bayerischen Klosterbibliotheken

Christoph von Aretin war nicht geeignet, als Rat in der Generallandesdirektion zu bleiben. Seine Impulsivität und sein unruhiges Temperament ließen eine untergeordnete Stellung einfach nicht zu. 1801 nahm er Urlaub, um in Paris an der Bibliothèque nationale de France deren Organisation zu erforschen. Der dortige Aufenthalt galt seiner Absicht, die Generallandesdirektion zu verlassen und eine Anstellung in der bayerischen Hofbibliothek zu erhalten. Dieser Wechsel scheint ihm 1802 gelungen zu sein.

Von Paris zurückgekehrt verfasste er 1802 eine Denkschrift, die sich der Neuordnung des Bibliothekswesens in Bayern widmete. Er wies darin auf die Umwälzungen der Bibliotheksverhältnisse in Pfalzbayern hin, wie sie durch die vorgesehenen territorialen Veränderungen zu erwarten seien.[53] Hierbei waren nicht die Bibliotheken der bayerischen Klöster in seinem Blick, deren Schicksal damals noch offen war, sondern der Verlust von vier großen Bibliotheken in Pfalzbayern: der Mannheimer Hofbibliothek, der Heidelberger Universitätsbibliothek, der Bibliothek der Heidelberger Kameralschule und der Düsseldorfer Hofbibliothek. Diese Verluste sah Christoph von Aretin durch den Gewinn von 43 Bibliotheken ausgeglichen, die er nicht nur namentlich aufzählte, sondern von denen er auch die dort zu erwartenden bibliophilen Schätze benannte. Es waren dies die Universitätsbibliotheken von Bamberg, Dillingen und Würzburg, zwanzig Klosterbibliotheken in Franken und Schwaben, sowie die Büchersammlungen von zehn Reichsstädten. Er schlug vor, aus diesen Beständen neben der Hofbibliothek in München vier große Sammlungen in den damals vorgesehenen Bezirksgroßstädten zu gründen, und zwar in Amberg, Neuburg, Würzburg und Ulm; hinzu kämen zwei Universitätsbibliotheken in Landshut und Bamberg. Er regte weiterhin an, diese Sammlungen durch einen Zentralkatalog in München zu erschließen.

Der Leiter der Münchner Hofbibliothek, Bischof Kasimir von Häffelin, war von dieser Denkschrift so angetan, dass er sie an Minister Morawitzky weiterreichte. Christoph von Aretin war damals erst kurze Zeit aus der Generallandesdirektion ausgeschieden und in die Hof- und Centralbibliothek eingetreten. Morawitzky, dem das Schicksal der Bibliotheken und das Problem ihrer Aufstellung ziemlich gleichgültig war, gab die Denkschrift an Friedrich von Zentner weiter, den Hausherrn der beiden Aretin-Brüder aus Heidelberger Studentenzeiten, der inzwischen in bayerische Dienste getreten war. Dieser meinte, Aretins Vorschläge „sind zum Teil voreilig, zum Teil undurchführbar. Es sind aber auch einige gute Vorschläge darunter." Er gab sie zu den Akten „Entschädigungssache". So sang- und klanglos diese Denkschrift zunächst in den Akten verschwand, so wichtig sollte sie sich später noch für die Entwicklung von Christoph von Aretins Karriere erweisen, denn in ihr stellte der Jurist seine autodidaktisch erworbenen Kenntnisse über die bayerischen Bibliothekssammlungen unter Beweis.

Durch die gleichgültige und teilweise ablehnende Haltung des Ministeriums hatte die Denkschrift keine nennenswerten Auswirkungen auf die Politik. Von den Bibliotheken, deren Verlust Christoph von Aretin beklagte, kam nur die Mannheimer Hofbibliothek nach München, die anderen blieben am Ort und sind Bayern verloren gegangen.

Das Jahr 1802 brachte jedoch Ereignisse mit sich, die dem Problem einer Neuordnung von bayerischen Bibliotheken zu neuer Aktualität verhalfen. Im Spätherbst wurden die ersten Vorbereitungen getroffen, die Aufhebung der bayerischen Klöster zu organisieren. Aus Sorge, die in den Klosterbibliotheken vermuteten Schätze könnten von den Mönchen beiseite geschafft werden, wurden die Bibliotheksräume der einzelnen Klöster versiegelt. Die am Ende des Reichsdeputationshauptschlusses von Bayern durchgesetzte Aufhebung auch der landständischen Klöster machte eine Reorganisation der Pläne nötig, die sich mit der Aufhebung von Klöstern befassten.

Die Generallandesdirektion gründete am 22. Februar 1803 eine eigene Kommission, die sich mit den Bibliotheken, Gemälden und Naturaliensammlungen der ehemals landständischen Klöster und ihren Schicksalen befassen sollte.[54] Die Kommissare sollten jeweils vor Ort geeignete Bücher für die kurfürstliche

Hofbibliothek auswählen. Die in den Bibliotheken verbleibenden Bücher sollten genau inventarisiert werden. Am 25. und 26. Februar wurde intensiv über die Instruktion für die Kommissare und die Auswahl der Personen diskutiert.

Friedrich von Zentner, in der Generallandesdirektion für die Organisation der Aufhebung der bayerischen Klöster zuständig, verfasste die Instruktion.[55] Er war es auch, der Christoph von Aretin für diese Aufgabe wählte, kannte er doch dessen Begeisterung für Bücher und seine literarischen Kenntnisse. Vor allem dürfte sich Zentner der Denkschrift Christophs vom Herbst 1802 erinnert haben. Selbst wenn er dessen Vorschläge damals für undurchführbar hielt, bot sich Christoph doch als Sachkenner an. Trotzdem war es ein kühnes Unterfangen, einen relativ jungen Mann – Aretin war damals 31 Jahre alt – der erst wenige Monate in der Hofbibliothek arbeitete, mit einer derart verantwortungsvollen Aufgabe zu betrauen. Das ist nur dadurch zu erklären, dass man offenbar keine Ahnung von den Schätzen hatte, die in den Klosterbibliotheken lagerten. Diese Unkenntnis ist vermutlich auch der Grund dafür, dass man Christoph von Aretin nur einen ganz engen zeitlichen Rahmen für seine Aufgabe vorgab. In den einzelnen Klöstern sollte er sich nur zwei, in Ausnahmefällen drei Tage lang aufhalten. Dem Staatsrechtsprofessor Friedrich von Zentner waren die kulturellen Leistungen der bayerischen Klöster und ihre bibliophilen Schätze nicht bewusst.

Am 1. März nahmen an der Sitzung neben den Personen aus dem Klosterausschuss auch folgende Sachverständige teil: Von Seite der kurfürstlichen Hofbibliothek Christoph von Aretin, von der Universität Landshut Prälat Paul Hupfauer und Schulrat Schubauer. Von Seiten der Bildergalerie kamen die Direktoren Christoph Mannlich und Georg von Dillis hinzu.[56] Prälat Hupfauer war für die Auswahl von Büchern für die Universität Landshut und Schulrat Schubauer für die Schulbibliotheken zuständig. Aus den landständischen Kollegiatstiften und Propsteien sollten die ausgewählten Bücher nur bezeichnet, aber nicht abtransportiert werden. Noch war über die Säkularisation der ständischen Klöster das letzte Wort nicht gesprochen. Die Klosterkommission gab den Kommissaren noch folgende Mahnung mit auf den Weg: „Überhaupt erwartet man von den Kommissaren, dass sie von selbst das Ihnen aus besonderem Zutrauen übertragene Geschäft auf schnelle und zweckmäßigste Weise mit möglichst angezogenen Kosten vollziehen und hernach das Resultat hier anzeigen werden." Die Herren sollten zwei Listen der ausgewählten und eine der zurückbleibenden Bücher anlegen und das alles in den zwei Tagen, die ihnen für den Besuch der einzelnen Klöster gestattet wurden.

Am 11. März 1803 erhielt Christoph von Aretin offiziell von Freiherrn von Weichs „den mir so angenehmen Auftrag, alle bayerischen Abteien zu bereisen, die Bibliotheken derselben zu durchsuchen und die brauchbaren Bücher daraus für die hiesige Hof- und Nationalbibliothek auszuwählen."[57] Zwei Tage später wurde Aretin der Bibliothekssekretär Bernard als Mitarbeiter beigegeben.

Mit Zentner verband Christoph von Aretin die Überzeugung, dass die Klöster ein Überbleibsel des finsteren Mittelalters seien, deren Verschwinden eine wichtige Voraussetzung für den Aufbruch in eine neue Welt darstelle. „Von heute an wird die sittliche geistige und physische Kultur des Landes eine ganz veränderte Gestalt gewinnen," heißt es in einem von Christophs Briefen aus dieser Zeit, „nach tausend Jahren noch wird man die Folgen dieses Schrittes empfinden. Die philosophischen Geschichtsschreiber werden von der Auflösung der Klöster, wie sie es von der Aufhebung des Faustrechts taten, eine neue Zeitrechnung anfangen, und man wird sich dann den Ruinen der Abteien ungefähr mit eben den gemischten Gefühlen nähern, mit welchen wir jetzt die Trümmer der alten Raubschlösser betrachten."[58] Für die großartigen kulturellen Leistungen, die seit Jahrhunderten von den Klöstern ausgegangen waren, und die sich in den Bibliotheken widerspiegelten, hatte auch Christoph von Aretin keinen Blick. Wohl aber sah er den enormen Wert der Manuskripte und Bücher, die er nun der Hofbibliothek zuführen konnte. Hier war Christoph ganz der bibliophile Kenner, der in seiner Begeisterung nur den Wert der von den Klosterbibliotheken geschaffenen Bücher sah und keinen Gedanken daran verschwendete, dass diese Schätze vor allem Ausdruck der Kultur der Klöster waren.

Christoph von Aretin begab sich Anfang April 1803 auf die Reise, nachdem er vorher in München die Bibliotheken im Kollegiatstift Unserer Lieben Frau und im Klarissenkloster auf dem Anger durchsucht hatte. Aus Unterlagen über Handschriften und Bücherschätze in den einzelnen Klosterbibliotheken wusste

Aretin in etwa, was ihn erwartete. Kurfürst Maximilian I. hatte 1596 und 1610 entsprechende Verzeichnisse verlangt. Sie waren zwar nicht immer vollständig und je nach dem Bildungsstand der Klosterbibliothekare auch unterschiedlich in ihrer Qualität, gaben aber insgesamt wertvolle Informationen, auf denen Aretin aufbauen konnte.

Christoph trat seine Rundreise in Schäftlarn an. Von dort ging es nach Dietramszell, Weyarn, Tegernsee, Benediktbeuren, Beuerberg, Bernried, Polling, Ettal, Rottenbuch, Steingaden, Wessobrunn, Diessen, Andechs und Fürstenfeld. Aretin wurde von den Mönchen sehr unterschiedlich aufgenommen. Auf Widerstand traf er eigentlich nur in dem reichen Kloster Tegernsee, wo der Konvent die wertvollsten Handschriften an vier verschiedenen Stellen versteckt hatte und erst nach massiven Drohungen Aretins herausgab.[59] Die Bibliothek dieses Klosters war unvorstellbar reich. Aretin schickte 2.000 mittelalterliche Handschriften und 4.000 Inkunabeln nach München. Was er aus insgesamt vierzehn Klöstern nach München lieferte, überstieg bei Weitem seine Erwartungen. Als er später in München die Fülle an Handschriften, Inkunabeln und wertvollen Büchern vor sich liegen sah, war er überwältigt von den Schätzen. Es befanden sich Schriften darunter, von denen weder Aretin noch die Fachwelt bis dahin etwas wussten.

Die Lagerung dieser Kostbarkeiten wurde zum Problem, da man offenbar mit solchen Mengen nicht gerechnet hatte. Der Speicher über dem Bibliothekssaal, die Karmelitenkirche und deren Sakristei, der Dachboden über der Michaelskirche und das Refektorium des Augustinerklosters wurden zu provisorischen Bücherdepots. Das Wilhelminum musste umgebaut werden. Christoph von Aretin bekam zu hören, dass er viel zu viele Werke ausgewählt und nach München geschickt habe. Es ergab sich auch die Frage, was mit den in den Klosterbibliotheken verbliebenen Werken geschehen solle. Hierfür war nichts vorbereitet. Die vom Klosterausschuss vorgeschlagene Auflistung der zurückgelassenen Bücher erwies sich in der vorgesehenen Zeit als unmöglich.

Christoph von Aretin, dem natürlich klar war, dass mit der Aufhebung der Klöster der Verlust tausender Bücher drohte, machte der Generallandesdirektion den Vorschlag, 70 Ortsbibliotheken im Kurfürstentum zu gründen und mit diesen Büchern

Die Neuhauserstraße in München um 1828;
die säkularisierte Augustinerkirche (links) wurde als Mauthalle benutzt.
Aquarell. Federzeichnung von Heinrich Adam

auszustatten. Ein Verkauf der Büchermassen, dessen war sich Christoph bewusst, kam nicht infrage. Nach kurzer Debatte lehnte die Generallandesdirektion den Vorschlag ab, da die Gründung von Ortsbibliotheken mit Kosten verbunden und auch kein entsprechendes Personal vorhanden sei. Die in den leer stehenden Klöstern verbliebenen Bücher gingen zum größten Teil zugrunde. Die Legende, dass Bücher unter die Räder der Karren gelegt wurden, die die wertvollen Bände abtransportierten, um die miserablen Straßen nach einem Regen benutzbar zu machen, ist wohl richtig. Nur war dies hauptsächlich eine Folge der schlechten Vorbereitung der Klostersäkularisation. In aufklärerischer Arroganz hatte man sich nicht klar gemacht, welchen Schaden man mit der Aufhebung der Klöster anrichten wird.

Am 13. Juni brach Christoph von Aretin mit seinen Begleitern zur zweiten Klosterreise auf. Seine anfängliche Begeisterung war inzwischen verflogen, wie seine Briefe zeigen. Darin finden sich lediglich die Aufzählungen der ausgesuchten Bücher. Diesmal ging es nach Niederbayern über Weihenstephan und Freising, Landshut, Regensburg bis Passau. Auch die Klosterbibliotheken Rohr, Weltenburg, Prüfening und Prüll wurden durchsucht. In Regensburg betrachtete Christoph etwas wehmütig die Schätze der Bibliothek des Klosters St. Emmeram, die von ihm nicht beschlagnahmt werden durften. Zu dieser Zeit war das künftige Schicksal Regensburgs und des reichsständischen Klosters St. Emmeram noch ungewiss. Von Regensburg ging es weiter nach Windberg, Metten, Niederaltaich und Aldersbach. Die Bibliotheken dieser letzten beiden Klöster waren so reich an Schätzen, dass Christoph in Niederaltaich sieben Tage und in Aldersbach neun Tage zur Durchsicht brauchte. Dann ging es nach Gotteszell und St. Nikola bei Passau.

Um die reichen Bibliotheken in Passau durchsuchen zu können, benötigte Aretin eine Sondergenehmigung, die erst am 31. August, nach vier Wochen Wartezeit, eintraf. Während dieser Zeit wurde der bisherige Hofbibliothekar, Bischof von Häffelin, zum bayerischen Gesandten an der Kurie in Rom ernannt. Damit war die Stelle des Hofbibliothekars neu zu besetzen, und es ist wenig überraschend, dass Christoph am 26. August 1803 als sein vorläufiger Nachfolger ernannt wurde. Er erhielt einen Etat für die Anschaffung von Büchern in Höhe von 6.000 fl. jährlich.[60]

Seine Ernennung zum vorläufigen Hofbibliothekar hatte indes keine weiteren Auswirkungen auf den Verlauf seiner zweiten Klosterreise. In Passau mit seinen reichen Bibliotheken blieb er vom 16. September bis zum 28. Oktober. Auf der Reise hatte er noch die Bibliotheken der Klöster Beilharting, Rott, Attl, Altenhohenau und Baumburg untersucht. Als die Arbeiten in Passau abgeschlossen waren, besuchte er die Abteien Seeon, Herrenchiemsee, Frauenchiemsee und Raitenhaslach, von dessen reicher Bibliothek er sehr begeistert war. Die letzte Tour nach Scheyern, Hohenwart, Geisenfeld, Niederschönfeld und Thierhaupten überließ er seinen Mitarbeitern.

Inzwischen hatte der nicht abreißende Bücher- und Handschriftenstrom in München zu chaotischen Zuständen geführt. In der Bibliothek fehlte es an geschultem Personal, so dass man gezwungen war, die Kisten von ungelernten Tagelöhnern auspacken zu lassen. Dazu kamen finanzielle Engpässe. Das Hofzahlamt verzögerte Zahlungen, so dass Christoph gezwungen war, selber in Vorlage zu treten. Vor allem mangelte es an geeigneten Räumlichkeiten, um die eintreffenden Schätze aufnehmen zu können, wie ein Bericht von Christoph vom November 1803 zeigt.[61] So wartete man 14 Monate auf die Genehmigung, den großen Congregationssaal zu einem Bibliothekssaal umzubauen, der es ermöglicht hätte, die Bücher aufzustellen. Im kalten Winter 1803/04 verschärfte sich die Situation noch dadurch, dass auf den Schlitten sehr viel mehr Bücher nach München transportiert werden konnten, als auf den bisher für den Transport eingesetzten Karren.

Die räumlichen Engpässe hinderten Christoph von Aretin jedoch nicht daran, mit dem Transport größerer Buchbestände nach München fortzufahren. Anfang April 1804 war er in Mannheim, um die dortige Hofbibliothek zu übernehmen. Nach München zurückgekehrt, berichtete er dem König: „Durch die glückliche Ausführung des mir übertragenden Geschäfts hat die hiesige Centralbibliothek einen über alle Beschreibungen kostbaren Zuwachs an literarischen Schätzen erhalten."[62]

Aretin verstärkte die bestehenden Probleme in der Münchener Hofbibliothek noch, weil er sich lange nicht entscheiden konnte, ob die eintreffenden Schätze nach der jeweiligen klösterlichen Herkunft oder nach inhaltlichen Gesichtspunkten aufgestellt werden sollten. Da die Hofbibliothek seit Dezember 1789 öffentlich zugänglich war, mussten die eintreffenden Handschriften und Bücher gleichzeitig neben dem Publikumsverkehr bearbeitet werden. Hier rächte sich, dass Christoph nicht wirklich als Bibliothekar ausgebildet war. Er war mit der gigantischen Aufgabe der Aufnahme und Aufstellung der Büchermassen überfordert. Ihn kümmerte weniger die Anordnung der neuen Bücher, vielmehr betrachtete er als Büchernarr mit steigender Begeisterung die einzelnen Trouveillen. Es ist typisch für Christoph, dass er dem Publikum sofort die neu erworbenen Manuskripte und Bücher vorstellte. Noch 1803 begann er mit der groß angelegten Veröffentlichung *Beiträge zur Geschichte und Literatur vorzüglich aus den Schätzen der pfalzbairischen Centralbibliothek zu München*. Dieses großartige Werk, auf das er besonders stolz war, wuchs zu neun umfangreichen Bänden an, die zwischen 1803 und 1809 erschienen.

Darüber traten für ihn andere, dringlichere Probleme in den Hintergrund. Die Aufstellung und Registrierung der Manuskripte und Bücher war an sich schon eine kaum zu bewältigende Aufgabe. Mit Aretins zögernder Haltung wurden die Verhältnisse in der Bibliothek unerträglich. Hatte Zentner die Auswahl der Schriften und Bücher in den Abteien durch seine ständigen Anweisungen, schneller zu arbeiten und weniger Bücher auszusuchen, schon sehr erschwert, so wurde Aretin dazu noch personell völlig unzulänglich ausgestattet, wenngleich es ihm gelang, 1806 mit Bernhard Docen einen ausgewiesenen wissenschaftlichen Bibliothekar zu gewinnen. Docen beschrieb den planlosen Umgang mit den unablässig in die Münchner Bibliothek strömenden Büchern als „stürmische Veränderungen einer bewegten Unordnung." Erst 1808 stellte man einen bibliothekarisch ausgebildeten zweiten Oberhofbibliothekar in der Person von Julius Hamberger aus Gotha ein.

Rückblickend ist das Vorgehen Christoph von Aretins bei der Zusammenführung der bibliophilen Schätze aus bayerischen Klosterbibliotheken sehr ambivalent beurteilt worden. Sein Name wird – mehr noch als der seines Bruders Adam – eng mit der Säkularisation in Bayern assoziiert. Er ist als Plünderer und Zerstörer der hohen Kultur der Klöster Bayerns beschimpft worden. In vielen Berichten wurde Aretin der Vorwurf gemacht, bei der Auflösung der Bibliotheken enorme Verluste an Büchern verschuldet zu haben. Diese Verluste sind jedoch weniger ihm anzulasten als vielmehr Friedrich von Zentner, dem Organisator der Klosteraufhebungen. Sie wurden mit einem unglaublichen Dilettantismus geplant. Das Vorgehen einem Mann wie Christoph von Aretin anzuvertrauen, der keine Erfahrung als Bibliothekar hatte, zeugt von wenig Einsicht in die Probleme, die dabei auftreten mussten. Ihn mit einer lächerlich kleinen personellen

Ausstattung zum Leiter der Hofbibliothek zu machen, spricht auch nicht gerade für eine überlegte Planung. So gesehen, kann man es nur als Wunder ansehen, dass der größte Teil der in den Klöstern vorhandenen Schätze den Weg in die Hofbibliothek fand. Welche Handschriften, Inkunabeln und wertvollen Bücher von Christoph von Aretin übersehen wurden und so verloren gingen, lässt sich nicht mehr feststellen. Die Regierung hatte offensichtlich keine Vorstellung von den Problemen, welche mit dem Entschluss, die Klöster in Bayern aufzuheben, auf sie zukamen.

Bei dem enormen Tempo, mit dem diese Aktion durchgeführt werden musste, war jede Rückfrage nach München ausgeschlossen. Es hätte mehrere Tage bis zu einer Antwort gedauert. Aretin hatte in jedem Kloster nur ein bis wenige Tage Zeit. Selbst in Tegernsee und Polling, den beiden Bibliotheken mit den meisten Manuskripten und Inkunabeln, war Aretin bestenfalls fünf bis sieben Tage. Das heißt, er musste ad hoc entscheiden. Wer seine Briefe aus dieser Zeit liest, ist fasziniert von seiner Fähigkeit, nicht nur die Handschriften und Inkunabeln zu sichten, sondern auch Raritäten unter den Büchern des 17. und 18. Jahrhunderts zu erkennen. Dazu kam sein phänomenales Gedächtnis, das es ihm ermöglichte, zu entscheiden, ob die einzelnen Bücher bereits in der Hofbibliothek vorhanden waren. Er hatte dazu eine persönliche Methode entwickelt, die er in einem eigenen Buch der Öffentlichkeit vorstellte.[63]

Die Leistung Christoph von Aretins wird heute voll anerkannt. Maßgeblich für diese Neubewertung ist der langjährige Leiter der Bayerischen Staatsbibliothek, Professor Paul Ruf, der als Erster die Bedeutung Aretins betonte.[64] Obwohl Aretin bei der Aufstellung und Bearbeitung der eintreffenden Büchermassen in der Münchner Hofbibliothek versagt hat, ist es unbestritten, dass der weltweite Ruhm der Bayerischen Staatsbibliothek mit ihrem Schatz an wertvollen Büchern, Handschriften und Inkunabeln seinem Vorgehen zu verdanken ist. Er hat seine Suche gegen die Weisung Zentners mit großer Unbekümmertheit durchgeführt und dabei die knappen zeitlichen Vorgaben missachtet.[65] Gerade das mag zum zweifelhaften Ruf Christophs beigetragen haben. Tatsächlich schlug er gegenüber seinen Vorgesetzten einen unerträglichen Ton an und beraubte sich so vieler Sympathien. Paul Ruf, eigentlich ein Bewunderer Aretins, hat aus den Akten ein Horrorbild von Aretins Verkehr mit dem

Präsidenten der Spezialkommission in Klostersachen, Maximilian Joseph Graf Seinsheim, entworfen. Erst verkehrte Aretin mit diesem wie mit seinesgleichen, bis es Seinsheim nach vielen Mahnungen zu dumm wurde und er eine vom Kurfürsten und den Ministern Montgelas, Morawitzky und Hertling unterschriebene Verfügung erreichte, wo Aretin energisch darauf hingewiesen wurde, „mit der Spezialkommission in Klostersachen nicht ferner communative zu correspondieren, sondern Bericht zu erstatten, wie solches von dergleichen Ämter gegen die Generallandesdirektion und ähnlicher höherer Stelle zu beobachten ist."[66]

„Hochmütig und herrisch, energisch, ja brutal, überzeugt von der Bedeutung der eigenen Person", mit diesen Worten charakterisiert Paul Ruf Christoph von Aretin. „Er setzte sich ohne jegliches Bedenken über Herkommen und Vorschriften hinweg, und lag daher fast ständig in offenem oder dauerndem Hader mit den vorgesetzten Behörden."[67]

Als Christoph ein unklar formulierter Bericht über die Bibliothek des Klosters Niederaltaich in den Verdacht brachte, zwei silbern beschlagene Handschriften beiseite geschafft zu haben, beschwerte er sich beim Kurfürsten. Der Bibliotheksausschuss der Generallandesdirektion wandte sich an Minister Montgelas mit der Bitte, „diese widerspenstigen Büchercommissarien zurecht zu weisen." Aretin scheint die ganze Aufregung nicht sonderlich beeindruckt zu haben.

Christoph muss für Seinsheim ein Albtraum gewesen sein. Obwohl vereinbart war, alles gesuchte Bibliotheksgut an eine zentrale Sammelstelle zu schicken, sandte es Christoph nach Gutdünken an verschiedene, von ihm gewählte Bestimmungsorte, so dass Seinsheim gezwungen war, die Wachen an den Stadttoren anzuweisen, alle Büchertransporte an die Sammelstelle zu lenken. Einige Handschriften sandte Aretin an Bischof Häffelin, ohne dies irgendwo zu vermerken. Das war selbst diesem Aretin wohl gesonnenen Mann zu viel, und er überwies sie zurück an die Bibliothek. Hatte Christoph von Aretin Ärger mit Seinsheim, so beschwerte er sich direkt beim Kurfürsten. Die von ihm entdeckte Handschrift *Carmina Burana* nahm er als Reiselektüre an sich. Als er dafür getadelt wurde, entgegnete er nur, er habe sich über die in der Handschrift geschilderten Vorkommnisse auf der Reise hervorragend amüsiert. Am 5. August 1803 kam es gegen Aretin zu einer großen Anklageschrift, die mit einem strengen Verweis endete. Anstatt diesen Tadel hinzunehmen, berief sich Christoph von Aretin auf seine Eigenschaft als Edelmann. Als sein Bruder Adam ihn zur Mäßigung mahnte, meinte er, er sei ja wegen seiner armenischen Abstammung königlichen Geblüts.[68]

Nach Abschluss seiner Reisen berichtete Christoph von Aretin dem König selbstbewusst, ohne auch nur mit einem Wort auf die Ermahnungen, Beschwerden und Verweise einzugehen: „Durch die glückliche Ausführung des mir übertragenden Geschäfts hat die hiesige Centralbibliothek einen über alle Beschreibungen kostbaren Zuwachs von literarischen Schätzen erhalten."[69]

Nur ein Mann, dem alle Mahnungen, schneller zu arbeiten und weniger Bücher auszusuchen, so gleichgültig waren wie Christoph von Aretin, konnte, allen Vorwürfen zum Trotz, so Vieles retten. Andererseits hat er sich den Ruf eines Querulanten eingehandelt. Seine Beschwerden wurden nicht mehr ernst genommen und abgewiesen, selbst dann, als ihm später im Akademiestreit wirklich Unrecht getan wurde. Sieht man sich jedoch die Überlegungen Christophs sowohl in seiner Denkschrift aus dem Jahr 1802 als auch in der zweiten von 1803 an, so wird man feststellen müssen, dass sie sich meilenweit von der Gleichgültigkeit und Phantasielosigkeit unterscheiden, mit der die Regierung und insbesondere Friedrich von Zentner an das Problem herangingen, wie man mit Bibliotheken aufgelassener Klöster verfahren solle.

Paul Ruf schreibt über Christoph: „Er war kein Bibliothekar und ist auch nie ein solcher geworden."[70] Aber Aretin war ein Bibliomane, der wertvollste Handschriften und Inkunabeln rettete, bibliophile Kostbarkeiten sofort erkannte und alles daran setzte, diese für die Bibliothek zu erwerben. So hat Christoph ein Glanzstück der Bayerischen Staatsbibliothek, eine Handschrift des Nibelungenliedes, nach zähen Verhandlungen im Tausch aus Privatbesitz Ende August 1810 für die Staatsbibliothek erworben.[71] Auch hier hat sich seine enorme Bildung bewährt, die selbst von seinem späteren Widersacher, Friedrich Heinrich Jacobi, anerkannt wurde.

So sehr es ihm bei der praktischen Bewältigung der Büchermassen an bibliothekarischen Fachkenntnissen mangelte, so visionär erwies sich Christoph von Aretin bei der Neuordnung des bayerischen Bibliothekswesens. Wäre man auf seine Anregungen eingegangen, hätte Bayern ein gut erschlossenes Netz von regionalen Bibliotheken gewonnen, das selbst bis in unsere Zeit noch Vorbildcharakter hätte. Es sind zwar ungeheuere Schätze in die Bayerische Staatsbibliothek gelangt, die ländlichen Gebiete aber haben sich für lange Zeit nicht von dem Verlust der Klosterbibliotheken erholen können. An seiner Idee, aus den Beständen der Klosterbibliotheken für die Bezirksstädte Bibliotheken einzurichten, hielt Christoph Aretin auch weiterhin fest. Im September 1807 kam er noch einmal in einer eindringlichen Denkschrift auf diesen Vorschlag zurück.[72] Sie wurde vom damals neu ernannten Akademiedirektor Friedrich Heinrich von Jacobi nicht aufgenommen oder weiter verfolgt.

Christophs Vorstellung war auch, die Münchner Bibliothek zur zentralen Erfassungsstätte aller wichtigen Handschriften und Inkunabeln in bayerischen Bibliotheken zu machen. Dorthin sollten alle Bibliotheken des Landes ihren Bestand an Handschriften und Inkunabeln melden, so dass in München ein Verzeichnis aller bibliophilen Schätze des Landes entstanden wäre. Auch dieser Vorschlag scheiterte an der Gleichgültigkeit des Ministeriums. Auf seine Anregung hin war die Hofbibliothek bereits im Jahr seines Dienstantritts, am 28. Dezember 1803, offiziell in „Hof- und Centralbibliothek" umbenannt worden.[73]

Christoph als Publizist

Die Vorbehalte gegen das geistig zurückgebliebene, von abergläubischen Mönchen bestimmte Bayern waren in Deutschland tief verwurzelt und sollten Christoph von Aretin überall begegnen. Sie sind der Grund für seine publizistische Tätigkeit, mit der er beweisen wollte, dass die Aufklärung auch hier Wurzeln geschlagen und das neue Bayern Teil an der Kultur der Aufklärung hatte. War Christoph von Aretins Ernennung zum Bibliothekar vor allem dem Umstand geschuldet, dass der Direktor der Hofbibliothek J. Casimir von Häffelin bayerischer Gesandter in Rom wurde und kein anderer Kandidat für den freigewordenen Posten zur Verfügung stand, so ist seine eigentliche Begabung die Publizistik gewesen. Er und seine Freunde gingen davon aus, dass es in Bayern genügend aufgeklärte Persönlichkeiten gab, um in der modernen Welt einen eigenen Part zu spielen. 1802 war in München die Gesellschaft „Museum" gegründet worden, ein Zusammenschluss von Bürgern, die sich für die Verbreitung aufklärerischen Denkens einsetzten. Zu den Gründungsmitgliedern zählten neben den beiden Brüdern Christoph und Adam auch der Wissenschaftler, Offizier und Politiker Benjamin Thompson Reichsgraf von Rumford, der bereits Ehrenmitglied der Bayerischen Akademie der Wissenschaften war. Auch der Intendant der Oper in München, Joseph Maria von Babo, gehörte dazu. Zwar zeugt dieser Verein mit seinen prominenten Mitgliedern davon, dass er auf dem Weg war, sich zur Heimstatt aufklärerischen Denkens zu entwickeln, die Basis war aber, wie sich zeigen sollte, schmal.

Die Zeitschrift Aurora

Der damals einunddreißigjährige Christoph und der etwa fünfzehn Jahr ältere Babo gründeten 1803 eine literarische Zeitschrift, die vom Geist der Aufklärung in Bayern künden sollte. Als Dritter im Bunde kam der Buchhändler und Verleger Joseph Scherer, der Jüngste der Drei, dazu, der sich des Zeitschriftenprojekts mit großer Begeisterung annahm.[74]

War Babo als Dramatiker und Intendant der Oper in München eine bekannte Persönlichkeit, so war Scherer als weit gereiste Person vielleicht der weltgewandteste von ihnen. Er hatte in Heidelberg Jura studiert und war fünf Monate in Konstantinopel gewesen. Drei Jahre hatte er Kleinasien bereist, um orientalische Sprachen zu erlernen. Anschließend ließ er sich in Bayern nieder, wo er 1803 einen Verlag gründete und eine Buchhandlung kaufte.

Aurora als Titel der Zeitschrift ging auf eine Anregung Christoph von Aretins zurück. Aurora, Göttin der Morgenröte, sollte vom Aufbruch neuer Geistigkeit in Bayern künden. Die *Aurora* erschien dreimal pro Woche als erste derartige Zeitschrift in Bayern. In der deutschen Öffentlichkeit wurde *Aurora* zunächst sehr skeptisch aufgenommen. Goethe machte allein schon auf die Ankündigung hin eine kritische Bemerkung. Es spricht für die Zeitschrift, dass er dieses Urteil nach der Lektüre zurücknahm und sich sehr positiv äußerte. Joseph Görres, den Aretin als Autor für die Zeitschrift gewinnen wollte, reagierte auf die Anfrage Aretins zunächst recht zurückhaltend. Schließlich ließ er sich umstimmen.[75] Franz von Lassaulx, den Christoph aus Wetzlar kannte, bot sich sofort als Mitarbeiter an, als er durch Görres von der Zeitschrift erfahren hatte.[76] Bernhard Docen, der bei der Bearbeitung der Handschriften aus den Klosterbibliotheken Vorbildliches leistete, veröffentlichte eine Reihe wichtiger Aufsätze in der *Aurora*. Christoph von Aretin gelang es, eine Reihe auswärtiger Autoren für die Zeitschrift zu gewinnen. Zwischen ihm und Joseph Görres kam es über die Mitarbeit an der *Aurora* zu einer längeren Korrespondenz. Görres schickte mehrere als „Korruskationen" bezeichnete Aufsätze, von denen Aretin sehr angetan war.[77] Wenig später war die Zusammenarbeit soweit gediehen, dass Görres Scherer ein Manuskript zum Druck anbot, das dieser veröffentlichte. Ein Treffen zwischen Aretin und Görres kam allerdings nicht zustande: „Als Vorsteher aller bayerischen Bibliotheken und unmittelbarer Direktor der hiesigen Centralbibliothek und zugleich als Vorstand der Akademie der Wissenschaften, kann ich kaum einige Tage von München entfernt sein."[78]

Anfang 1805 wandte sich Görres an Aretin mit der Frage, ob er eine Möglichkeit sehe, in Bayern an eine Universität berufen zu werden.[79] Das Leben in Koblenz werde immer unerträglicher und er, Görres, erwäge trotz seiner engen Bindung an das Rheinland, auszuwandern. Nach Russland wolle er nicht, wohl aber nach Bayern, das ihm Aretin so positiv geschildert habe. Christoph war von der Aussicht, Görres für Bayern zu gewinnen, fasziniert.[80] Er riet von einer Bewerbung in Würzburg ab, Görres solle sich für die Universität Landshut bewerben. Wegen Würzburg solle er an Graf Thürheim und wegen Landshut an Herrn von Zentner schreiben. Christoph gab Görres auch Ratschläge, wie er sich den beiden am besten empfehlen könne. Als Görres zu bedenken gab, dass es ihm schwer falle, die ihm unbekannten Herren zu loben, antwortete Christoph „daß unsere Staatsmänner gern gelobt sind".[81]

Die Aussicht, an der Bayerischen Akademie der Wissenschaften eine Stelle zu erhalten, reizte Görres so, dass er seine Bedenken überwand und sich Anfang Mai 1805 bei Zentner um eine Stelle an der Akademie bewarb.[82] Er erhielt aber, wie er Aretin Mitte August schrieb, keine Antwort: „Das ist etwas gar zu vornehm", beschwerte er sich, „man mag mich nun nicht mögen oder man mag die Organisation verschoben haben, auf jeden Fall hätte er mir doch einen lettre hônette schreiben können."[83] Damit endete der Versuch Aretins, Görres in München eine

Stelle zu verschaffen. Dieser ging schließlich 1806 nach Heidelberg. Damit endete auch der Schriftwechsel mit Aretin, der Görres zu der Bemerkung brachte: „Wir korrespondieren miteinander wie die Riesen, denen ein Monat, was anderen Menschen ein Jahr ist."

Schon damals scheinen finanzielle Schwierigkeiten den Fortbestand der *Aurora* bedroht zu haben. An der Qualität der Zeitschrift lag es jedenfalls nicht. So urteilt Erich Walch rückblickend: „Die Zeitschrift *Aurora* kann sich wohl mit ihren gleichzeitigen norddeutschen Rivalen messen. Sie bewahrt nicht nur ein hohes Niveau, ihre Entwicklung bewegt sich vielmehr in stetig aufsteigender Linie."[84] Es war wohl schlicht die Tatsache, dass es in München doch nur einen beschränkten Leserkreis für die Zeitschrift gab, die das rasche Ende der *Aurora* herbeiführte.

Der Neue Literärische Anzeiger

Nach dem Ende der *Aurora* hat sich Christoph von Aretin offensichtlich sehr bald mit dem Gedanken beschäftigt, eine neue Zeitschrift zu gründen. Seine beiden Mitstreiter, Babo und Scherer, scheinen kein Interesse daran gehabt zu haben. Aretin verschaffte Scherer, der inzwischen mit seiner Verlagsbuchhandlung gescheitert war, eine Stelle in der Hofbibliothek, wo der hochgebildete Mann bei der Bewältigung der Büchermassen wertvolle Dienste leistete.[85] An der Planung Christoph von Aretins für eine Zeitschrift nahm er keinen Anteil.

Unter dem Titel *Neuer literärischer Anzeiger*, der an die 1803 eingegangene Zeitschrift *Literarischer Anzeiger* anknüpfte, erschien im Juli 1806 die erste Nummer. „Ich hoffe", schrieb Christoph, „diesem Institut Bestand und Dauer zu sichern, dass ich die freieste und uneingeschränkte Communication über jeden Gegenstand, der dem Begriff der Literatur angegliedert, fortwährend zu unterhalten trachten werde. Ich wünsche hier ein angemessenes Unterhaltungsblatt für Gelehrte über Gegenstände der Literatur und Kunst zu liefern." Trotz seiner vielen anderen Geschäfte habe er sich, aus reinem Interesse für die Fortschritte und Aufrechterhaltung der Literatur in Bayern, zur Führung der Redaktion entschlossen.

Merkwürdigerweise macht Christoph in diesem Vorwort, das in erster Linie eine Ankündigung seiner Herausgebertätigkeit war, keine genauen Angaben zum inhaltlichen Programm des *Neuen Literärischen Anzeigers*. Erst in der ersten Nummer des zweiten Jahrgangs 1807 veröffentlichte er einen *Plan des Neuen Literärischen Anzeiger,* in dem er die Zeitschrift als Fortsetzung des *Allgemeinen literärischen Anzeigers* und des *Literärischen Blattes* beschrieb. Warum hier gleich dreimal statt „literarisch" das Wort „literärisch" benutzt wurde, und er es nicht bei dem Namen „literarisch" beließ, ist unklar. Schon bei der *Aurora* war Christoph für die Bezeichnung „literärisch" eingetreten, hatte sich damit aber gegen Babo nicht durchsetzen können. Jetzt bat er als Herausgeber um Beiträge zur allgemeinen Geschichte der deutschen und ausländischen Literatur. Er führte auf, welches Programm den Leser in dieser Zeitschrift erwarte: Lebensbeschreibungen berühmter verstorbener Gelehrter, Anekdoten und Charakterzüge von älteren verstorbenen Gelehrten, die sich auf Literatur und Kunst bezögen, Anzeigen von neuen Büchern und ihrem Inhalt etc.

Görres war an dieser neuen Zeitschrift nicht beteiligt. Bernhard Docen gehörte wieder zu den emsigsten Autoren. Die Gebrüder Grimm waren ebenfalls Autoren. Auch Julius Graf Soden veröffentlichte einen Artikel. Im Jahrgang 1808 taucht Adolf Heinrich von Schlichtegroll als Autor auf, mit dem sich Christoph wenig später in einem heftigen Streit befand. Er selbst lieferte einige Artikel.

Die Zeitschrift, die im Gegensatz zur *Aurora* nur einmal in der Woche jeden Dienstag erschien, wurde fast in ganz Deutschland zu einem angesehenen Periodikum. Sie erschien zuerst in der Fleischmann Buchhandlung in München. Später übernahm sie der angesehene Verlag Cotta in Tübingen. Die Zeitschrift erlebte allerdings nur zwei Jahrgänge.

Mit den beiden Zeitschriften wollte Christoph von Aretin Anschluss an die geistige Kultur in Deutschland gewinnen und insbesondere beweisen, dass in Bayern ein neuer Geist wehe. Die Zeitschriften wurden zwar von der Regierung mit Wohlwollen betrachtet, aber nicht unterstützt.

Wurden Adam und Christoph von Aretin mit ihrem Engagement zu aktiven Fürsprechern der Aufklärung in Bayern, so stellte auch der dritte Bruder, Georg, seine publizistische Tätigkeit mit einer eigenen, viel beachteten Zeitschrift in den Dienst des Staates. Sie erschien unter dem Titel *Der Genius von Baiern unter Maximilian IV.* in unregelmäßigen Zeitabständen.[86] In einem Eröffnungsaufsatz *Erste Schritte der neuen Regierung, insbesondere die Ministerialinstruktion vom 25. Februar 1799* stellte Georg von Aretin die neue Ordnung in wirkungsvollen Gegensatz zu dem Chaos unter Kurfürst Karl Theodor. Er sah das Neue in der systematischen Verbindung der Staatsbehörden, hierarchischer Organisation, Zentralisierung und Rationalisierung. Georg, der damals Direktor bei der Landesdirektion der Oberpfalz in Amberg war, pries in seiner Schrift die Entwicklung unter Montgelas: „In dem Grade als Nationen in der Kultur fortschreiten, wird auch die Zusammenfügung der Staatsmaschine künstlicher und verwickelter, und die Summe der öffentlichen Geschäfte größer. Gegenstände, die bis dahin für unbedeutend angesehen wurden, sind nun durch veränderte Umstände äußerst wichtig, und beschäftigten die volle Aufmerksamkeit der Regierungen."

Die Schriften von Adam, Christoph und Georg zeigen, mit welcher Begeisterung die Brüder den Aufbau des neuen Bayern begleiteten.

Anmerkungen

1 Protokoll des Geheimen Staatsrats vom 15.4.1799, veröffentlicht in: Die Protokolle des bayerischen Staatsrats 1799–1817, Bd. 1, 1799 bis 1801, bearbeitet von R. Stauber unter der Mitarbeit von E. Mauerer, 2006, S. 69 ff. Zur Gründung der Ministerien, des Geheimen Staatsrats und der Generallandesdirektion vgl. Eberhard Weis, Montgelas, der Architekt des modernen bayerischen Staates 1799–1838, Bd. 2, 2005, S. 508 ff.

2 Der Geschäftsverteilungsplan für die neu errichtete Generallandesdirektion vom 23.4.1799 ist teilweise veröffentlicht in: Quellen zu den Reformen in den Rheinbundstaaten Bd. 4, Regierungsakten des Kurfürstentums und des Königreichs Bayern 1799–1815, bearbeitet von Maria Schimke, 1996, N 62, S. 323–334. Frau Schimke nennt bei der Veröffentlichung des Geschäftsverteilungsplanes keine Namen.

3 Der Text dieses Gesetzes ist im Auszug veröffentlicht in: M. Schimke, (wie Anm. 2), Nr. 66, S. 355–362. Das Protokoll des Geheimen Staatsrates vgl. R. Stauber, (wie Anm. 1), Bd. 2, S. 539–548.

4 Die Diskussion um eine Einberufung der bayerischen Stände, an der sich auch Christoph von Aretin mit einigen Schriften beteiligte, verlor seitdem an Bedeutung.

5 Schreiben v. 28.06.1806, Haidenburg.

6 Briefe eines Bayerischen Patrioten über die neu errichtete Generallandesdirektion, 1799. Das Zitat stammt aus dem Rechtfertigungsschreiben Adam von Aretins vom 26.11.1806, Haidenburg. Diese Angaben werden durch die Akten der Generallandesdirektion bestätigt. Adam hat bei der Entstehung dieser Behörde mit Montgelas eng zusammen gearbeitet.

7 Generallandesdirektion 1, Protokoll 7 vom 8.5.1799, 1. Sitzung, München.

8 Schreiben Montgelas vom 6.3.1799, B 311/81. Die Kriegskommission bestand zu dieser Zeit neben Aretin aus Georg von Stichaner, Franz von Krenner und Joseph von Lipowsky von der ersten Deputation, von Kling von der fünften, von Schwaiger und Herrmann von der vierten Deputation der Generallandesdirektion.

9 Weisungen Adams an seinen Bruder Christoph vom 29.12.1800; B 311 /620, 123.

10 Protokoll der 1. Deputation vom 27.2.1802, Generallandesdirektion 81, München.

11 Historische Abhandlung über das hohe Alter der baierischen Landstände mit beigefügten Geschichts- und Urkundenstellen, 1800. Heinrich Scheel, Süddeutsche Jakobiner. Klassenkämpfe und republikanische Bestrebungen im deutschen Süden Ende des 18. Jahrhunderts, 1968, S. 647 f. nennt Christoph einen liberalen Jakobiner.

12 Die von Aretin unterschriebene Note an den Kurfürsten vom 8.6.1800 mittags 12 Uhr, B 311/492, 31, (vgl. Anm. 20, Kap. I).

13 Schreiben Aretins an Hertling vom 7.7.1800 und dessen Antwort vom selben Tag B 311 /507, 21 bzw. 36.

14 Bericht Aretins vom 14.9.1800, B 311 /542, 138.

15 Bericht vom 14.11.1800, B 311 /542, 138.

16 Von Adam für seinen Bruder Christoph verfasste Instruktion vom 29.12.1800, B 311 /620, 9. Christoph berichtet am 31. Januar 1801 über den Fehlschlag

seiner Bemühungen, Freiherrn von Leyden frei zu bekommen. Aretiniana 3, Bayerische Staatsbibliothek, München.

17 Protokoll des Geheimen Staatsrates vom 27. Mai 1801, vgl. R. Stauber, (wie Anm. 1), S. 333. Zitat aus seinem Lebenslauf. Aretiniana 3, Bayerische Staatsbibliothek, München.

18 Weisung des Kurfürsten an die Deputation vom 14.4.1801, B 311 /681, 9.

19 Abschlussbericht vom 31. 12. 1801, B 311 /731.

20 Vgl. Anton Heut, Die Übernahme des Taxischen Reichsposten in Bayern durch den Staat, 1925, S. 15 ff. Adolf Korzendorfer, Johann Adam Freiherr von Aretin, der Begründer der bayerischen Postgeschichte, in: Archiv für Postgeschichte in Bayern, hrsg. von der Gesellschaft zur Erforschung der Geschichte in Bayern in Verbindung mit der Reichspostdirektion München, Jahrgang 12, Heft 3, 1936, S. 378–91.

21 Das Gutachten ist fast vollständig veröffentlicht in: A. Korzendorfer, (wie Anm. 20), S. 386–390.

22 Weisungen an Adam Freiherrn von Aretin vom 22. 2. 1802 und der Bericht Aretins vom 23.2.1802, Haidenburg. Der Ministerrat hatte die Neuorganisation des Damenstiftes St. Anna am 18. 2. 1802 beschlossen.

23 Weisung vom 23. 8. 1802, Haidenburg.

24 Das vom Kurfürsten und Montgelas unterschriebene Schreiben vom 9. 9. 1802, Haidenburg.

25 Vgl. Norbert Keil, Das Ende der geistlichen Regierung in Freising. Fürstbischof Joseph Konrad von Schroffenberg (1790–1803) und die Säkularisation des Hochstifts Freising, 1984, S. 239 ff. Für die unberechtigten Vorwürfe vgl. Alfons Maria Scheglmann, Geschichte der Säkularisation in Bayern, 3 Bände, 1904–1905, Besonders Bd. 2, S. 111, der behauptet, dass der Dom zerstört werden sollte. S. 115 berichtet er von dem Trauerhochamt, behauptet aber, die Sperre des Doms ginge auf Aretin zurück.

26 Vgl. N. Keil, (wie Anm. 25), S. 205, Churfürstliches Bairisches Regierungsblatt Nr. 49, vom 27. 11. 1802.

27 Auf Aufzeichnungen im Erzbischöflichen Ordinariatsarchiv, München gestützt, entwirft Georg Schwaiger, Die altbayerischen Bistümer Freising, Passau und Regensburg zwischen Säkularisation und Konkordat, 1803–1817, 1959, u. a. S. 178–184 ei(w n sehr viel negativeres Bild von den Vorgängen.

28 Eine Liste der von Mannlich in Freising entnommenen Bilder bei A. M. Scheglmann, (wie Anm. 25), Bd. 2, S. 109–111.

29 Zum Problem des „droît d'épaves“, vgl. Volker Press, Das Droît d'épaves des Kaisers von Österreich. Finanzkrise und Stabilisierungspolitik zwischen Luneviller und Pressburger Frieden, in: Geschichte und Gesellschaft 6, 1980, S. 559–573. Press kommt zu dem Ergebnis, dass Österreich durch das Droît d'épaves erhebliche Gelder und Güter gewann. Vgl. Karl Otmar Freiherr von Aretin, Das Alte Reich 1648–1806, Bd. 3, Das Reich und der österreichisch-preußische Dualismus (1745–1806), 1997, S. 550 f.

30 Dem Inhalt nach ist diese Schrift Ende 1803/Januar 1804 geschrieben worden, MA III/2, 385 München.

31 Kotulus der Akten, welche das zwischen Churbaiern und Chursalzburg obwaltende Ausgleichsgeschäft in Wien betreffen. Verfasst den 23. August 1804, MA 6390/2, München. Über die Kosten dieser Mission MF 55612, München.

32 Aretin schrieb seiner Frau fast jeden Tag, ohne freilich auf den Inhalt der Verhandlungen einzugehen.
33 Undatierter Brief Aretins, MA III/2, 385, München.
34 Note der österreichischen Kommission vom 24.10.1803, vorgelegt am 4.11.1803, MA 6390/2, München.
35 Eine detaillierte Darstellung der Verhandlungen von Adam Aretin, MA III/2, 325, München.
36 Zusammenfassende Darstellung Gravenreuths v. 8.11.1803, ebenda.
37 Die Weisung Montgelas an Aretin, wie sie Gravenreuth mitgeteilt wurde, vom 20.11.1803, MA III/2, München.
38 E. Weis, (wie Anm. 1), S. 508 ff., S. 135 f.
39 Eine bayerische Darstellung dieser Ereignisse: Die Verhältnisse der österreichischen Vorlande gegen das Haus Habsburg, MA III, 2, 385, München.
40 Alle im Folgenden genannten Berichte und Weisungen sind in MA 6390/2, München.
41 Adam beschrieb 68 Gemälde der lambergschen Galerie.
42 1796 hatte Aretin einen Catalogue des stampes gravées par Dan. Chodowieki, in München herausgebracht, der im selben Jahr in Augsburg nachgedruckt wurde.
43 Schreiben Montgelas vom 24.9.1804, Haidenburg.
44 Protokoll der Geheimen Staatskonferenz v. 28.3.1805, in: (wie Anm. 1), S. 625–632
45 Aretin und Buol verhandelten am 9. und am 27.8.1805 intensiv. Buols Berichte über diese Verhandlungen gingen bis ins kleinste Detail, Staka Bayern, 91, Korrespondenz 1805, Wien. Buols positive Reaktion über den Abschluss der Verhandlungen, vgl. E. Weis, (wie Anm.1), S. 278 f.; Buol war sehr stolz darauf, ein Problem gelöst zu haben, über das man fast 2 Jahre vergeblich verhandelt hatte. Berichte des Grafen Buol vom 23.7.1805 und 16.8.1805, Staka Bayern 91, Korrespondenz 1805, Wien. Hans Karl von Zwehl, Der Kampf um Bayern 1805. Der Abschluss der bayerisch-französischen Allianz, 1937, S. 28 erwähnt diese Verhandlungen und betont wie sehr Montgelas bemüht war, Österreich nicht zu provozieren.
46 Berichte des Grafen Buol vom 23.7.1805 und 16.8.1805, Staka Bayern 91, Korrespondenz 1805, Wien.
47 Der Entwurf ist im Auszug veröffentlicht in: M. Schimke, (wie Anm. 2), Dokument 108, S. 550f und vgl. auch S. 546.
48 Verordnung über die Schulpflicht und die Aufnahme jüdischer Schulkinder in die öffentlichen Schulen, veröffentlicht, ebenda, Dokument 109, S. 551–554.
49 Stefan Schwarz: Die Juden in Bayern im Wandel der Zeiten, 1963, S. 103.
50 Veröffentlicht in: Quellen zu den Reformen in den Rheinbundstaaten, Bd. 1, Regierungsakten des Großherzogtums Berg 1806–1813, bearbeitet von Klaus Rob, 1992, S. 34.
51 Quellen zu den Reformen in den Rheinbundstaaten, Bd. 2, Regierungsakten des Königreich Westphalen 1807–1813, bearbeitet von Klaus Rob, 1992, S. 78–80
52 Quellen zu den Reformen der Rheinbundstaaten Bd. 3, Regierungsakten des Primatialstaates und des Großherzogtums Frankfurt 1806–1813. Bearbeitet von Klaus Rob, 1995, S. 130.

53 Fridolin Dressler, Bibliotheksplanung im Vorfeld der bayerischen Säkularisation, unmaßgebliche Erinnerungen des Johann Christoph Freiherrn von Aretin aus dem Jahr 1802, in: Bibliotheksforum 12, 1984, S. 3–22.
54 Protokoll von der Kommission für die Aufhebung ständischer Klöster vom 22.–25. und 26. 2. 1803, Generallandesdirektion von Bayern in Klostersachen 50, München.
55 Aus einem Brief an seinen Bruder Adam vom 1. 10. 1803 geht hervor, dass diese Instruktion von Zentner stammt, Haidenburg.
56 Protokoll vom 1. 3. und 4. 3. 1803, ebenda 51, München.
57 Zitat aus dem Brief vom 12. 3. 1803, in dem Christoph Freiherr von Aretin von seiner Beauftragung in allen Einzelheiten berichtet. Veröffentlicht in: Johann Christoph von Aretin, Briefe über meine literarische Geschäftsreise in die bayerischen Abteyen, hrsg. von Wolf Bachmann, 1972, S. 43.
58 Zitat aus dem 2. Brief vom 1. 4. 1803, vgl. W. Bachmann (wie Anm. 57), S. 51.
59 Fünfter Brief vom 12. 4. 1803 aus Tegernsee, vgl. W. Bachmann (wie Anm. 57), S. 59–66.
60 ebenda, S. 34 f. Die Ernennung war deshalb so wichtig für Christoph von Aretin, da er für die Bibliothek seine Stelle als Wirklicher Rat der Generallandesdirektion aufgegeben hatte. Wie unsicher er seine Position in der Hofbibliothek empfand, zeigt sich unter anderem darin, dass er sich noch 1805 auf dem Titelblatt seiner mehrbändigen Veröffentlichungsreihe über die in die Hofbibliothek gelangten Schätze als „Central und provisorischer Oberhofbibliothekar" bezeichnete (7. Band der Beyträge zur Geschichte und Literatur vorzüglich aus den Schätzen der pfalz-baierischen Centralbibliothek zu München, 1806). Paul Ruf, der sich mit profunder Aktenkenntnis mit der Person Christoph von Aretin beschäftigte, gibt an, dass er 1803 Hofbibliothekar und 1804 Oberhofbibliothekar geworden sei. Vgl. P. Ruf, Die Säkularisation und die Bayerische Staatsbibliothek, Bd.1, 1903, S. 10).
61 Zustand der Hofbibliothek November 1803, (wie Anm. 60)
62 Schreiben Christoph Aretin an den König v. 15. 4. 1804, MInn 24076, München.
63 Kurzgefasste Theorie der Mnemonik, 1807; und drei Jahre später: Systematische Anleitung zur Theorie und Praxis, zur Mnemonik nebst den Grundlinien zur Geschichte und Kritik dieser Wissenschaft mit drey Kupfern, Sulzbach, 1810.
64 Paul Ruf, (wie Anm. 60), S. 8–15.
65 Brief Christoph an seinen Bruder Adam v. 7. 10. 1803, Haidenburg.
66 Vgl. P. Ruf (wie Anm. 60), S. 11.
67 ebenda, S. 10 f.
68 Brief Adams an seinen Bruder Christoph vom 20.8.1803 und Antwort Christophs vom 31. 8. 1803, Haidenburg
69 Schreiben Christophs an den König vom 15. 4. 1804, MInn 24076, München
70 P. Ruf (wie Anm.60), S. 10.
71 ebenda, S. 21
72 P. Ruf (wie Anm.60), S. 24.
73 Schreiben MInn 24076, München.
74 Ich beziehe mich bei der Schilderung der *Aurora* auf die Arbeit von Erich Walch. Geistesleben der Montgelas-Zeit im Spiegel der Münchner Zeitschrift

„Aurora" in: Oberbayerisches Archiv für vaterländische Geschichte 67, 1930, S. 108–224

75 Die Beiträge von Görres in der Aurora sind unter dem Obertitel „Korruskationen" veröffentlicht in: Joseph Görres, Gesammelte Schriften, Herausgegeben im Auftrag der Görresgesellschaft von Wilhelm Schellberg Bd. 3, Joseph Görres, Geistesgeschichtliche und literarische Schriften (1803–1808), herausgegeben von Günther Mülle, 1926

76 Vgl. Leo Just, Franz von Lassaulx. Ein Stück rheinisches Leben und Bildungsgeschichte im Zeitalter der großen Revolution und Napoleon, 1926, S. 127–158.

77 Brief Aretins vom 20. 6. 1804, veröffentlicht in: Joseph Görres, Gesammelte Briefe, hrsg. von F. Binder, Bd. 1, 1858, Nr. 5, S. 8.

78 Brief Aretins an Görres vom 12. 8. 1804, veröffentlicht ebenda, Nr. 6, S. 9 f.

79 Brief Görres an Aretin vom 3. 2. 1805, veröffentlicht ebenda, Nr. 8, S.12–15.

80 Brief Aretins an Görres vom 22. 2. 1805 veröffentlicht von W. Schellberg, (wie Anm. 75), S. 712.

81 Brief Aretins an Görres vom 15. 4. 1805 veröffentlicht von W. Schellberg, (wie Anm. 75)

82 Brief Görres an Aretin vom 5. 4. 1805 veröffentlicht ebenda.

83 Brief Görres an Aretin vom 20. 8. 1805, veröffentlicht ebenda, S. 18.f.

84 E. Walch, (wie Anm. 74), S.221

85 Er wurde 1820 Direktor der Hofbibliothek und als solcher Aretins Nachfolger.

86 Der Genius von Baiern unter Maximilian IV., Heft 1, 1802, S. 39–52. Von der Zeitschrift erschienen drei Hefte: Heft 2 1802, Heft 3, 1804. Das Zitat ebenda, S. 3. Vgl. R. Stauber, (wie Anm. 1), S. 10, 22.

Wappen des Königreichs Bayern

III. KAPITEL

Reformen im souveränen Königreich Bayern

In der ersten Phase seines Reformprogramms hatte Montgelas die wichtigsten Umstrukturierungen vorgenommen, die innenpolitisch zur Bildung eines aufgeklärten Staatswesens nötig waren. Außenpolitisch fielen im Lauf des Jahres 1806 wichtige Entscheidungen, die den Weg Bayerns zu einem modernen Staat ebneten: Nach der Abkehr vom bisherigen Bündnispartner Österreich hatte Bayern im September 1805 eine Allianz mit Frankreich geschlossen. Im Frieden von Preßburg (26. 12. 1805), der den Dritten Koalitionskrieg beendete, wurde Bayern Königreich. Das Land blieb aber zunächst Teil des noch bestehenden Heiligen Römischen Reichs. Im Sommer 1806 trat Bayern aus dem Reich aus und wurde Mitglied des napoleonischen Rheinbunds. Die Gründung des Rheinbunds am 12. Juli 1806 wurde von Kaiser Franz II. am 6. August mit der Erklärung beantwortet, das Reich sei aufgelöst. Damit wurde Bayern ein souveräner Staat.

Die durch die Ereignisse des Jahres 1806 ausgelösten Veränderungen hatten natürlich auch Auswirkungen auf das Leben der drei Brüder Aretin. Während die erste Phase der montgelasschen Reformen für Adam, Georg und Christoph von Aretin einen beruflichen Aufstieg und Etablierung in wichtigen politischen Ämtern bedeutet hatte, trennten sich die Karrierewege der drei Aretins in den folgenden Jahren. Adam gehörte in den engeren Kreis der Mitarbeiter Montgelas' und spielte eine tragende Rolle bei der Umsetzung des Reformprogramms, wobei sich nicht alles, was Montgelas geplant hatte, verwirklichen ließ. Beispiel dafür ist der Tiroler Aufstand von 1809, der nicht zuletzt durch ungeschickte Maßnahmen Montgelas' ausgelöst wurde. Dieser Aufstand betraf unmittelbar Georg von Aretin. Er war seit Oktober 1808 Generalkommissar des Eisackkreises in Brixen. Ohne selbst eine Mitschuld zu tragen, bedeutete der Aufstand ein jähes Ende seiner Karriere.

Auch der jüngste Aretin, Christoph, wurde, trotz seiner ungebrochenen Loyalität gegenüber dem Minister, zum Leidtragenden von dessen taktischen Entscheidungen. Er verlor 1807 infolge der Neugründung der Akademie der Wissenschaften durch Montgelas seinen Posten als deren Vizedirektor. Er, der sich in den von ihm herausgegebenen Zeitschriften bemüht hatte, die bayerische Form der Aufklärung im Sinn Montgelas' bekannt zu machen, musste erleben, wie die vom Minister ins Land geholten norddeutschen Gelehrten diese Bestrebungen als rückständig und unzivilisiert diffamierten. Dies führte zum so genannten Akademiestreit, der nicht nur das Leben Christophs verdunkelte, sondern auch das geistige Leben Bayerns verschattete.

Adam von Aretin war der Einzige der drei Brüder, dessen Karriere stetig voranging und der von der engen Zusammenarbeit mit Montgelas profitierte. Seine Fähigkeiten als Jurist, Diplomat und Sprachrohr der Regierung machten ihn bald zu einem unverzichtbaren Mitarbeiter des Ministers.

Adam von Aretin und der Aufbau des modernen Bayern

Am 25. September 1805 hatte Bayern mit Frankreich einen Allianzvertrag geschlossen, der auf einem Vorvertrag vom August fußte. In Österreich hatte man bis Ende September 1805 geglaubt, die bayerische Armee werde unter österreichischem Kommando an der Seite Russlands und Österreichs gegen Frankreich kämpfen. Nun war von einem Verrat Bayerns an Kaiser und Reich die Rede.

Durch seine Arbeit im Ministerium erlebte Adam die Ereignisse aus nächster Nähe. Seine Schrift *Geschichtliche Darstellung der Verhältnisse, welche das Benehmen seiner churfürstlichen Durchlaucht von Pfalzbayern geleitet haben* hatte er im Auftrag von Montgelas verfasst. Sie erschien vier Tage nach Abschluss der Allianz mit Frankreich am 29. September 1805 in Würzburg und sollte das Bündnis mit Frankreich durch Kurfürst Max IV. Joseph rechtfertigen. Aretin stellte darin die These auf, die bayerische Regierung sei eigentlich bestrebt gewesen, in die Neutralitätszone aufgenommen zu werden, die Preußen im Frieden von Basel 1795 mit Frankreich vereinbart hatte. Als sich dies als unmöglich erwies, habe man sich mit Frankreich verbündet, da die österreichischen Forderungen die Ehre der bayerischen

Armee verletzten. In der Schlacht von Hohenlinden hätten die im Verband mit den Österreichern kämpfenden bayerischen Truppen durch das Verschulden der österreichischen Generäle unverhältnismäßig hohe Verluste erlitten. Spätere Angebote des Kaisers wären nicht ernst gemeint gewesen. Nicht Bayern, sondern Preußen habe 1795 im Frieden von Basel Kaiser und Reich verraten und die Auflösung des Reichs eingeleitet. Die 1795 von Preußen vereinbarte Neutralitätszone habe Teile des Reichs der Oberhoheit des Kaisers entzogen.

Neben Adam hat auch Christoph von Aretin diese Sicht während der Zeit des Rheinbunds immer wieder vertreten. Und auch Georg von Aretin sorgte nach dem Wiener Kongress in der Auseinandersetzung um die Rolle Bayerns im Rheinbund immer wieder für eine Verteidigung dieser These in allen Variationen. Somit erwiesen sich neben Adam von Aretin auch dessen jüngere Brüder in ihrer publizistischen Tätigkeit als loyale Anhänger und Wegbereiter der montgelasschen Politik.

Als souveränes Königreich musste Bayern bei den geplanten Reformen auf die Reichsverfassung keine Rücksicht mehr nehmen. Ob allerdings Napoleon als Protektor des Rheinbunds für die Mitgliedsstaaten nicht neue Abhängigkeiten im Rechtssystem oder in der Vereinheitlichung des inneren Aufbaus schaffen wollte, war völlig offen. Zumindest der Fürstprimas des Rheinbunds, Karl Theodor von Dalberg, hatte derartige Pläne. Er befürwortete eine straffe Organisation des Bundes. Da nicht klar war, wie weit Napoleon dafür gewonnen werden könne, war von bayerischer Seite rasches Handeln nötig, um die gerade gewonnene Souveränität nicht zu gefährden. Für das hohe Ansehen, das Adam von Aretin bei Montgelas gewonnen hatte, spricht, dass der Minister ihm Anfang des Jahres 1807 den Auftrag gab, für Bayern eine neue Gebietseinteilung in Kreise zu entwerfen.[1] Sie sollten nach französischem Vorbild mit den Namen von Flüssen benannt werden. Dadurch sollten die historischen Bezeichnungen verschwinden und Bayern eine einheitliche politische Ordnung erhalten. Aretin legte dem Minister Ende Februar einen Entwurf vor. Er empfahl, das Land in vier Kreise einzuteilen, mit den vier Hauptstädten Nürnberg, Augsburg, München und Innsbruck. Jeder dieser Kreise sollte wiederum in drei bis vier Unterbezirke mit je 200 000 bis 270 000 Einwohnern eingeteilt werden. Montgelas ist diesem Vorschlag Aretins nicht gefolgt.

In der Sitzung vom 8. Juni 1807, in der Finanzminister Johann Wilhelm Freiherr von Hompesch eine neue Finanzverfassung vorlegte, gab der König den Auftrag, „die Vorarbeiten zur Entwerfung einer Verfassung unverzüglich zu beginnen".[2] Montgelas wollte allen Vereinheitlichungsversuchen des Rheinbunds vorgreifen. Die Zeit eilte: Als das für Jérôme, dem jüngeren Bruder Napoleons, geschaffene Königreich Westfalen am 15. November 1807 eine auf Napoleon zurückgehende Verfassung erlassen hatte, war die Absicht unverkennbar, diese Verfassung zum Vorbild für alle Mitgliedstaaten des Rheinbunds zu machen. Diese Intention Napoleons kam deutlich in den Gesprächen zum Ausdruck, die Montgelas im November 1807 mit Napoleon in Mailand führte. Der Minister konnte derartige Pläne Napoleons zwar abwehren, weil der Korse vor einem Krieg in Spanien stand und sich darauf konzentrierte. Für Montgelas war es jedoch klar, dass Bayern möglichst bald eine eigene Verfassung haben sollte.

Montgelas nahm zwar die westfälische Verfassung zum Vorbild, als er im Januar 1808 einen Verfassungsentwurf formulierte, nahm jedoch wichtige Veränderungen vor. Am 13. Februar 1808 legte er eine erste, zum Teil nicht weiter ausformulierte Textfassung einer Kommission vor, die diesen vom Minister skizzierten Entwurf zu einer fertigen Verfassung ausarbeiten sollte. In die Kommission hatte Montgelas seine engsten Mitarbeiter berufen: Georg Friedrich Freiherr von Zentner, Adam von Aretin, Maximilian von Branca, Franz Joseph Edler von Stichaner und Paul Johann Edler von Feuerbach. Ende April 1808 lag ein vollständiger Text der Verfassung vor.

Über den Charakter dieser Verfassung ist viel spekuliert worden. Sie enthielt zwar nähere Bestimmungen über Kreisversammlungen und eine „Nationalrepräsentation" (Landtag), die aber nie in Kraft traten.[3] Erst neuere Forschungen ergaben, dass die Verfassung von 1808 nur eine Art Entwurf darstellte, dessen vorgesehene Verordnungen erst in Kraft treten könnten, wenn nähere Instruktionen im Lauf des Jahres 1808 erlassen seien. Ein sogenanntes Organisches Edikt, das nähere Bestimmungen, etwa zu Wahl und Zusammensetzung der o. g. Volksvertretungen enthalten sollte, wurde jedoch nie erlassen, weshalb diese Bestimmungen auch nie in Kraft traten.

Nun wissen wir, dass ein solches Organisches Edikt aber existierte. Am 11. Januar 1811 berichtete Adam von Aretin im Geheimen Rat davon und dass es 1808 im letzten Moment vom Montgelas zurückgezogen worden war.[4]

Walter Demel hat die Jahre 1808–1817 unter dem Begriff des *Staatsabsolutismus* zusammengefasst. Montgelas hatte entschieden, sein Reformprogramm mit einem bewährten Stamm von acht bis zehn Mitarbeitern zu verwirklichen. Es handelte sich bei der Verfassung um ein Gemeinschaftswerk, bei dem sich, vielleicht mit Ausnahme Zentners, für die einzelnen Artikel nur schwer der Anteil des Einen oder Anderen als Urheber bestimmen lässt. Die Rückstellung des Organischen Edikts war die Entscheidung Montgelas' für ein *absolutistisches Regierungssystem*, was eigentlich seinem Wesen als Aufklärer widersprach. Er wollte jedoch sein Reformprogramm ohne Behinderung durch ein Parlament verwirklichen. Gleichzeitig löste Montgelas am 1. Mai 1808 die Landschaftsverordnung, die Vertretung der bayerischen Landstände, auf. Sie hatte schon vorher jede Bedeutung durch die Säkularisation der landständischen Klöster und die Finanzreform vom 8. Mai 1807 verloren, die ihr das Recht, Steuern zu erheben und einzutreiben, entzogen hatte.[5]

In diesem Sommer 1808 wurde die Konstitution unter gewaltiger Anstrengung in dreizehn sogenannten Organischen und zehn weiteren Edikten gestaltet. Damit wandelte Montgelas Bayern in einen modernen Staat. Am 1. Oktober 1808 trat die Konstitution in Kraft. Ein nicht abreißender Strom von Verordnungen in Ergänzung und Ausgestaltung der Verfassung folgte aus seinem Ministerium und veränderte Bayern von Grund auf. Dafür war eine Gruppe von Mitarbeitern zuständig, bestehend aus Friedrich von Zentner, Adam von Aretin, Maximilian von Branca, Max Franz von Krenner, Johann Heinrich Ritter von Schenk, Joseph von Stichaner und Johann Nepomuk von Effner. Sie haben in den Monaten Juni bis Anfang September das moderne Bayern geschaffen. Dabei waren die Vorschläge der Kommission oft weitgehender, als Montgelas und insbesondere der König hinzunehmen bereit waren. Vor allem Branca scheint sich als radikaler Reformer hervorgetan zu haben. Er ist daher zusammen mit Stichaner bei der Berufung in den Geheimen Rat im Herbst 1808 übergangen worden. Aretin zeigte sich bei den Sitzungen eher konservativ. Bei der Beratung der Organischen

Edikte, die den Adel betrafen, verteidigte er energisch das Lehenssystem, das Zentner für ein Relikt aus vergangenen Zeiten hielt.[6] Diese Haltung brachte Montgelas wohl dazu, Aretin später im Außenministerium zum Chef der Hoheits- und Lehenssektion zu machen. Das Organische Edikt über den Adel, in dem die Fideikommisse und alle Vorrechte des Adels aufgehoben wurden, erschien am 1. August 1808.[7] Der bayerische Adel sollte in einer Matrikel aufgenommen werden. Auch bei den Verhandlungen des Organischen Edikts über die Patrimonialgerichtsbarkeit gehörte Aretin zu den zurückhaltenden Mitgliedern der Kommission.[8]

Diese Sommermonate 1808 waren für die Mitglieder der Kommission enorm anstrengend. „Der Minister überladet mich immer mehr mit Arbeit", schrieb Aretin am 1. August 1808 nach Haidenburg, „je mehr sein Zutrauen wächst und gegen andere sich vermindert." Ein anderes Mal schrieb er fast verzweifelt: „Wenn ich dieses äußerst geplagte, freudenlose Leben noch lange fortsetzen sollte, so wollte ich wahrhaftig lieber Holzhacker werden. Es ist doch das undankbarste Ding um den Staatsdienst. Entweder hat man keinen Einfluss und kein Vertrauen, und ist allem preisgegeben und auf ewig verdammt, leeres Stroh zu dreschen, oder man hat sich Zutrauen erworben, und wird zu Tode gequält."

Montgelas zog sich während des Sommers 1808 in seine Villa in Bogenhausen zurück. Dort empfing er Adam jeden Donnerstag von 8 bis 13 Uhr, um mit ihm wichtige Maßnahmen seiner Politik zu beraten. Aus dieser Zusammenarbeit entwickelte sich ein persönliches Verhältnis. Zentner, Branca, Krenner und Stichaner trafen sich zu anderen Zeiten mit Montgelas. Sowohl Montgelas wie auch Finanzminister Hompesch gaben Essen. Als Adam das erstemal einer Einladung Hompeschs Folge leistete, begrüßte ihn dieser mit den Worten: „Endlich habe ich den Mann bei mir zum Essen, von dem Montgelas so angetan ist." Die Zeit zwischen dem Erscheinen der Verfassung im Mai und ihrem Inkrafttreten am 1. Oktober 1808 war der Höhe- und Wendepunkt der montgelasschen Reformen.

Mit Edikt vom 21. Juni 1808 wurde Bayern – anders als von Aretin vorgeschlagen – in *fünfzehn Kreise* eingeteilt. Montgelas gab Adam den Auftrag, dafür zu sorgen, dass das topographische Büro

985 Königlich-Baierisches 986

Regierungsblatt.

XXII. Stück. München, Mittwoch den 25. Mai 1808.

Konstitution für das Königreich Baiern.

Wir Maximilian Joseph, von Gottes Gnaden König von Baiern.

Von der Ueberzeugung geleitet, daß der Staat, so lange er ein bloßes Aggregat verschiedenartiger Bestandtheile bleibt, weder zur Erreichung der vollen Gesamtkraft, die in seinen Mitteln liegt, gelangen, noch den einzelnen Gliedern desselben alle Vortheile der bürgerlichen Vereinigung, in dem Maaße, wie es diese bezwecket, gewähren kann, haben Wir bereits durch mehrere Verordnungen die Verschiedenheit der Verwaltungsformen in Unserm Reiche, so weit es vor der Hand möglich war, zu heben, für die direkten Auflagen sowohl, als für die indirekten ein gleichförmigeres Sistem zu gründen, und die wichtigsten öffentlichen Anstalten dem Gemeinsamen ihrer Bestimmung durch Einrichtungen, die zugleich ihre besondern sichern, entsprechender zu machen gesucht. Ferner haben Wir, um Unseren gesamten Staaten den Vortheil angemessener gleicher bürgerlicher und peinlicher Geseze zu verschaffen, auch die hiezu nöthigen Vorarbeiten angeordnet, die zum Theil schon wirklich vollendet sind. Da aber diese einzelnen Ausbildungen besonderer Theile der Staats-Einrichtung nur unvollkommen zum Zwecke führen, und Lücken zurück lassen, deren Ausfüllung ein wesentliches Bedürfniß der nothwendigen Einheit des Ganzen ist; so haben Wir beschlossen, sämtlichen Bestandtheilen der Gesezgebung und Verwaltung Unsers Reichs, mit Rücksicht auf die äussern und innern Verhältnisse desselben, durch organische Geseze einen vollständigen Zusammenhang zu geben, und hiezu den Grund durch gegenwärtige Konstitutions-Urkunde zu legen, die zur Absicht hat, durch entsprechende Anordnungen und Bestimmungen den gerechten, im allgemeinen Staatszwecke gegründeten Foderungen des Staats an seine einzelnen Glieder, so wie der einzelnen Glieder an den Staat, die Gewährleistung ihrer Erfüllung, dem Ganzen feste Haltung und Verbindung, und jedem Theile der Staatsgewalt die ihm angemessene Wirkungskraft nach den Bedürfnissen des Gesamt-Wohls zu verschaffen.

Wir bestimmen und verordnen demnach, wie folgt:

64

Veröffentlichung der Konstitution im Regierungsblatt vom 25. Mai 1808

eine Karte Bayerns mit den neuen Gebietseinteilungen entwerfe. „Weil ich sonst nichts zu tun habe", schrieb dieser seiner Frau, „so hat der Minister mir mit der bayerischen Karte noch eine ziemliche Arbeit aufgeladen. Diese übernahm ich aber gern, weil sie mir Vergnügen macht, was ich eben bei allen anderen Arbeiten nicht sagen könnte."

Das „Vergnügen“ hatte wohl vor allem mit der druckgraphischen Ausführung der neuen Karten zu tun: Gemeinsam mit Bruder Christoph war es Adam gelungen, Alois Senefelder für das Projekt zu gewinnen. Dieser hatte nur wenige Jahre zuvor in München das Flachdruckverfahren der Lithographie erfunden. Ursprünglich vor allem für den Notendruck eingesetzt, stellte Senefelder im Auftrag Adam von Aretins erstmals eine lithographisch gedruckte Landkarte her. Mit finanzieller Unterstützung Christoph von Aretins gründete Senefelder eine Firma, die in Christophs Wohnung untergebracht war. Am 31. Juli 1808 legte Adam die Karte seinem Minister vor, der sehr beeindruckt war.[9]

Generalkommissar in Passau?

Eigentlich träumte Adam 1808 weniger von seiner Karriere als davon, sich nach Passau als Generalkommissar versetzen zu lassen und sein Leben als Schlossherr im nahegelegenen Haidenburg zu genießen. „Am liebsten wäre mir, in Haidenburg leben zu können“, schrieb er seiner Frau, „der Minister wäre zwar dagegen, aber das liesse sich wahrscheinlich ändern.“ Tags darauf war Adam überzeugt, in München bleiben zu müssen. Im Brief vom 1. August heißt es: „Er gab mir sehr deutlich zu verstehen, dass ich nicht daran denken solle, von hier weg zu kommen.“ Am 21. August schrieb er: „Der Minister stellt mir ganz frei nach Passau zu gehen, aber so, dass er sagte, es würde ihm recht lieb und angenehm sein, wenn ich vorziehen wollte, hier zu bleiben; da war keine Wahl und ich musste meine liebste Idee aufgeben, um ferner als sein Sklave zu leben. Dagegen versprach er mir, für meinen Bruder Georg zu sorgen, und ihn zum Generalcommissair in Brixen zu machen.“ Am 23. August schreibt er: „Du wirst wohl meinen, dass die miteinander nicht recht bei Sinnen wären, wenn ich Dir schreibe, dass ich aller Wahrscheinlichkeit Generalcommissair in Passau werde.“ … „Am Nachmittag schickte der Minister Arco noch einmal zu mir, um mir zu sagen, dass ich in meiner Entscheidung völlig frei wäre. Ich könnte auch als Generalcommissair nach Innsbruck oder Augsburg. Nun nahm ich keinen Anstand mehr, mich bestimmt für Passau zu erklären.“[10] In diese Hochstimmung hinein kam ein Brief seiner Frau, Adam solle sich nicht aus München vertreiben lassen. „Doch es ist von Vertreiben keine Rede“, antwortete er,

„sondern von meiner eigenen Wahl, von meinem sehnlichen Wunsch. Indessen ereifere Dich nicht und lache nicht. – Ich bleibe doch hier. Und jetzt, da ich aus Deinem Brief sehe, daß es Dir lieber ist, so ist es mir auch recht. Gestern früh, als ich dem Minister das Tableau der Nominationen brachte, sagte er, er habe reiflich nachgedacht und die Sache hin und her erwogen, und es kann nicht angehen, ich sollte ihm sein Versprechen zurückgeben und müsste bei ihm bleiben."

Adam von Aretins Ernennung zum Geheimen Rat und die damit verbundene Beförderung beendeten das Dilemma. Am 25. August 1808 war das Organische Edikt über die Lehens- und Hoheitssektion beim Ministerium für Auswärtige Angelegenheiten erschienen, zwei Tage später war alles entschieden: „Ich bleibe hier als Chef der Lehens- und Hoheitssektion bei dem Auswärtigen Departement und als Geheimer Rat mit Sitz und Stimme und 2.000 fl Zulage." Besonders freute ihn, dass Philipp von Flad als Legationsrat zu ihm kam, für den er große Sympathie empfand. Flad wurde bald zu einem Freund der Familie.

Am 5. September war Adam von Aretin mit Zentner zur Audienz beim König, um sich für die Ernennung zum Geheimen Rat zu bedanken. „Der König empfing uns sehr gnädig", berichtete er noch am selben Tag nach Haidenburg, „und sagte zu mir: ‚Nichts Dank! Ich muss sie um Verzeihung bitten, mein lieber Aretin, dass ich ihren Willen nicht tun konnte. Ich hätte es gern getan, was zu ihrem Vergnügen gereicht; aber es konnte nicht sein. Ich kann Sie hier nicht entbehren, ich kann Ihnen nicht helfen, Sie müssen schon bei mir bleiben.' Wie sich versteht, so war ich durch diese Äußerungen vor Gnade und Zutrauen sehr gerührt und fand darin mehr als Ersatz für alle aufgeopferten Wünsche und subordinierte meine Privat Convenienz den Befehlen meines Monarchen. In jedem Fall hat es mir sehr wohl getan und ich sah auch, dass der Minister über mein Verlangen ausführlich mit dem König gesprochen hatte." Nur einmal noch kam Adam auf seinen Traum von einem ruhigeren Leben in Haidenburg zurück, als er seiner Frau in einem Brief gestand: „… kann ich noch immer nicht meinen Lieblingsplan verschmerzen."

Vom intellektuellen Funkenflug zum politischen Flächenbrand

Christoph von Aretin und die Bayerische Akademie der Wissenschaften

Anders als Adam von Aretin, dessen Karriere als Jurist durch die Umstrukturierungen im Staat gefördert wurde, brachten die Veränderungen durch die Reformen von Montgelas die Karriere seines jüngsten Bruders ins Stocken. Zunächst schien Christoph von Aretin unter der Ägide Montgelas in seinem beruflichen Fortkommen zu profitieren. Er hatte sich als Vizepräsident der Akademie der Wissenschaften und durch seine publizistische Tätigkeit bereits früh in seiner pro-napoleonischen und aufklärerischen Haltung positioniert. Er sah sich als Verfechter der bayerischen Aufklärung im Sinne von Montgelas. In seinen Artikeln für die Zeitschriften *Aurora* und *Neuer Literärischer Anzeiger* proklamierte er einen neuen Geist in Bayern, der von den Gedanken der Aufklärung getragen werden sollte.

Auch auf innenpolitischer Ebene verfolgte man diese Strategie: In Anlehnung an die preußischen Reformen wollte man führende Köpfe der Aufklärung zu ideellen Wegbereitern der Umstrukturierungen machen. Dies erklärt, warum der König selbst und mit ihm sein Minister Montgelas von Anfang an ein besonderes Augenmerk auf die Bayerische Akademie der Wissenschaften richteten. Zusammen mit Zentner wollte Montgelas sie zum geistigen Zentrum Münchens machen. Unter der Leitung Zentners wurde ein Ausschuss gebildet, der versuchen sollte, hervorragende Wissenschaftler nach München an die Akademie zu berufen. Man bot großzügige Bezahlung und gute Arbeitsbedingungen und konnte hohes Ansehen zusagen.

Der neu gegründete Ausschuss bestand neben Friedrich von Zentner aus dem Referendar im Finanzministerium, Johann Heinrich Ritter von Schenk, dem Präsidenten der Akademie, Graf Törring-Seeberg, und dem Vizepräsidenten Christoph von Aretin. Zwischen Herbst 1804 und Frühsommer 1806 gelang ihnen die Berufung so hervorragender Wissenschaftler wie dem Astronom Karl Felix von Seiffer, dem Anatom, Anthropologen und Paläontologen Samuel Thomas von Soemmering, dem Physiker Johann Wilhelm Ritter, dem Montanisten Karl Ehrenbert Freiherr von Moll, sowie den Philosophen Friedrich Wilhelm von

Christoph von Aretin; unbek.

Schelling und Friedrich Heinrich Jacobi. Insofern war Christoph auch an der Berufung seines späteren Intimfeinds Jacobi beteiligt.

Anfang April 1806 wurde Christoph von Aretin nach vier Jahren Amtszeit als Vizepräsident der Akademie der Wissenschaften abgewählt und durch Karl Ehrenbert Freiherr von Moll ersetzt. Dieser war unter den neu an die Akademie Berufenen der einzige Katholik. Ansonsten wurden durch die Kommission vor allem protestantische Gelehrte bevorzugt, die der Aufklärung nahe standen. Diese gezielte Einflussnahme kam einer Erneuerung der Akademie von innen gleich. Obwohl der Ausschuss einige hervorragende Gelehrte für Bayern gewonnen hatte, entschied Montgelas, die Berufungen künftig in eigener Regie zu übernehmen. Gemäß der bisherigen Satzung der Akademie wurden der Präsident und der Vizepräsident von den Mitgliedern der Akademie gewählt. Sie entschieden über Zuwahlen und waren in ihren Entscheidungen frei. Das wollte Montgelas ändern. Der König löste daher am 28. Dezember 1806 die Akademie auf. Damit war der Weg frei für eine grundlegende Umstrukturierung.[11]

Durch die Neugründung der Akademie am 1. Mai 1807 sollte ein Neuanfang erfolgen. Zunächst war Reichsgraf Benjamin von Rumford als neuer Präsident im Gespräch; nach längerem Überlegen wurde der Philosoph Friedrich Heinrich Jacobi zum Präsidenten ernannt. Nach der neuen Satzung wurden alle Ämter der Akademie nicht mehr durch Wahl besetzt, sondern durch die direkte Ernennung des Königs. Diese Veränderung war Teil des montgelasschen Systems und Ausdruck des vom Minister angestrebten Zentralismus. Sie machte aus der Gelehrtenvereinigung eine königliche Staatsanstalt.

Jacobi schien für Montgelas und Zentner ein idealer Kandidat zu sein. Er kannte Bayern aus den Jahren, in denen er in München Referent für das Zollwesen und durch Streitschriften für die Freihandelslehre hervorgetreten war. Nach dem Tod seines wohlhabenden Vaters hatte er das Landgut Pempeldorf bei Düsseldorf gekauft, um sich dort ganz seinen philosophischen Neigungen zu widmen. Er unterhielt eine umfangreiche Korrespondenz mit den führenden Köpfen der Aufklärung und war mit den wichtigsten Persönlichkeiten des geistigen Deutschland befreundet, darunter Wieland, Herder, Goethe und Lessing. Sein Landgut war in den siebziger und achtziger Jahren des 18. Jahrhunderts ein Treffpunkt literarischer und philosophischer Persönlichkeiten. Jacobi war aber auch ein streitbarer Mensch. Seine Diskussionen mit den großen Gelehrten seiner Zeit waren oft kämpferischer Natur, wobei sein Eigensinn und seine Unfähigkeit, eigene Fehler einzugestehen, zur Verschärfung des Tones beitrugen. Diese Eigenschaften, die später seine Tätigkeit als Präsident der Bayerischen Akademie belasten sollten, spielten bei seiner Berufung allerdings keine Rolle. Für Zentner waren vor allem Jacobis persönliche Verbindungen zu den führenden Aufklärern ausschlaggebend, um in ihm einen Präsidenten zu sehen, der fähig war, die Akademie zu einem Zentrum aufgeklärten Denkens zu machen.

Ende Juli 1807 eröffnete Jacobi mit einer Antrittsrede die Bayerische Akademie der Wissenschaften. Viele hatten eine Art Regierungserklärung erwartet. Die Rede wurde allgemein als enttäuschend empfunden. Auch ihm wohl gesonnene Personen reagierten mit Befremden. Wo man eigentlich die Darlegung eines Programms für die künftige Tätigkeit der Akademie erwartete, hatte Jacobi allen Kräften, mit denen er zusammenarbeiten sollte, den Fehdehandschuh hingeworfen. Seinen Streit mit Schelling hatte er in dieser Ansprache ohne jeden erkennbaren Grund erneuert. Schelling war damals Sekretär der philologisch-philosophischen Klasse der Akademie und seit 1807 Generalsekretär der neu gegründeten Bayerischen Akademie der Bildenden Künste. Schelling wusste sich sehr wohl zu wehren. In einem Akademievortrag wies er am 14. Oktober 1807 alle Vorwürfe Jacobis derart zurück, dass Letzterer öffentlich blamiert war. Schelling und Jacobi waren so verstritten, dass Schelling seine Stellung in der Akademie der Wissenschaften kaum wahrnahm, um deren Präsidenten nicht zu begegnen.

Jacobi hat die Neugründung der Akademie und die Berufung renommierter Wissenschaftler, die nicht aus Bayern kamen, als eine Art persönliche Mission angesehen, mit der man dem weit zurückgebliebenen und im Aberglauben verharrenden Land das Licht der Aufklärung bringen könne. Für ihn und die meisten der Neuberufenen war alles Katholische mit Aberglauben gleichzusetzen. Mit einer Arroganz, die der Aufklärung oft eigen war, sahen die Neuen auf die Zeitgenossen herab und hielten es nicht für nötig, sich mit der katholischen Kultur Süddeutschlands auseinanderzusetzen. Montgelas und insbesondere Zentner waren von dieser Einstellung nicht allzu weit entfernt. Jacobi konnte sich der vollen Rückendeckung aus dem Ministerium gewiss sein. Als Feuerbach Bayern verlassen wollte, hielt ihn Jacobi mit den Worten zurück: „Wo haben Sie so viele einsichtsvolle Geheimräte wie Zentner, Branca, Stichaner und Schenk! Mit diesen müssen wir uns vereinigen, dass ein Gemeinsames werde. Es lohnt die Mühe, daß edelgesinnte und herzhafte Männer sich dazu auf jede Gefahr verbünden, daß die schönen Hoffnungen, welche Baiern allgemein erregt hat, nicht zuschanden werden und ein Ende mit Schrecken nehmen.“[12]

Jacobi wusste, dass nicht nur Montgelas, sondern auch der König hinter dem Vorhaben stand, aufklärerisches Denken in Bayern zu verbreiten, um so eine geistige Grundlage für das moderne Bayern zu schaffen. Wie rege das persönliche Interesse des Königs war, zeigte sich unter anderem darin, dass er von den Berufungen an die Universität Landshut und an die Bayerische Akademie der Wissenschaften detaillierte Berichte einholte. Christoph von Aretin informierte den König jeden Monat über Neuerscheinungen und interessante Aufsätze. Im Kriegsjahr 1805 unterbrach Aretin offenbar diese Lieferung. „Auf allerhöchsten Befehl" wurden sie im Mai 1806 erneut angefordert.[13] Dasselbe wiederholte sich im November 1809, als Max I. Joseph nach dem Wiener Frieden bei Aretin eine Fortsetzung der monatlichen Berichte anmahnte.[14]

Wie die folgenden Geschehnisse zeigen, war jedoch auch der König machtlos gegenüber der Eigendynamik, die sich aus den Geschehnissen in der Akademie der Wissenschaften entwickelten. Die von Regierungsseite geplante Allianz von aufklärerischem Gelehrtentum und staatlichen Reformen sollte sich nicht erfüllen. Die eigens nach Bayern berufenen Gelehrten bereiteten in Bayern nicht nur der Aufklärung den Weg, sondern auch dem Streit, der die wissenschaftliche Strahlkraft der Akademie für die nächsten Jahre überschatten sollte.

Streit in der Bibliothek

Die neue Satzung trennte Christoph von Aretin von allen Ämtern der Akademie. Außerdem unterstellte sie die bis dahin selbstständige Hof- und Centralbibliothek der Akademie. Damit war Jacobi von nun an sein Vorgesetzter. Diese neue Satzung übertrug alle wichtigen Funktionen dem Präsidenten, auch in der Bibliothek.

Am 19. August 1807, ein Vierteljahr nachdem sie dem Präsidenten unterstellt worden war, legte Christoph einen 64 Seiten langen Bericht über die Bibliothek Jacobi vor,[15] mit Stolz darüber, welche Schätze er aus den Klosterbibliotheken in die Centralbibliothek gebracht hatte. Seit 1803 unterrichtete er darüber auch die Öffentlichkeit in der Reihe *Beyträge zur Geschichte der Literatur vorzüglich aus den Schätzen der Pfalzbaierischen Centralbibliothek in München*. Jacobi zeigte sich davon beeindruckt und äußerte sich anerkennend.

Friedrich Heinrich Jacobi,
Präsident der Akademie der Wissenschaften von 1805–1812

Streitigkeiten in der Akademie begannen mit einem Konflikt innerhalb der Central- und Hofbibliothek.[16] Es war die fehlende Umsicht, die Jacobi innerhalb der neu entstandenen Machtverhältnisse an den Tag legte, woran er sich entzündete. Auslöser war die o.g. Denkschrift Christophs, in der er den Zustand der Bibliothek schilderte, die den enormen Zuwachs aus den Bibliotheken der säkularisierten Klöster noch nicht bewältigt habe.

Jacobi zog daraus den nahe liegenden Schluss, dass ein zweiter wissenschaftlicher Bibliothekar notwendig sei, und beantragte bei Montgelas einen Bibliotheksangestellten. In dem Antrag bedauerte er die geringe Erfahrung Christoph von Aretins, ließ ihm aber sonst Gerechtigkeit widerfahren.

Im Verfahren dieser Berufung ging er allerdings mit seltener Taktlosigkeit vor. Bei der Einstellung überging er Aretin völlig und ernannte hinter dessen Rücken den Bibliothekar Julius Hamberger aus Gotha. Als sich Aretin darüber beschweren wollte, verbat sich Jacobi jede Kritik und ließ sich auf keine Diskussion ein. In einer öffentlichen Akademiesitzung erhob er den Vorwurf eines Kassendefizits in der Bibliothek, die durch Aretins „liederliche Geschäftsführung" herbeigeführt worden sei. Eine sofortige Revision zeigte nicht nur die völlige Grundlosigkeit der erhobenen Anschuldigung, es ergab sich vielmehr, dass Christoph von Aretin der Bibliothek persönlich einen Betrag von 800 fl. vorgestreckt hatte. Da sich Jacobi zu keiner Entschuldigung bei Christoph bereit erklärte, klagte dieser vor dem Münchner Stadtgericht. Dieses erzwang von Jacobi eine Ehrenerklärung. Am 8. Juni 1808 schrieb Christoph von Aretin Jacobi einen Brief, der mit den Worten endet: „Sie haben bisher gesehen, aber nicht erkennen wollen, wie ein Baier als Freund handelt, von nun an werden Sie sehen und erkennen, wie er hassen kann."[17] Das tat Aretin gründlich und fing an, Jacobi und die von ihm aus Norddeutschland berufenen Gelehrten zu provozieren.

Für den neuen Bibliothekar Hamberger war die Situation von Anfang an schwierig. Er war Christoph gleichberechtigt an die Seite gestellt. Fachlich schien er seiner neuen Position jedoch nicht gewachsen zu sein. Wie Eingaben Aretins und seines Mitarbeiters Bernhard Docen an Jacobi zeigen, verfügte Hamberger offensichtlich nicht über genügend bibliographische Kenntnisse. Voltaires *Candide* ordnete er unter spanische Literatur ein, englische Schriftsteller unter französische. Auch seine Lateinkenntnisse waren fehlerhaft, was Docen besonders übel fand.[18] Auch mit den Angestellten gab es Probleme, weil Hamberger ihren bayerischen Dialekt nicht verstand. Sie machten sich wiederum einen Spaß daraus, seine Anordnungen falsch auszuführen. Hamberger war bald mit allen Mitarbeitern zerstritten. Da er sich nicht durchsetzen konnte, flüchtete er in den Alkohol. Mitunter erschien er angetrunken zum Dienst. Die Stimmung unter den Mitarbeitern der Bibliothek ließ kaum ein vernünftiges Arbeiten zu. Schlichtegroll klagte in einem Brief an Jacobi über Hambergers „unzeitige Hitze" und Geschmacklosigkeit im Umgang mit Untergebenen.[19] Jacobi ließ die Dinge treiben und behandelte alle Beschwerden gegen Hamberger wie Angriffe auf seine eigene Person.

Wirbel um eine Satire

In der Hof- und Centralbibliothek tobte ein Kleinkrieg. Christoph von Aretin kämpfte nach Kräften mit den ihm zu Gebote stehenden Mitteln als Publizist und Intellektueller. Am 12. Dezember 1808 erschien in der *Oberdeutschen Literaturzeitung* aus der Feder Aretins eine Vorankündigung des Buches *Geschichte der Königlichen Akademie der Wissenschaften zu Stockholm unter der Regierung der Königin Christine.*[20] Schnell kam heraus, dass dieses Buch gar nicht existierte und von keinem Verlag geplant war. Christoph benutzte die Vorankündigung einer fiktiven Publikation, um mit den angeblich unmöglichen Zuständen in der Schwedischen Akademie die Zustände in der Bayerischen Akademie anzuprangern. Mit dem französischen Präsidenten der Schwedischen Akademie, Bourdelot, war Jacobi gemeint, über den Aretin die Kanne seines Spotts goss. Diese als literarische Vorankündigung getarnte Satireschrift machte die Verhältnisse innerhalb der Bayerischen Akademie der Wissenschaften in ganz Deutschland bekannt. Ob es sehr schlau war, die ohnehin angeheizte Stimmung mit diesem „Streich" zu verschärfen, ist im Nachhinein eher zweifelhaft. Die Schrift war jedenfalls in ihrer Bosheit geistreich und witzig. Die Reaktion der Gegenseite war es weniger. Anstatt darüber hinweg zu gehen, bezogen Jacobi, Feuerbach und Friedrich Thiersch die Darstellung der wenig schmeichelhaften Zustände in Stockholm auf die Bayerische Akademie der Wissenschaften. Sie bestätigten damit Aretins Kritik an den wenig erfreulichen Zuständen in der Akademie, was dieser wiederum in boshaften Äußerungen kommentierte.

Jacobi beschwerte sich beim Minister, dass nichts gegen Christoph von Aretin unternommen und die norddeutschen Gelehrten für „vogelfrei" erklärt würden. Das mit der Untersuchung beauftragte Generalkommissariat forderte von Christoph die Herausgabe des Buches. Der behauptete, er habe nur Druckfahnen gehabt, die er nach Abfassung seiner Schrift vernichtet habe.

Das Generalkommissariat verbot das Erscheinen des – nicht existierenden – Buches. Wie hätte es anders gegen Christoph vorgehen sollen? Die Rezension eines nicht vorhandenen Buches ist nun mal keine strafbare Handlung.

Schließlich nahm sich der König, der über den Streit in der Akademie sehr unglücklich war, persönlich der Angelegenheit an. Er bat Christoph im Januar 1810, ihm sein Verhalten in der Affäre des Buches zu erklären. Christoph kam dieser Aufforderung am 10. Februar 1810 in einem ausführlichen Schreiben nach.[21] Er habe die vierbändige Geschichte der Schwedischen Akademie der Wissenschaften von Arkenholz aus den Jahren 1751 bis 1760 gelesen und in dem Band über die Geschichte der Akademie unter Königin Christine eine frappierende Ähnlichkeit mit dem unseligen Treiben der fremden Gelehrten in Bayern festgestellt. Er habe daher beschlossen, einen diesbezüglichen Auszug aus dem Band als eigenständige Publikation drucken zu lassen und noch vor ihrem Erscheinen in der hiesigen Literaturzeitung anzuzeigen, „wie dies in gelehrten Blättern häufig zu geschehen pflegt." Da der König mit der Veröffentlichung dieses Auszuges nicht einverstanden sei, habe er den Druck gestoppt. Die Rezension dieses Auszugs in der *Oberdeutschen Literaturzeitung* sei bereits erschienen, bevor er, Aretin, die Weisung des Königs erhalten habe.

Ob als tatsächlich geplantes Buch oder als Vorankündigung eines fiktiven Werks – die von Aretin karikierten Verhältnisse an der Bayerischen Akademie hatten in der öffentlichen Wahrnehmung ihre Wirkung getan. Dies konnte er in seinem Feldzug gegen Jacobi als Etappensieg für sich verbuchen. Innerhalb der literarischen Welt hatte die Aufdeckung dieses intellektuellen Streichs jedoch das Ansehen Christoph von Aretins, das er sich als Herausgeber der *Aurora* und des *Neuen Literärischen Anzeigers* erworben hatte, empfindlich beschädigt. Vor allem aber hatte Christoph mit der fingierten Schrift aus dem internen Streit in der Central- und Hofbibliothek einen Streit um das Ansehen der Bayerischen Akademie der Wissenschaften gemacht.

Politisierung des Akademiestreits, 1809

Bei aller Verbissenheit und Intensität, womit der Streit in der Bibliothek geführt wurde, gefährdete er nicht die Absicht der Regierung, mit der Reform der Akademie der Wissenschaften und der Berufung von norddeutschen Gelehrten der Aufklärung in Bayern einen festen Rückhalt zu geben. Wenn die Ära Jacobi von 1805 bis 1812 wissenschaftlich auch wenig ergiebig war und mehr vom Disput zwischen Jacobi und Schelling bestimmt wurde, so hat der Präsident doch auch versucht, die Akademie nach außen durchlässiger zu machen und sie so aus ihrer wissenschaftlichen Isolation zu befreien. Eine Reihe von Persönlichkeiten des öffentlichen Lebens, wie Zentner, Branca, Adam von Aretin und andere wurden Mitglieder der Akademie. In öffentlichen Vorträgen versuchte Jacobi in die Breite zu wirken.

Das änderte sich, als Österreich 1809 Bayern den Krieg erklärte. Von Österreich wurde dieser Krieg als Befreiung vom napoleonischen Joch propagiert. In Bayern wurden die ersten Stimmen laut, die ein deutsch-nationales Denken propagierten. Damit einhergehend zeigten Jacobi und die Mehrzahl der norddeutschen Gelehrten Sympathien für Österreich. Deutsch-nationales Denken musste aber Bayern, das ja mit Frankreich verbündet war, in größte Schwierigkeiten bringen.

Dem entgegen standen Christoph von Aretin und Andere als militante Anhänger des montgelasschen Systems und damit Napoleons. Jetzt erreichte der Akademiestreit zwischen norddeutschen Gelehrten und bayerischen Patrioten eine neue Dimension. Es ging nicht mehr um die Zustände in der Bibliothek, um Fähigkeit oder Unfähigkeit einzelner Mitarbeiter, sondern es ging um große Politik, wobei sich beide Seiten auf dünnem Eis bewegten: Die Kritiker Napoleons riskierten Ansehen, Stellung und – wie die Hinrichtung des Buchhändlers Palm bezeugt – mitunter auch das Leben, wenn ihre antifranzösische Haltung bekannt wurde. [Palm war am 26. August 1808 in Nürnberg von einem Gericht zum Tod verurteilt worden, weil er ein Pamphlet gegen Napoleon verlegt hatte, ein Beweis, dass Napoleon über die Vorgänge in Bayern genauestens unterrichtet war und ungeachtet der staatlichen Souveränität hart durchgriff.]

Für die Regierung war die Situation brisant. Die häufigen Besuche Jacobis beim österreichischen Gesandten in München,

Johann Philipp Graf Stadion, in den Jahren 1807 und 1808 wurden nicht nur von Montgelas, sondern auch vom französischen Gesandten mit Misstrauen beobachtet.[22] „Die Ansichten der meist aus Norddeutschland Berufenen waren dem politischen System der Regierung nicht günstig gesinnt", schrieb Montgelas später in seinen Erinnerungen, „sie gingen ganz auf die Ideen des österreichischen Gesandten ein, ja der Präsident (Jacobi) vergaß sich selbst so weit, heimlich und ohne Zustimmung des Ministeriums österreichische Schutzbriefe für die ihm unterstellten königlichen Sammlungen für den Fall einer österreichischen Invasion zu verschaffen."[23] Man war in Paris über eine Zunahme der proösterreichischen und antifranzösischen Stimmung in Bayern genau informiert.[24] In München konnte Adam von Aretin 1808 nur mit Mühe die Schließung des von Aufklärern gegründeten Klubs „Museum" verhindern, der wegen seiner antifranzösischen Aktionen von der bayerischen Regierung aufgelöst werden sollte.[25]

Am 9. April 1809 marschierte die österreichische Armee in Bayern ein. Nachdem Graf Stadion in seinen Berichten überschwänglich von der proösterreichischen Stimmung in Bayern berichtet hatte, erwartete man, bei der bayerischen Bevölkerung auf Sympathie zu treffen. Diese Erwartungen wurden jedoch nur teilweise erfüllt. Immerhin wurden in Landshut die einrückenden Österreicher von Teilen der Professorenschaft und den Studenten mit Begeisterung empfangen.

Christoph von Aretin als politischer Publizist

In dieser angeheizten Stimmung schrieb Christoph von Aretin ein Buch mit dem Titel *Die Pläne Napoleons und seiner Gegner in Deutschland und Österreich*. Mit dieser Arbeit, die in zwei Bänden im Mai 1809 erschien, bezog er klar Stellung für Frankreich. Im ersten Band wird im Detail beschrieben, welche Vorteile die napoleonische Vorherrschaft für die Entstehung des modernen bayerischen Staats gebracht hatte: Napoleon habe die besten Errungenschaften der Französischen Revolution nach Deutschland gebracht, wie die Gleichheit Aller vor dem Gesetz, die uneingeschränkte Gewissens- und Meinungsfreiheit, sowie die Würdigung von Leistung und Verdienst ohne Rücksicht auf die Abstammung. Im zweiten Teil beschäftigt sich Aretin mit den verschiedenen Gruppierungen der Gegner Napoleons und deren Motivation.

Dieses Werk war für Montgelas bei der gefährlichen Stimmung im Land ein Geschenk des Himmels, lag es doch ganz auf der Linie der Regierung. Christoph hatte dem Minister auch das Manuskript vorgelegt. Ob, wie er später behauptete, der Minister die Veröffentlichung gestattet hatte, lässt sich im Nachhinein nicht klären. Montgelas war aber auf keinen Fall dagegen, dass das Werk im Mai 1809 erschien. Er wird allerdings geahnt haben, was für ein Zündstoff in der Publikation steckte. Als sie erschien, schickte er Christoph nach Wien mit dem Auftrag, eine Reihe von Handschriften aus bayerischen Bibliotheksbeständen zurückzuführen, die im Spanischen Erbfolgekrieg 1710 von den Österreichern mitgenommen worden waren.[26] Montgelas erteilte ihm den Auftrag persönlich und sorgte dafür, dass Jacobi ihn beurlaubte. Er nahm Christoph damit aus der Schusslinie.

Die Schrift *Die Pläne Napoleons und seiner Gegner…* löste in München unter den norddeutschen Gelehrten große Entrüstung aus. Sie bestürmten Montgelas, er möge dem publizistischen Treiben Christoph von Aretins Einhalt gebieten und diese Schrift verbieten. Ein solcher Schritt hätte jedoch die bayerische Regierung in Gefahr gebracht. So wiegelte der Minister die erhobenen Vorwürfe lediglich ab, ohne weiter tätig zu werden. In Frankreich hingegen fand die Schrift ein positives Echo, als längst überfällige Reaktion, die man von Bayern erwartet hatte.

Das so unterschiedliche Echo macht deutlich, welch geschickter Schachzug Christoph mit seinem Schriftwerk gelungen war. Er hatte die politische Stimmung im Land für seine persönlichen Interessen genutzt, um mit der Rückendeckung des Ministers seinen persönlichen Krieg zu führen. Er hoffte, ihre antifranzösische Haltung werde seine Gegner in München der Protektion durch den Minister berauben. So schrieb er an seinen Bruder Adam Ende April 1809: „Wenn nur der zehnte Teil von den Beschuldigungen wahr ist, die man hier allgemein und öffentlich den Herren Jacobi, Jacobs, Feuerbach, Breier und Consorten macht, so wird die Regierung selbst mit dem besten Willen nicht im Stande sein, dieselben zu protegieren. Es ist gewiss, dass eben die Gesinnungen und Äußerungen, welche man täglich bei diesen Herren bemerken kann, das Unglück von Preußen und Österreich veranlasst haben und dass bei fernerer Nachsicht der Regierung unfehlbar das Unglück von Baiern machen würde."[27]

Seine Gegner, die sich in Christophs „Gegnern Napoleons" wiedererkannten, sahen sich durch seine Schrift öffentlich denunziert. Dies trifft allerdings nur bedingt zu. Für die Textfassung vom Mai 1809 ist dieser Vorwurf unhaltbar. Aretin beschäftigt sich darin eher auf abstrakter Ebene mit den Beweggründen einer Opposition gegen die napoleonische Herrschaft und nennt keine Namen. Das Werk richtete sich ausschließlich gegen Österreich, mit dem sich Bayern zu diesem Zeitpunkt im Krieg befand. Ferner nennt Aretin als Gegner Napoleons katholische Geistliche und Mönche, die sich gegen die Beschlagnahmung ihrer Güter in der Säkularisation gewehrt hatten. Das ist die einzige Stelle, die als Denunziation seiner Gegner ausgelegt werden könnte.[28]

Das gilt allerdings nur für die Erstausgabe, die im Mai 1809 erschien. In der Übersetzung ins Französische, die Christoph selbst vorgenommen hat, schlägt er einen sehr viel schärferen Ton an, wie er seinen Bruder Adam in einem Brief wissen lässt. Während seines Aufenthalts in Wien vom 25. Juni bis Ende September 1809 hatte Christoph von Aretin engen Kontakt mit dem französischen Diplomaten Théobald Baron von Bacher. Dieser war begeistert von Christophs Abhandlung und veranlasste sofort eine Übersetzung ins Ungarische und – für die polnischen Leser – ins Lateinische. In seiner Dokumentation behauptet Christoph, sowohl in der ungarischen, wie vor allem in der lateinischen Version wären Passagen hinzugekommen, die weit über seine ursprünglichen Aussagen hinausgingen, und gegen die er vergeblich bei Bacher protestiert habe. Insbesondere traf das auf eine zweite Auflage mit dem Erscheinungsort Straßburg zu. In diesem Text finden sich antiprotestantische Passagen, die großes Aufsehen erregten. Hier ist von einem durch protestantische Geistliche und Gelehrte gegründeten geheimen Bund die Rede, der eine Verbreitung des Protestantismus zum Ziel habe. Diese Behauptungen waren ein ziemlich unsinniges Gerede, das mit der eigentlichen Absicht der ursprünglichen Textfassung nicht in Einklang zu bringen war, die, wenn überhaupt, gegen Österreich gerichtet war.

Sie forcierten aber einen Konflikt, der von Anfang an in der Schrift angelegt war. Christoph hatte bereits in der Erstausgabe des Textes den politischen mit dem religiösen Konflikt verbunden. Es hieß darin: „Das aber werden die protestantischen Geistlichen nie vergessen, daß Napoleon die katholische Religion der ihren vorzieht, daß er sie für konsequenter hält und daß er sie öfter als einmal öffentlich über alle anderen erhob. Es ist ihnen ein Greuel, daß er mit allen Gliedern seiner erhabenen Familie sich zum katholischen Glauben bekennt.“[29] Christophs Münchner Feinde sahen in dieser Stelle einen Angriff auf den Protestantismus. Die Abhandlung über *Die Pläne Napoleons und seiner Gegner* erhielt damit eine religiöse Stoßrichtung, die besonders in Bayern negative Wirkung haben musste, wo sich die Bevölkerung ohnehin von den norddeutschen Gelehrten mit Geringschätzung behandelt fühlte. Hier mussten die religiösen Passagen zu einer Verschärfung der Situation führen.

Ganz gleich, in welcher Form und mit welchem Erfolg Christoph bei Bacher protestiert hatte, weder seine Gegner in München, noch die Öffentlichkeit in Deutschland nahmen davon Kenntnis.

Die Situation wurde durch die Abhandlung Friedrich Jacobs' *Über Sinn und Absicht der Flugschrift die Pläne Napoleons und seiner Gegner* weiter verschärft. Jacobs erging sich in wilden Schmähungen gegen Christoph, dem er unterstellte, er habe seine Gegner in München den Verfolgungen durch die Franzosen aussetzen wollen. Seit der Hinrichtung des Buchhändlers Palm wisse man, wie gefährlich das sei. Jacobs betonte ferner, die in der Straßburger Ausgabe enthaltenen Angriffe auf die Protestanten gingen auf Christophs Protestantenhass zurück. Jacobs' Schriftstück fand in ganz Deutschland Verbreitung. Überall war von einer Protestantenverfolgung in Bayern die Rede. Diese Behauptung fand ihre Bestätigung darin, dass Christoph seine Zusammenarbeit mit Bacher nicht einstellte, sondern noch ausbaute.

So besprach er mit ihm die Gründung einer Zeitschrift, die die Österreicher für Bayern gewinnen solle. Sie erhielt den Namen *Morgenbote, Schrift für die österreichischen Staaten.* Dieses Blatt wurde allerdings nicht von Christoph von Aretin, sondern von Franz Xaver Huber, einem badischen Literaten, herausgegeben. Wie sich aus der Korrespondenz Christophs mit seinem Bruder Adam ergibt, war er aber mit der Zeitschrift eng verbunden. Für seine Kritiker galt er als der verantwortliche Herausgeber. Zum Programm der Zeitschrift heißt es in der Einleitung: „Diese periodische Schrift ist daher vorzüglich dazu bestimmt, der österreichischen Nation die Augen zu öffnen und über ihre wahre Lage und über den Weg, der von ihr eingeschlagen werden soll, um nicht in die vorige Unglücksbahn zurück zu geraten.“ Hier arbeitete Christoph von Aretin eng mit Montgelas zusammen.

Mehrfach legte er dem Minister Artikel vor, die sich mit bayerischen Problemen befassten.[30] Christoph ging davon aus, dass Vorderösterreich [österr. Enklave in Schwaben] bei einem Frieden an Bayern fallen würde. Daher waren die beiden ersten Hefte bemüht darzulegen, dass in Bayern die Reformvorhaben, mit denen die Kaiser Joseph II. und Leopold II. in Österreich gescheitert waren, durch die Reform Montgelas' verwirklicht würden.[31]

Das dritte Heft fällt aus der Reihe. Es richtet sich gegen die von Norddeutschland ausgehenden Attacken gegen Bayern. Es wird dabei ausführlich aus dem Artikel *Deutschland und Preußen oder das Interesse Deutschlands am preußischen Staat* zitiert, der in der *Halle'schen Literaturzeitung* erschienen war, und wo es unter anderem heißt: „Alles was in neuerer Zeit [in Bayern] geschrieben ist, muss man ganz alleine den Ausländern zuschreiben, welche sich der undankbaren Mühe geben, die rohen Baiern zu zivilisieren."[32] Die Artikel im dritten Heft des *Morgenboten* wurden Christoph von Aretin zugerechnet. Seine Gegner unter den norddeutschen Gelehrten in München tönten vom „Unwesen des Baron Aretin",[33] von einer Verfolgung der Protestanten in Bayern und hatten die Befriedigung, dass ihre Klagen in ganz Deutschland Gehör fanden. Als Jacobi unmittelbar nach Erscheinen des dritten Hefts des *Morgenboten* zu Montgelas stürmte und das Verbot der Zeitschrift verlangte, wies ihn der Minister ab. Er habe nichts dagegen, wenn Jacobi seinerseits etwas gegen die von Aretin erhobenen Anschuldigungen veröffentliche; ein Verbot des Heftes wäre jedoch auch den misstrauisch gewordenen Franzosen gegenüber nicht zu begründen.

Als Christoph Ende September 1809 nach München zurückkehrte, hatte der Akademiestreit dort in seiner nationalen und konfessionellen Ausweitung die breite Öffentlichkeit erreicht. Aus der Fülle von Schmähschriften und öffentlichkeitswirksamen Gegenangriffen der verfeindeten Parteien war ein publizistischer Schlagabtausch geworden, der so eskalierte, dass sich am 22. Februar 1810 schließlich der König persönlich in den Akademiestreit einmischte. In einem Brief, mit dem Montgelas Christoph von Aretin von der Verfügung des Königs in Kenntnis setzte, hieß es, in dem Streit dürfe nicht das geringste mehr gedruckt oder in irgendein Blatt eingerückt werden. Es sei Christoph freigestellt, das Material, über das er verfüge, bei Gericht vorzulegen.[34]

Trotz aller Schlichtungsbemühungen dauerte der Akademiestreit das ganze Jahr 1810 an. Jacobs berichtet, dass zwischen Herbst 1809 und Sommer 1810 in München über 100 Flugschriften erschienen wären, jedoch keine von Christoph stamme. Die Auseinandersetzung verlagerte sich nun auf die Ebene von Lausbubenstreichen.[35] So wurden für Jacobi 13 Kutschen „bestellt", da der Herr Präsident verreisen wolle. Im Gymnasium verkündete ein Plakat, noch vor dem 1. Mai 1810 würden Jacobi, Feuerbach, Schlichtegroll, Jacobs, Breier, Niethammer und Hamberger an „Mausgift krepieren".

Der Akademiestreit war inzwischen zu einer Auseinandersetzung der Bevölkerung mit den Fremden geworden. Die Gerichte waren mit Klagen und Gegenklagen beschäftigt, ohne dass dadurch eine Klärung der Verhältnisse erreicht wurde. Die Verfahren wurden von einer breiten Öffentlichkeit kommentiert und trugen zur Verschärfung der Situation bei. Der König und Montgelas waren sehr beunruhigt. Max I. Joseph wollte die von ihm berufenen Gelehrten nicht bloßstellen. Ebenso Montgelas, obwohl er über deren anmaßendes Auftreten und kritische Distanz gegenüber Frankreich verärgert war und in seinen Erinnerungen sehr missbilligend über ihre Haltung schreibt. Die fremdenfeindliche Stimmung als Folge des Streits zwischen Aretin und Jacobi sah er mit Sorge und forderte Christoph zur Mäßigung auf.

Im November 1810 suchte Christoph Jacobi auf und bot ihm eine Versöhnung an. Nach längeren Bemühungen, in die auch Adam von Aretin eingeschaltet war, lehnte Jacobi jede Versöhnung ab.[36] Christoph hatte, ehe er eine Ehrenerklärung für Jacobi abgebe, verlangt, vom König Anerkennung für seine Arbeit in der Bibliothek zu erhalten. Das lehnte Jacobi ab und auch Montgelas meinte, eine solche Erklärung könne vom König nicht erwartet werden.

Am Rosenmontag, den 26. Februar 1811, spitzte sich die Lage durch einen Mordanschlag auf den Gymnasiallehrer Friedrich Thiersch zu. Dieser hatte in seinen Veröffentlichungen im Akademiestreit auf der Seite Jacobis Stellung gegen Christoph von Aretin bezogen. Thiersch überlebte den Mordanschlag, für den er – gemeinsam mit Feuerbach – sofort Aretin verantwortlich machte. Auch die Kommentare ausländischer Organe sahen in ihm zumindest den Anstifter dieser Tat. Die polizeiliche Untersuchung ergab, dass Christoph mit dem Anschlag nichts zu tun hatte.[37] Von den Ausweitungen des Streits betroffen, bot Aretin Montgelas seinen Rücktritt als Oberhofbibliothekar an.

Ende des Akademiestreits

Auch der Regierung schien es nun geraten, Christoph aus München zu entfernen. Der König ernannte ihn am 2. April 1811 zum ersten Direktor des Appellationsgerichts in Neuburg an der Donau. Im Ernennungsdekret wird die Beförderung Christoph von Aretins mit seinen vorzüglichen Fähigkeiten und dem Vertrauen seitens des Königs begründet. In seiner bieder-gemütlichen Art richtete Max I. Joseph an Adam von Aretin ein handgeschriebenes Billet: „Ich habe Ihren Bruder zum Direktor des Appellationsgerichts in Neuburg an der Donau ernannt. Ein paar brüderliche Ermahnungen würden nicht schaden."[38]

Zum Nachfolger Christoph von Aretins als Direktor der Central- und Hofbibliothek wurde der Geheime Rat Johann Nepomuk von Krenner ernannt. Auf ihn geht die Dienstordnung der Bibliothek von 1811 zurück. Krenner starb am 14. Januar 1812. An seine Stelle rückte Hamberger, der allerdings nur drei Monate im Amt bleiben konnte. Sein Zustand hatte sich so verschlechtert, dass er in eine Nervenheilanstalt eingeliefert wurde, wo er ein Jahr später starb.

Trotz – oder gerade wegen – seiner Entfernung aus München und seiner beruflichen Neuorientierung scheint Christoph von Aretin sehr besorgt gewesen zu sein, die Schmähungen aus dem Akademiestreit könnten rückwirkend sein Ansehen als Bibliotheksdirektor beschädigen. Er war noch nicht eine Woche in Neuburg, als er den König bat, „ein erschöpfendes Absolutorium einer unparteiischen Kommission wegen aller gegen seine Geschäftsführung vorgebrachten Beschwerden einzuberufen." Der König berief zwar keine Kommission, aber er befahl den Mitgliedern der Bibliothekskommission und dem Personal der Bibliothek, über die Amtsführung Aretins zu urteilen und ihm die Ergebnisse schriftlich vorzulegen. „Der Präsident und sämtliche Mitglieder der Bibliothekskommission", hieß es am Ende dieses Schreibens, „bleiben wegen der genauen Befolgung dieses Befehls persönlich verantwortlich."[39]

Es liegen fünfzehn schriftliche Stellungnahmen vor, die sich darin einig sind, dass Aretin alles andere als ein hervorragender Bibliothekar gewesen war. Neun Stellungnahmen kamen von der Bibliothekskommission und sechs vom Personal. Die Schreiben der Kommissionsmitglieder waren vorwiegend kurz gehalten. Sie erklärten sich für unzuständig, weil sie zu wenig mit den Einzelheiten befasst gewesen wären. Die Stellungnahmen des Bibliothekpersonals sind sehr viel ausführlicher. Hamberger, der wohl am meisten unter Aretin gelitten hatte, meinte über ihn: „Nach Aussehen ehrenvoll, im Inneren mit allen Mängeln geschlagen, die ein Oberbibliothekar haben kann." Bibliothekar Schrettinger ging am weitesten, indem er schrieb: „Indes sind es nicht einzelne Beschwerden, die der Amtsführung zur Last fallen. Es ist der chaotische, zwecklose, sich einander zerstörerische Zustand der Bibliothek, den Aretin herbeigeführt hat." Es gab auch positive Stimmen, die zwar keineswegs die schweren Fehler der aretinschen Geschäftsführung verleugnen, aber insgesamt ein positives Bild von der Person Christophs entwarfen. Die beiden von Aretin Berufenen, Bernhard Joseph Docen und Joseph Scherer, äußerten sich eingehender. Scherer erwähnte die großen literarischen Verdienste des Freiherrn von Aretin.

Das ausgewogenste Urteil stammt von Bernhard Docen, der seinen ehemaligen Vorgesetzten wohl am besten kannte. Im ersten Satz seines zwanzig Seiten umfassenden Gutachtens ist die ganze Problematik der schwierigen Persönlichkeit Christoph von Aretins eingefangen: „Ich habe ihn immer für einen talentvollen Mann und vorzüglichen Literaturfreund von vielen und schätzbaren Kenntnissen gehalten," heißt es da, „der bei einer schon eingerichteten und consolidierten Fürstlichen Bibliothek der Stelle eines Hofbibliothekars die größte Ehre gemacht haben würde, der aber auf der anderen Seite ungeachtet seiner früheren Liebhaberei durchaus aller Methode und Kenntnisse ermangelte, die zur befriedigenden Einrichtung einer noch ungeordneten großen Bibliothek erforderlich sind." An anderer Stelle heißt es: „Ich habe Zweifel, ob der Baron Aretin je einen Plan hatte, die anstehenden riesigen Probleme zu lösen. Daran hinderte ihn die Lebhaftigkeit seines Geistes." Docen kritisierte jedoch auch die Berufung Hambergers, bei der weder die Mitglieder der Bibliothek, noch Christoph von Aretin gefragt worden waren, sodass nicht nur Aretin sondern auch die Bibliotheksverwaltung in Opposition zu Hamberger ging. Im Großen und Ganzen bestätigte Bernhard Docen die von anderen genannten Fehlentscheidungen Aretins und kam schließlich zu dem Schluss: „Der Freiherr von Aretin war in der frühen Zeit meines Zutritts [zur Bibliothek] mit ungemeinem Fleiß von morgens bis zum späten

Abend mit den Arbeiten der Bibliothek beschäftigt, später zerteilte er sich zu sehr durch anderweitige Tätigkeiten, wie der Ausbildung eines mnenomischen Systems. So arbeitete man sich immer tiefer in die Unordnung hinein."

In dem von Jacobi verfassten Resümee, das dem König vorgelegt wurde, ist erwartungsgemäß nur von Verfehlungen Aretins als Bibliothekar die Rede, wobei besonders betont wird, dass auch Bernhard Docen die gravierenden Fehler Aretins bestätigt habe. Jacobis Bericht enthielt so schwerwiegende Vorwürfe, dass der König nun doch eine eigene Kommission einberief, die wiederum zu dem Ergebnis kam, dass sie über die Geschäftsführung des Freiherrn von Aretin „keine besonderen Beschwerden anzuzeigen wisse."

Der König gab diese Berichte an das Finanzministerium, das feststellen sollte, ob erhebliche Dienstvergehen Christoph von Aretins festzustellen wären. Offensichtlich war Max I. Joseph der Fall inzwischen leid, zumal die Bibliothekkommission, entgegen den Angaben von Jacobi und Hamberger, keine Verfehlungen festgestellt hatte.

Das von Oberfinanzrat Ritter verfasste Gutachten vom 18. Mai 1813 ist ein erstaunliches Dokument, in dem die Frage der Dienstvergehen Christophs verneint wurde.[40] Ritter ging in seinem Gutachten mit großer Vorsicht vor. In seinem Bericht von 126 Seiten Länge stellte er zunächst fest, dass weder Aretin noch Hamberger bei ihrer Anstellung eine genaue Dienstanweisung erhalten hätten. Nach einer kurzen Darstellung von Aretins Werdegang wies Ritter auf die vom Beschuldigten selbst am 19. August 1807 auf 64 Seiten verfasste Denkschrift zum Zustand der Central- und Hofbibliothek hin. Diese ins Detail gehende Darstellung war von Jacobi positiv beurteilt worden. „Es fällt auf," schrieb Ritter in seinem Gutachten, „dass die Geschäftsführung des Freiherrn von Aretin, die 1807 noch gelobt wird, vier Jahre später von derselben Person als Inbegriff allgemeiner und erheblicher Schäden und als unverantwortliche Gebrechen geschildert wird." Ritter nahm sich dann die einzelnen Beschwerden im Schreiben des Präsidenten Jacobi vor, erklärte sie für wenig wahrscheinlich, nicht belegt, als reine Vermutungen oder als belanglos. Ritter behandelte weniger die Fehler und Versäumnisse Christophs, als vielmehr die Schwächen der gegen ihn erhobenen Vorwürfe.

Ritter hatte sich drei Aufgaben gestellt. Er wollte erstens feststellen, ob eine weitere Untersuchung angeordnet werden solle. Zweitens, ob und wie die entsprechende Kommission zusammengesetzt sein solle und drittens, ob Aretin eine völlige Absolution erteilt werden könne. Vor einer neuen Kommission warnte er: „Die Anschuldigungen", meinte er, „wären größtenteils nicht nur auf keine Art rechtsgültig, sondern nicht einmal zur Begründung einer weiteren Untersuchung geeignet." Zum Teil gingen sie sogar auf die Verantwortung des Präsidenten und der Administration zurück.

Was die völlige Absolution Aretins betraf, war Ritter auch hier vorsichtig: „Da nicht auszuschließen ist, dass der Präsident Jacobi noch irgendwelche Beschwerden nachreiche", meinte er, „könne das Gesuch des Freiherrn von Aretin nach einer absoluten Absolution zur Zeit noch nicht stattgegeben werden. Zu seiner Beruhigung solle er von dem Inhalt dieses Gutachtens informiert werden."

Dieses amtliche Gutachten, über dessen Inhalt Christoph unterrichtet wurde, beendete den Akademiestreit. Während in der Bevölkerung die Auseinandersetzungen mit den von Norddeutschland berufenen Gelehrten noch eine Zeitlang weitergeführt wurden, hatten sich die Querelen innerhalb der Central- und Hofbibliothek inzwischen weitgehend beruhigt. Nach längerer Vakanz wurde schließlich Joseph Scherer ihr Direktor, dem Christoph 1806 eine Stelle in der Bibliothek verschafft hatte. Jedoch scheint auch unter ihm kein wirklicher Friede eingekehrt zu sein. Kurze Zeit nach seiner Ernennung zum Direktor war Scherer mit den im selben Haus untergebrachten Mitgliedern der Akademie der Wissenschaften so zerstritten, dass sie sich nicht mehr grüßten.

Als Ritter seinen Bericht verfasste, war auch der Präsident der Akademie der Wissenschaften nicht mehr im Dienst. Nachdem sich Jacobi in seinem Streit mit Schelling so im Ton vergriffen hatte, dass ihm Goethe die Freundschaft gekündigt und Schelling wirkungsvoll einen publizistischen Gegenangriff platziert hatte, war er als Präsident nicht mehr zu halten gewesen. Zudem hatte Montgelas endgültig genug von seinen ewigen Streitereien. Am 18. September 1812 versetzte er Jacobi mit sofortiger Wirkung in den einstweiligen Ruhestand. Der Posten eines Präsidenten der Akademie wurde abgeschafft.

Der Versuch Montgelas', seinem Reformprogramm in Bayern durch die Berufung norddeutscher Gelehrter eine geistige Basis zu geben, war gescheitert. Auch wenn unter den Berufenen sicher bedeutende Männer waren, so war die von Montgelas erhoffte Verbindung von Geist und politischen Reformen, wie sie die Entwicklung in Preußen bestimmt hatte, in Bayern nicht zustande gekommen. Die mit großen Erwartungen verbundenen Berufungen von Jacobi und den Anderen an die Bayerische Akademie der Wissenschaften haben nach dem Urteil von Montgelas ihren Zweck vollständig verfehlt. „Die neuen Ankömmlinge", heißt es in seinen Memoiren, „fühlten sich für Missionäre zur Bekehrung von Wilden berufen, und ihre Anmaßung empörte die Bayern, welche sich als eine bereits civilisierte Nation ansahen."[41]

Nicht nur Christoph von Aretin kritisierte die Tätigkeit der Akademie. Auch der Altbayer und Mitglied der Akademie Rottmann schrieb in der Einleitung zu seinem *Handbuch zur baierischen Geschichte 1808*: „Nirgends ist der literarische Unsinn der in Baiern eingefallenen Gelehrtenhorde so eklatant, wie in den Veröffentlichungen unserer Akademie der Wissenschaften."[42]

Montgelas gab für das Scheitern seiner Pläne allein den norddeutschen Gelehrten die Schuld. Sicher trifft auch Christoph von Aretin ein Teil, insbesondere dafür, dass die Auseinandersetzungen eine breitere Öffentlichkeit erreichten.

Georg von Aretin als Generalkommissar des Eisackkreises

Ähnlich wie Adam von Aretin übernahm sein jüngerer Bruder Georg in dieser Zeit der montgelasschen Reformen eine wichtige Aufgabe in der Verwaltung des Staats. Er wurde 1806 von seiner Tätigkeit als Moosrichter und Administrator in Karlskron abberufen nach Tirol. Gemäß dem Frieden von Preßburg vom 25. Dezember 1805 musste Österreich Tirol an Bayern abtreten. Es bedurfte dort einer umsichtigen und durchsetzungsstarken Verwaltung, um dieses sehr eigenwillige Land den bayerischen Verordnungen und Gesetzen anzupassen. Dass die Wahl von geeigneten Verwaltungsbeamten unter anderem auf Georg von Aretin fiel, zeigt, dass seine bisherigen Verdienste in der Hauptstadt nicht unbemerkt geblieben waren, was er maßgeblich seinem Bruder Adam zu verdanken hatte. Georg zog nach Innsbruck, wo er ab Ende 1806 unter Generalkommissar Carl Graf Arco Direktor für das Straßenwesen in Tirol war. Georg scheint sich von Anfang an mit großem Engagement für seine neue Aufgabe eingesetzt zu haben. Wie er seinem Bruder Adam Ende Dezember 1806 schrieb, war er in Innsbruck auch zum Direktor für das Theater und die Agrikultur gewählt worden.[43]

Die Gebietsreform, die in den Organischen Edikten der bayerischen Verfassung von 1808 verankert war, erfasste auch die neu hinzugekommenen Territorien. Tirol wurde in drei Verwaltungskreise eingeteilt: den Innkreis mit der Hauptstadt Innsbruck, den Eisackkreis mit der Hauptstadt Brixen und Welschtirol mit der Hauptstadt Trient. Die Kreiseinteilung Tirols trat am 1. Oktober 1808 in Kraft.[44] Sie verärgerte die Tiroler schon deshalb, weil mit ihr der Name Tirol verschwand. Darüber hinaus gab es vor allem innerhalb des Klerus' eine starke Opposition gegen die Abtretung Tirols, da Bayern wegen seiner Säkularisationsmaßnahmen bei den Angehörigen des geistlichen Standes verhasst war.

Jeder der Kreise war einem neu eingesetzten Generalkommissar unterstellt. In Innsbruck war dies nach der Abberufung Graf Arcos ab 1808 Maximilian Graf von Lodron, der vor seiner Berufung Kirchenadministrationsrat in München gewesen war. Er entstammte dem bayerischen Zweig der ursprünglich aus Norditalien stammenden Adelsfamilie. Inwieweit eine Verwandtschaft mit dem Fürstbischof von Brixen, Karl Franz Graf von Lodron be-

Georg von Aretin

stand, ist unklar. In Trient wurde der aus einer Tiroler Familie stammende Johann Graf von Welsperg als Generalkommissar eingesetzt. Den Eisackkreis mit Brixen erhielt Georg Freiherr von Aretin. Es war nicht nur den Verbindungen seines Bruders Adam, sondern auch der Empfehlung des Grafen Arco zu verdanken, dass er 1808 dieses Amt übertragen bekam.

Georg von Aretin scheint sich als Generalkommissar in Brixen gut eingeführt zu haben. Jedenfalls verwandte sich der Brixener Fürstbischof, Karl Franz Graf von Lodron, 1818 für ihn mit warmen Worten, als Georg ihn später um eine Empfehlung bei König Max I. Joseph bat. Aretin habe die allgemeine Achtung der Bevölkerung gewonnen, insbesondere aber habe er sich durch die ebenso gerechte als achtungsvolle Behandlung des Klerus den schuldigsten Dank des Unterzeichneten verdient.[45] Auch Dompropst Konrad Graf von Buol-Schauenstein, der in Brixen offensichtlich viel zu sagen hatte, äußerte sich 1818 in einem Schreiben ähnlich.[46] Mehr als alle nachträglich verfassten Beurteilungen sind es aber vor allem Georgs Amtshandlungen, die seine sehr konziliante Haltung gegenüber dem Klerus belegen. Dazu gehört zunächst einmal die Tatsache, dass er den Fürstbischof nicht aus seinem Palais vertrieb. Diese Zurückhaltung, mit hohem Symbolwert für die Bevölkerung vor Ort, wurde in München mit Erstaunen registriert. Stattdessen war Georg in den zweiten Stock des Palais in eine Wohnung gezogen, die – wie er in einem Brief an seinen Bruder gestand – für seine Bedürfnisse etwas eng war.[47] Das positive Andenken an Georg von Aretin in Brixen scheint die folgenden politischen Turbulenzen ungebrochen überlebt zu haben: Im ehemals fürstbischöflichen Palais hängt noch heute ein schönes Gemälde von einem unbekannten Künstler, das Georg in der Uniform eines bayerischen Generalkommissars zeigt.

Die positiven Beurteilungen des Brixener Bischofs und seines Dompropstes, Buol-Schauenstein, werden auch durch die Untersuchung von Mercedes Blaas über die Priesterverfolgung in Tirol 1806–09 bestätigt. Danach hob Georg als erstes die Temporaliensperre auf, die einigen renitenten Pfarrern auferlegt worden war. Diese durften ihren geistlichen Obliegenheiten wieder nachgehen. Georg war gerade drei Wochen im Amt, als er vom Ministerium die Erlaubnis erbat, zwölf der wegen Ungehorsam und antibayerischer Reden festgenommenen Pfarrer aus der Haft zu entlassen.[48] Obwohl er noch dreimal in München deswegen vorstellig wurde, erhielt er keine Antwort. Daraufhin verfügte er in eigener Verantwortung für die zwölf Geistlichen Hafterleichterungen und die Möglichkeit, die Messe zu lesen.

Wie dieses Beispiel zeigt, war Georg bestrebt, das in seiner Macht Stehende zu tun, um die angespannte Situation vor Ort zu entschärfen. Wenn es jedoch um grundlegende Veränderungen ging, war er auf entsprechende Beschlüsse aus München angewiesen. So machte ihn Bischof Lodron vergeblich darauf aufmerksam, dass wegen der Verhaftung von Geistlichen viele Pfarrstellen unbesetzt wären und ein Priestermangel herrsche. Dies führe zu einer nicht ungefährlichen Verärgerung der Bevölkerung. Auch dies meldete Georg nach München, ohne Antwort zu erhalten.

Aretin war als Generalkommissar des Eisackkreises von Oktober 1808 bis Anfang April 1809, insgesamt etwas mehr als sechs Monate, tätig. Anfangs war er sehr zuversichtlich.

Spätestens Ende Dezember 1808 war ihm jedoch klar, dass sich Unheil zusammenbraute. Seine offiziellen Berichte nach München zeigten keine Wirkung. Also schrieb Georg an seinen Bruder Adam mit der dringenden Bitte, den anliegenden Brief Minister Montgelas zu zeigen. Dieser Brief vom 26. Februar 1809 schildert mit seismographischer Genauigkeit die Anzeichen des sich unausweichlich nahenden Unheils: „Ich habe bereits mehrere dringende Berichte gemacht, auf welche Art der gefährlichen Konspiration vorgebaut werden könnte, welche sich in Tirol vorbereitet ohne eine Entschliessung zu erhalten. Ein Wirt von Brunecken kommt am 14. dies von Wien zurück, gibt die österreichischen Kriegsrüstungen auf übertriebene Art aus, sagt, mit den Erzherzögen Johann und Karl gesprochen zu haben, er könne viel reden; wenn er jetzt schon dürfte. Sein Haus wird von Bauern wie belagert, die ihm alles glauben und die deshalb der ihnen zugesicherten baldigen Ankunft der Österreicher entgegen sehen." Mit diesem Wirt ist Andreas Hofer gemeint, der zum Anführer des Tiroler Aufstands von 1809 wurde und in Tirol bis heute als Nationalheld verehrt wird.

Georgs Beobachtungen zeigen, wie nahe er in Brixen den historischen Ereignissen stand. Darüber hinaus macht die genaue Schilderung der vielen kleinen Veränderungen, die Georg in seinem unmittelbaren Umfeld feststellt, seinen Brief vom 26. Februar zu einem wichtigen Zeitdokument. So schreibt er weiter: „Ein armer Kaffeeschenk in Bozen zeigte plötzlich einen ganzen Pack Blancozettel her und reist unter dem Vorwand Zucker und Kaffee einzukaufen nach Triest. Sein Kundschafter ist ein gewisser Jacob von Metz, der seit Tirol bayerisch ist, sich den Bart wachsen läßt und öffentlich sagt, er ließe ihn sich erst dann abnehmen, wenn Tirol wieder österreichisch ist. Diese und so viel kleinere Umstände, sowie das immer lauter werdende Schimpfen zeigen klar, dass Österreich in allen Gegenden Emissäre haben, die das Volk bearbeiten und bei guter Gelegenheit zum Aufstand reizen werden. In diesen Kreisen ist am ärgsten, weil das Pinzgau und Pustertal die dümmsten Gegenden in Tirol sind.

Dazu kommen noch die sauberen Bozener Briefe, die im ganzen Land die übelsten Gerüchte verbreiten und als Kaufmannsnachrichten überall Glauben finden. Der Etschkreis bleibt auf alle Fälle ruhig, der Innkreis kann in kurzer Zeit Exekutionstruppen aus Baiern haben. Aber hier im Mittelpunkt Tirols und einer grenzenlosen Bigotterie und Anhänglichkeit an das Alte sieht es am Schlimmsten aus. Ein Bauerntrupp kann den Brenner auf kurze Zeit besetzen, den Postenlauf beunruhigen und alle Kommunikation ist uns abgeschnitten. So wie der Krieg ausbricht, kann ich mit Sicherheit keine Berichte mehr schicken. Ich bin dann mir selbst überlassen und kann höchstens mit Welsperg in Trient korrespondieren, dessen Gesinnungen keineswegs erprobt sind und dem ich nicht trauen darf."

Georg von Aretin ahnte, dass er im Kernland von Tirol im wahrsten Sinn auf verlorenem Posten saß. Er erkannte die nahende Katastrophe, auch wenn er deren politische Dimension nicht erfassen konnte, wie die folgende Passage zeigt: „Dies ist nicht kleinliche Furcht, sondern wie vielleicht der Erfolg zeigen wird, richtige Kombination aller Umstände und der leider nur sehr gut bekannten Volksstimmung. Ich persönlich bin beliebt und habe nichts zu befürchten. Auch Bewegungen sind nicht zu fürchten, weil sie von keinem Kopf geleitet werden, weil es an allen militärischen Hilfsmitteln fehlt. Was ich fürchte, ist allein der Ruin einiger hundert oder tausend Familien, die sich unvorsichtig in den Wirbel hineinziehen lassen und darin untergehen werden. Vielleicht werden sehr strenge Maasregeln bald notwendig werden. Und in diesem Falle wünsche ich allein vorbeugen zu können, sei es durch Beobachtung der Korrespondenz, Einziehung einiger Sprungköpfe, Proklamation, oder sonst wie immer. Aber gar nichts tun, sich bei allen Anzeigen, Bewegungen und Schimpfen bloß passiv zu verhalten und dadurch jedem Komplott volle Zeit zu lassen, zur Reife zu gedeihen, dies scheint mir nicht gut.

Ich bitte Dich, darüber mit dem Herrn Minister zu sprechen. Glaube nicht, daß ich die Sache übertreibe. Sie ist gewiß wichtiger als man in München sich denken mag. Ich habe mehrere Beweise gegeben, daß ich solche Umstände zu beurteilen weiß. Auch in Italien, wo die Unzufriedenheit fast allgemein ist, wird es ohne eine beträchtliche französische Armee schwerlich ruhig bleiben. Die Gährung in der Schweiz ist ohnehin seit langem bekannt. Über die Bewegungen in beiden Ländern habe ich bereits früher Bericht erstattet. Die jetzigen Umstände sind der wahre Probierstein der Gesinnungen. Wer jetzt zweideutig ist, oder politisiert, ist kein Patriot sondern ein feiger Egoist."[49]

Soweit der Brief vom 26. Februar 1809. Wir wissen nicht, ob Adam von Aretin dem Minister den Brief gezeigt hat. Montgelas hat in einem eigentümlichen Dünkel die Gefahr, die dem bayerischen Regime in Tirol drohte, unterschätzt. Alle Klagen und Warnungen wurden von ihm nicht ernst genommen. Dies ist umso unbegreiflicher, als Bayern hundert Jahre vorher die von den Tiroler Gebirglern ausgehende Wehrhaftigkeit erlebt hatte. Damals war Kurfürst Max-Emanuel bei seinem Versuch, Tirol zu besetzen, von Tiroler Schützen vertrieben worden.

In einem späteren Brief vom 30. März 1809 bezeichnete Georg die Lage in Tirol als „ganz fatal". Sie sei, wenn nicht endlich in München reagiert werde, nicht ohne Gefahr. „Ich bin für mich ruhig, weil ich ausser einigen Bozener Herren im ganzen Kreis beliebt bin. Aber L ... hier und M ... zu Innsbruck sind sehr verhaßt."[50] Georg, der mit seinen Warnungen offenbar Montgelas verärgerte, schrieb dem Minister, er könne nur noch berichten. Die Insurrektion verhindern könne er nicht.[51]

So hellsichtig seine politische Einschätzung der Lage war, so hatte sich Georg von Aretin mit seiner Annahme, ihm drohe kein Ungemach, weil er beliebt sei, getäuscht. Der Aufstand gegen Bayern brach in Brixen zwar einige Tage später aus als im Innkreis, ab Mitte April 1809 befand sich Georg von Aretin jedoch mit den bayerischen Beamten in österreichischer Gefangenschaft. Auf Anordnung Erzherzog Johanns versammelten sich die gefangen genommenen bayerischen Beamten zunächst in Brixen.[52] Sie wurden von dort nach Bruneck, später nach Klagenfurt dirigiert. Georgs Gemahlin, die im sechsten Monat schwanger war, blieb in Brixen zurück. Insgesamt waren es 32 Personen, darunter 5 Frauen und 2 kleine Kinder, die festgesetzt waren. Ein Teil wurde von den Franzosen, die von Süden heranrückten, befreit. Die übrigen Gefangenen mussten sich auf einem beschwerlichen Marsch nach Fünfkirchen in Ungarn machen, wo sie am 28. Mai eintrafen und bis zum 17. August blieben. Schließlich wurden sie nach Pressburg gebracht. Dort fand der Austausch mit österreichischen Beamten statt, die in bayerische Hand gefallen waren.

Am 28. August erreichte Georg Wien, wo er von seinem Bruder Christoph mit großer Erleichterung empfangen wurde. In einem Brief, den Georg am 29. August an Adam richtete, zeigten sich deutlich die Strapazen seiner fast vier Monate dauernden Gefangenschaft. Er war in großer Sorge um seine Familie, die er in Brixen hatte zurücklassen müssen. Seiner Frau hatte er nur 600 fl. hinterlassen können. Auch war er seit Mai ohne Nachricht von ihr. Die beiden Brüder begaben sich von Wien nach Haidenburg, wo Georg die Nachricht erhielt, dass seine Frau eine Fehlgeburt hatte und sich auf dem Weg nach Bayern befände. Nach allem, was Georg und seiner Familie widerfahren war, sah er Tirol fortan als ein „verfluchtes Land" an.

Zu den traumatischen Erlebnissen in Brixen und den persönlichen Entbehrungen während seiner Gefangennahme kam für Georg in der Folgezeit noch das schwere Los des beruflichen Scheiterns. Er musste erfahren, dass der König Mitarbeiter, die kein Glück hatten, nicht mehr beschäftigte. Nun war Georg von Aretin wegen des Aufstands der Tiroler wirklich kein Vorwurf zu machen. Besonders demütigend für ihn war vor allem die Tatsache, dass die strikte Regelung des Königs offenbar nicht für alle Betroffenen galt. So wurde Graf Lodron, der Generalkommissar des Innkreises, in dem der Tiroler Aufstand immerhin ausgebrochen war, 1810 zum Generalkommissar des Regenkreises mit der Hauptstadt Regensburg ernannt.

Es half Georg auch nicht, dass er im März 1810 eine *Epistel an die Tiroler* verfasste, wo er ihnen die Vorteile der bayerischen Herrschaft anpries.[53] Was ihn in seiner Untätigkeit tröstete, war die Tatsache, dass er immerhin den Titel Generalkommissar behielt und mit vollem Gehalt pensioniert worden war. Er erhielt ein Schreiben des Ministers, in dem dieser seine Verdienste anerkannte.[54] Zudem verlieh der König ihm das Lehensgut Mendorferbruch im Regenkreis. Er gab ihm aber keine neue Aufgabe.

Georg litt unter dieser Untätigkeit, die ihn im Alter von 40 Jahren zum Pensionär machte. Sie wurde unterbrochen, wenn in München Probleme mit dem bei Bayern verbliebenen Teil von Tirol nördlich des Brenners zu diskutieren waren. So nahm er am 24. Oktober 1809 zusammen mit Graf Arco an einer Sitzung des Ministerrats teil, auf der die Auswirkungen der Suspendierung der Patrimonialgerichte auf Tirol besprochen wurden. Ebenso nahm er 1812 an einer Sitzung teil, auf der über Stiftungen in Tirol diskutiert wurde.[55]

1818 ließ er sich sowohl vom Fürstbischof Lodron, wie von der Verwaltung des Bistums Brixen bescheinigen, nicht den mindesten Anlass zu der damals ausgebrochenen Insurrektion des Volkes gegeben zu haben. Es wäre hauptsächlich seiner Tätigkeit zuzuschreiben gewesen, dass im Jahr 1809 die öffentliche Ruhe und Ordnung im Eisackkreis noch eine Zeitlang aufrecht erhalten wurde, nachdem die Insurrektion in den übrigen Kreisen schon allgemein ausgebrochen war. Der König blieb jedoch dabei, dem Generalkommissar Georg von Aretin keine neue Aufgabe zu übertragen.[56]

Während Adam von Aretin in den Jahren 1807–1817 ständig an Einfluss gewann und schließlich zu den maßgeblichen Personen im Umkreis von Montgelas gehörte, erlebten seine Brüder Georg und Christoph ihre Entfernung aus wichtigen Positionen. Besonders hart traf es Georg von Aretin, der sich zu Unrecht kaltgestellt fühlte. In seinen Briefen an Adam gab es für ihn nur ein einziges Thema: wie er wieder tätig werden könne.

Anders ging sein Bruder Christoph mit seiner beruflichen Situation um: In der *Allemannia* bezeichnete er seine Ernennung zum Direktor des Appellationsgerichts in Neuburg an der Donau als ehrenvolle Beförderung, seinen Freunden gegenüber aber als Strafversetzung. Auch fragte er gelegentlich seinen Bruder Adam, ob es nicht in München eine Stelle für ihn gäbe. Aber das war die Ausnahme. Christoph benutzte seine Stellung in Neuburg an der Donau und ab 1819 als Appellationsgerichtspräsident in Amberg, um eine Karriere als Publizist und Staatsrechtler zu beginnen. Als Autor der *Allemannia* und später mit seinem *Staatsrecht der Konstitutionellen Monarchie* wurde er weniger als literarischer Schöngeist, vielmehr als Kopf und Vertreter eines modernen Staatsrechts bekannt.

Anmerkungen

1 Vgl. W. Volkert, Die bayerischen Kreise. Namen und Entstehung zwischen 1808–1838, in: Festschrift Bosl 1988, S. 308 f. Der Vorschlag Aretins fand sich im Nachlass Montgelas.
2 Walter Demel, Der bayerische Staatsabsolutismus 1806/08 bis 1817, 1983, S. 212–215.
3 Der Text der Verfassung in einer Schrift zur Ausstellung: Bayerns Anfänge als Verfassungsstaat. Die Konstitution von 1808, hrsg. v. Hermann Rumschöttel 2008, S. 324–334.
4 Michael Unger, Allmacht und Verwaltungselend. Die Ministerien, der Geheime Rat und die Konstitution 1808, in: ebenda, S. 131. Über die Vorgänge am 6. 1. 1811, Staatsrat 8237, München.
5 Jutta, Seitz, Die landständische Verordnung im Übergang von der altständischen Repräsentation zum modernen Staat, Schriftenreihe der Historischen Kommission bei der Bayerischen Akademie der Wissenschaften, Band 62, 1987, S. 302 ff.
6 Vgl. W. Demel, (wie Anm. 2), S. 489 f.
7 Veröffentlicht bei Maria Schimke, Bearbeitung der Quellen und Forschungen in den Rheinbundstaaten, Bd. 4, Regierungsakten des Kurfürstentums und Königreich Bayern 1799–1815, 1996, N 11, S. 102–111.
8 Veröffentlicht ebenda, N 38, S. 207–215.
9 Brief vom 31. 7. 1808. Kartensammlung Karte 732, Hauptstaatsarchiv München.
10 In seinem Nachlass ist ein Schreiben vom 22. 8. 1808, in dem er auf die Unterredung mit Karl Graf Arco Bezug nahm und sich für die Übernahme eines Generalkommissars in Passau entschied.
11 Vgl. Ludwig Hammermayer, Freie Gelehrtenassoziation oder Staatsanwaltschaft. Zur Geschichte der Bayerischen Akademie der Wissenschaft in der Zeit der Spätaufklärung und Reform (1787–1807), in ZbLG 54, 91, S. 186–200.
12 Brief Jacobis vom 26. 9. 1805. Zitiert nach Wolfgang Altgeld, Akademische Nordlichter. Ein Streit um Aufklärung, Religion und Nation nach der Neueröffnung der Bayerischen Akademie der Wissenschaften im Jahr 1807, Archiv für Kulturgeschichte 67, 1985, S. 349.
13 Schreiben Montgelas v. 8. 5. 1806, Bayerische Staatsbibliothek, Aretiniana.
14 Schreiben des Königs an Aretin vom 8. 11. 1809, ebenda.
15 Bericht vom 19. 8. 1807, Archiv Bayerischer Akademie der Wissenschaften.
16 Der Akademiestreit ist in der Literatur häufig behandelt worden. Philipp Funk, Von der Aufklärung zur Romantik, 1925, S. 153–62. Weis, Eberhard, Montgelas, Der Architekt des modernen bayerischen Staates 1799–1838, Bd. 2, 2005, S. 625–633. Paul Ruf, Die Säkularisation und die Bayerische Staatsbibliothek, Bd. 1, 1963, S. 24–45. S. von Moisy, Von der Aufklärung zur Romantik, Geistige Strömungen in München, Zur Ausstellung 1984, S. 186 ff. W. Altgeld, (wie Anm. 12), S. 339–388. Christoph Freiherr von Aretin, Vollständige aktenmäßige Nachrichten über die in München zwischen in- und ausländischen Gelehrten vorgefallenen Streitigkeiten, (unveröffentlicht), Cgm 5817. Bayerische Staatsbibliothek, München.
17 Zitat bei Erwein Freiherr von Aretin. Christoph Freiherr von Aretin, Gelbe Hefte, 1927, S. 110.
18 Denkschrift Bernhard Docen und Christoph Freiherr von Aretin v. 6. 6. 1809. Vgl. P. Ruf, (wie Anm. 16), S. 25, Rudolf Burkhard, Die Berufungen nach Altbayern unter dem Ministerium Montgelas, 1927, S. 130.

19 Die Briefe Aretiniana 2, Staatsbibliothek München. Vgl. P. Ruf, (wie Anm. 16), S. 31 ff.
20 Die seitenlange Erklärung Christophs in: Nr. IV des Intelligenzblattes zur neuen Oberdeutschen Allgemeinen Literatur Zeitschrift vom 27. 1. 1810.
21 Der Entwurf des Schreibens an den König vom 10. 2. 1810, Cgm 5817, Bayerische Staatsbibliothek, München.
22 Vgl. W. Altgeld, (wie Anm. 12), S. 183. R. Burkhard, (wie Anm. 18), S. 135 berichtet von den engen Beziehungen zwischen Jacobi und dem Grafen Stadion.
23 Maximilian Joseph Graf von Montgelas, Denkwürdigkeiten des bayerischen Staatsministers Grafen Maximilian Joseph Montgelas (1799–1817), im Auszug aus dem französischen Original übersetzt von Max Frhr. v. Freyberg-Eisenberg, hrsg. von Ludwig Graf Montgelas, 1887, S. 124; Vgl. P. Ruf, (wie Anm. 16), S. 40 ff.
24 Vgl. E. Weis, (wie Anm. 16), S. 626.
25 Vgl. W. Altgeld, (wie Anm. 12), S.342 ff.
26 Christoph hatte eine entsprechende Liste der verschleppten Handschriften und Bücher in der Bayerischen Central und Hofbibliothek gefunden. Was er in Wien während dieser Zeit genau machte, ist unklar. Im Österreichischen Haus- Hof- und Staatsarchiv hält sich das Gerücht, Christoph habe im Auftrag Napoleons das gesamte Archiv nach Paris verfrachtet. Unbestritten ist, dass große Teile des Archivs 1809 nach Paris gebracht wurden. Das hängt mit der Idee Napoleons zusammen, in Paris ein großes europäisches Zentralarchiv zu gründen. In den relativ vielen Briefen aus Wien an seinen Bruder Adam ist von dieser Aktion keine Rede, die ja nur durch eine gigantische Organisation zu bewältigen war.
27 Brief v. 28. 4. 1809, Haidenburg.
28 Christoph Freiherr von Aretin, Die Pläne Napoleons und seiner Gegner in Deutschland und Österreich, 1809, S. 41.
29 ebenda, S. 56.
30 Das geht aus mehreren Briefen Christophs an seinen Bruder Adam hervor. U. a. am 13. 6., 11. 9. und am 29. 9. 1809.
31 Im 1. und 2. Heft sind lange historische Artikel über die Reformvorhaben Josephs II. und Leopolds II. als Großherzog der Toskana enthalten.
32 Halle'sche Literaturzeitung, 1. Quartal 1809.
33 Dieser Ausdruck fällt in einem undatierten Beschwerdeschreiben Feuerbachs an Montgelas, Aretiniana 3. Bayerische Staatsbibliothek München. In einem Schreiben an Montgelas nannte Jacobi Aretin einen „gewissenlosen Bösewicht, der meine Ehre beschädigte". R. Burkhard, (wie Anm. 18), S. 133.
34 Brief Montgelas an Christoph, Haidenburg.
35 W. Altgeld, (wie Anm. 12), S. 574, hält es für fraglich, ob Christoph 1810 die allgemeine Bewegung noch steuern konnte.
36 Vgl. Erwein von Aretin, (wie Anm. 17), S. 124. Vgl. P. Ruf (wie Anm. 16), S. 40 ff.
37 W. Altgeld, (wie Anm. 12), S. 365 nennt Karl Amann als den Täter. Gegen ihn wurde kein Prozess geführt. Der Polizeipräsident von München, von Stetten, hatte den Eindruck, dass die Regierung an der Aufklärung des Falles kein Interesse hatte.
38 Handgeschriebenes Billett des Königs ohne Datum, Haidenburg.
39 Das königliche Schreiben vom 7. April 1811 und alle Stellungnahmen liegen im Archiv der Bayerischen Akademie der Wissenschaften München. P. Ruf, (wie Anm. 16), hat den Personalakt Christoph Freiherr von Aretins im Archiv der Bayerischen Akademie der Wissenschaften nicht gekannt, sondern nur

die von Jacobi formulierte Zusammenfassung der Meinungen, die von der Akademie an den König ging.

40 Die Geschäftsführung des Freiherrn Christoph von Aretin bei der Central- und Hofbibliothek und der Akademie der Wissenschaften in München, MF 13, München.

41 Vgl. Montgelas, (wie Anm. 23), S. 176.

42 Vgl. R. Burkhard, (wie Anm. 18), S.137.

43 Brief v. 30. 12. 1808, Haidenburg.

44 Vgl. Ferdinand Hirn, Geschichte Tirols von 1809–1814, Mit einem Ausblick auf die Organisationen des Landes und den großen Verfassungskampf, 1913. Zur bayerischen Politik in Tirol: Reinhard Heydenreuter, Tirol unter dem bayerischen Löwen; Geschichte einer wechselhaften Beziehung, 2008, S. 129–145 und 157–161.

45 Das Schreiben v. 13. 2. 1818 ist veröffentlicht in: Georg Freiherr von Aretin, Die Familie von Aretin. Ein Beitrag zur baierischen Staats, Kunst- und Gelehrtengeschichte. Den Manen des Christoph Freyherrn von Aretin gewidmet, Altenburg 1825, S. 30 f. Fürstbischof Karl Franz von Lodron wurde nicht, wie die Bischöfe von Chur und Trient 1806 von den bayerischen Behörden vertrieben und galt daher als bayernfreundlich. Vgl. Die Bischöfe der deutschsprachigen Länder 1785/1803 bis 1945. Ein biographisches Lexikon, hrsg. Von Erwin Gatz, 1983, S. 457 f. Christoph Aretin schrieb am 2. 3. 1818 seinem Bruder Adam: „Georg hat aus Brixen ein hervorragendes Zeugnis über seine Tätigkeit als Generalkommissar erhalten.“ In dem Brief wird besonders die achtungsvolle Behandlung der Tiroler Kleresei hervorgehoben, Haidenburg.

46 Schreiben Hornung 1808, veröff. in: G. von Aretin, (wie Anm. 45), S. 33. Diese Aussage steht im Gegensatz zu der Angabe bei Frau Hamm, dass Aretin in kirchlichen Angelegenheiten streng aufgeklärt staatskirchlich gesinnt gewesen wäre und damit in Brixen Ärger erregt habe. Vgl. Maria Hamm, Die bayerische Integrationspolitik in Tirol 1806–1814, 1996, S. 100. Wahrscheinlich hat Frau Hamm Georg mit seinem Bruder verwechselt.

47 Schreiben an seinen Bruder Adam v. 16.11.1808, Haidenburg.

48 Vgl. Mercedes Blaas, Die Priesterverfolgung der bayerischen Behörden in Tirol 1806–1809. Der Churer Bischof Karl Rudolf von Buol-Schauenstein und der Klerus im Vintschgau, Passener und Burgrafenamt im Kampf mit den staatlichen Organen. Ein Beitrag zur Geschichte des Jahres 1809, 1986, S. 273–281.

49 Brief v. 26. 2. 1809, Haidenburg.

50 Brief v. 30. 3. 1809, Haidenburg.

51 Vgl. M. Hamm, (wie Anm. 46), S. 320.

52 Die Abenteuer dieser Deputation sind aufgezeichnet: Geschichte der Deputation königlich baierischer Civilbeamter nach Ungarn und Böhmen, nebst Bemerkungen über die gleichzeitigen Kriegsereignisse und über die durchwanderten Länder. Von einem Deportierten (Prof. Schultes), 1810. Vgl. R. Heydenreuter, (wie Anm. 44), S. 116.

53 Vgl. M. Hamm, (wie Anm. 46), S. 411.

54 Schreiben Montgelas v. 1. 12. 1813, in: G. von Aretin, (wie Anm. 45), S. 33.

55 F. Hirn, (wie Anm. 44), S. 129, S. 179.

56 Schreiben der Regierung von Brixen, 10. Hornung, 1818, in: G. von Aretin, (wie Anm. 45), S. 311.

König Maximilian I. Joseph;
Ölgemälde Moritz Kellerhoven zugeschr.; um 1815

IV. Kapitel

Bayern in der Endphase des Ministeriums Montgelas

Keine zwei Wochen vor der großen Entscheidungsschlacht der Befreiungskriege, der Völkerschlacht von Leipzig vom 16. bis 18. Oktober 1813, trennte sich Bayern von seinem bisherigen Bündnispartner Napoleon und wechselte die Fronten. Damit war Bayern nun Verbündeter Österreichs. Für die Bewunderer und Anhänger Montgelas' war dieser Übertritt, der mit dem Vertrag von Ried am 6. Oktober 1813 besiegelt wurde, nur schwer zu verstehen. Es war unvergessen, dass Österreich unter Kurfürst Karl Theodor und auch später auf verschiedene Weise versucht hatte, Bayern zu annektieren. Erst das Bündnis mit Napoleon 1805 hatte diese Gefahr beseitigt. Seither war das Territorium Bayerns stark gewachsen und Bayern galt als der größte Nutznießer der Ära Napoleon.

Im Vertrag von Ried hatte Österreichs Staatskanzler Metternich die Souveränität Bayerns garantiert, das damit aus dem Rheinbund ausschied.[1] In einem Geheimartikel war festgelegt, dass Bayern Nordtirol, Salzburg und das Innviertel an Österreich abtrete und dafür entschädigt werden solle. Es war jedoch weder der genaue Zeitpunkt der Gebietsabtretung, noch der konkrete Gegenwert der Entschädigung bestimmt. Tatsächlich sollte sich schon bald zeigen, wie wenig die österreichische Garantie der bayerischen Souveränität wert war.

Nach dem Sturz Napoleons versammelten sich die Staatsoberhäupter von Frankreich, Österreich, Großbritannien, Preußen und Russland in Paris. Dort wurde im Frieden von Paris am 30. Mai 1814 festgelegt, die deutschen Staaten in einem Staatenbund zu organisieren. Einzelheiten wollte man auf einem Kongress in Wien beschließen. Bayern war zwar mit Feldmarschall von Wrede und dem bayerischen Gesandten in Paris vertreten, hatte bei dieser wichtigen Entscheidung jedoch kein Mitspracherecht. Es hatte zu akzeptieren, was die Großmächte über sein

Schicksal befanden. Das gerade in seiner Souveränität bestätigte Bayern sollte Teil eines Deutschen Bundes werden. Seine territorialen Wünsche, die sich auf Frankfurt am Main und Mainz richteten, waren in Paris auf allgemeine Ablehnung gestoßen. Die bayerischen Vertreter spürten deutlich, dass man die Rolle, die Bayern im Rheinbund gespielt hatte, nicht vergaß.

Was Bayern einzusetzen hatte, um seine Verdienste als Verbündeter der Alliierten geltend zu machen, war wenig. Gewiss, man war noch vor der Niederlage Napoleons in der Schlacht von Leipzig auf die Seite der Alliierten gewechselt. Feldmarschall von Wrede hatte als kommandierender General einer bayerisch-österreichischen Armee zwar versucht, der französischen Armee den Rückzug nach Frankreich abzuschneiden. Am 29. und 30. Oktober tobte der Kampf bei Hanau, bis sich der Korse den Rückzug freigekämpft hatte, nicht ohne seinen Gegnern empfindliche Verluste zuzufügen. Auch Wrede wurde schwer verletzt.

In der Diskussion um die Rolle Bayerns, die schon 1814 aufkam, haben die Brüder Aretin die These vertreten, die Schlacht von Hanau habe den Rückzug der französischen Armee in eine Flucht verwandelt. Weniger laut wurde von ihnen die Meinung vertreten, die bayerisch-österreichische Armee habe mit ihrem Vorstoß auf Frankfurt die Auflösung des Rheinbundes und den Übertritt Württembergs und anderer Rheinbundstaaten auf die Seite der Alliierten erzwungen. Vor allem Christoph und Georg von Aretin nahmen großen Anteil an der Diskussion und nutzten als Publizisten die Chance, sich persönlich aus ihrem beruflichen Abseits heraus für die Politik ihres Ministers stark zu machen.

Antibayerische Stimmung in Deutschland

Politisch hatte sich Bayern mit dem Vertrag von Ried gerade noch rechtzeitig von Napoleon losgesagt. In der bayerischen Bevölkerung war diese Kehrtwende mehrheitlich begrüßt worden. Die enormen Verluste des bayerischen Corps in Russland und die wirtschaftlichen Auswirkungen der Kontinentalsperre hatten zu diesem Wandel geführt.

Die Außenwahrnehmung der bayerischen Politik in Deutschland war eine andere. In der nationalen Aufbruchsstimmung der Freiheitskriege galten die ehemaligen Rheinbundstaaten, mit ihnen Bayern und sein Minister Graf Montgelas, als die großen Verräter. In der aufgeheizten Atmosphäre erschienen in ganz Deutschland Schmähschriften, die sich insbesondere gegen Bayern und seinen Minister Montgelas richteten.

Die Affäre Graf Reisach

Im Sommer 1813 erschien die Schmähschrift *Baiern unter der Regierung des Ministers Montgelas. Erstes Heft der Gallerie Nationalverräther*. Verfasser war August Graf von Reisach, 1808 Generalkommissar des Lechkreises, 1809 des Illerkreises. Nach der Aufdeckung seiner riesigen Unterschlagungen war er nach Preußen geflohen.[2] Reisach schien dem Freiherrn vom Stein wegen seiner Kenntnisse der Zustände in Bayern wichtig. Er bot ihm eine Stelle in der Zentralverwaltung an. Stein hatte ursprünglich die Absicht, die Schmähschrift Reisachs beim Vorrücken der Alliierten nach Bayern vor Ort in der Bevölkerung zu verteilen. Nach dem Vertrag von Ried, und insbesondere nachdem Stein die kriminellen Machenschaften Reisachs bekannt wurden, distanzierte er sich von ihm. Das hinderte Preußen jedoch nicht, die Auslieferung Reisachs nach Bayern zu vereiteln und ihn als Archivar zunächst in Münster, anschließend in Koblenz einzustellen.

Auf Veranlassung von Montgelas erschien aus der Feder von Karl Heinrich Ritter von Lang anonym im Herbst 1814 eine Schrift *Der Minister Graf von Montgelas unter der Regierung König Maximilians von Baiern*, mit der der Minister den Verleumdungen öffentlich entgegentrat. Neue Enthüllungsschriften Reisachs wurden durch zwei anonyme bayerische Schriften vom Herbst 1814 und Januar 1815 beantwortet. Die zweite dieser Schriften, *Das baierische Volk an das teutsche Volk über den Exkommissar Graf von Reisach*, soll von Christoph von Aretin verfasst worden sein.[3] Diese öffentlichen Gegendarstellungen konnten jedoch nicht verhindern, dass mit den Schmähschriften Graf Reisachs eine wahre Flut von Aufsätzen und selbständigen Arbeiten ausgelöst wurde, in denen Bayern und die Regierung Montgelas als Verräter des Deutschtums angeprangert wurden. Über ganz Deutschland verteilt, setzte ein von der preußischen Regierung geduldetes Trommelfeuer gegen das Rheinbund-Bayern ein. Das Ansehen von Montgelas drohte ernsten Schaden zu nehmen.

Die Stimmung gegen Bayern stellte innenpolitisch eine konkrete Gefahr dar, weil es in den an Bayern gefallenen Gebieten bereits gegen die bayerische Verwaltung gärte. So kam es in Franken, das einige Jahre zu Preußen gehört hatte und nun Bayern unterstand, zu Unruhen.[4] Die im *Rheinischen Merkur* des Joseph Görres veröffentlichten Artikel *gegen* Bayern, die fast gleichzeitig mit dem Beginn des Wiener Kongresses erschienen, zeigten in den neubayerischen Gebieten Wirkung. Bei den Feiern zum ersten Jahrestag der Schlacht von Leipzig am 18. Oktober 1814 zogen Ernst Moritz Arndt und Friedrich Ludwig Jahn in ihren Festreden über das montgelassche Bayern her, das nichts zur Befreiung Deutschlands beigetragen habe und jetzt so tue, als gehöre es zu den siegreichen Bezwingern Napoleons.

Außenpolitisch war die Stimmung gegen Bayern nicht weniger gefährlich. Zwar war seine Integrität und Souveränität im Vertrag von Ried garantiert worden; was das in der Praxis bedeutete, war jedoch unklar. Besonders erschreckend erschien das Schicksal Sachsens, dessen König in der Schlacht von Leipzig von den Alliierten gefangen genommen worden war. Preußen leitete von dieser Tatsache den Anspruch ab, Sachsen entweder ganz oder doch zum größten Teil zu annektieren. War aber einmal entschieden, dass einem Verbündeten Napoleons eben wegen dieser Allianz sein Land zu Verlust gehen sollte, dann war auch Bayern bedroht. „Wenn Preußen zweidrittel von Sachsen erhält", schrieb Christoph von Aretin an seinen Bruder Adam am 20. August 1814, „dann wird Österreich wieder nach Bayern greifen."[5]

Die Schrift „Sachsen und Preußen"

Christoph von Aretin war nicht der einzige, der diese Gefahr auf Bayern zukommen sah. Auch im Kabinett erkannte man die eigene Bedrohung, die in den preußischen Forderungen gegen Sachsen mitschwang. Als Publizist ergriff Christoph von Aretin die Initiative: Er kündete seinem Bruder einen Aufsatz unter dem Titel *Sachsen und Preußen* an, in dem Preußens Ansprüche auf Sachsen scharf zurückgewiesen werden sollten. Tatsächlich entstand der Aufsatz, unabhängig von Montgelas und der Regierung.

Als dieser Text im Oktober 1814 erschien, erregte er auf dem Wiener Kongress großes Aufsehen. Der preußische Staatskanzler, Fürst Hardenberg, der ohnehin die größte Mühe hatte, den preußischen Anspruch auf Sachsen zu verteidigen, war empört.

Der Aufsatz war anonym erschienen.[6] In Wien ging das Gerücht, er stamme, wenn nicht von Montgelas selbst, so doch aus seiner unmittelbaren Umgebung. Hardenberg stritt darüber heftig mit Wrede, der ihm seinerseits die antibayerischen Aufsätze des *Rheinischen Merkur* und die Ansprache Ernst Moritz Arndts vorhielt. Mit Arndt und Görres hatten zwei sprachgewaltige Publizisten eine antibayerische Stimmung geschaffen, die so weit ging, dass Görres forderte, man solle Bayern die Souveränität nehmen, da von diesem Land und insbesondere seinem Minister jederzeit die Gefahr eines Bündnisses mit Frankreich ausgehe.

Mit seinem Aufsatz *Sachsen und Preußen* hatte sich Christoph von Aretin bei Montgelas als Publizist und loyaler Anhänger in Erinnerung gebracht. Er hatte natürlich seine Karriere im Sinn. Mehrfach hatte er seinen Bruder Adam gebeten, Montgelas zu veranlassen, ihn wieder an seine Stelle in der Akademie oder der Centralbibliothek zu berufen: „Vier Jahre von der Hauptstadt entfernt", klagte er Mitte Dezember 1814 seinem Bruder, „ist ein langes und hartes Exil."[7]

In dieser Zeit plante Montgelas eine publizistische Gegenoffensive. Er war sich im Klaren, dass er die offen gegen Bayern gerichteten Schriften nicht unbeantwortet lassen konnte. Den streitbaren und schwer lenkbaren Christoph mit dieser Arbeit zu betrauen, war er jedoch nicht gewillt. Er wollte nicht noch einmal Zustände wie 1809/10 erleben. Obwohl Christoph zwischen 1814 und 1816 mehrere Audienzen bei Montgelas hatte und seinen Wunsch, nach München berufen zu werden, vorgetragen hatte, blieb der Minister diesem Wunsch gegenüber taub. Christoph trug schwer an dieser Zurückweisung. Jedes Mal, wenn er von Veränderungen in der Akademie der Wissenschaften erfuhr, fragte er bei seinem Bruder an, ob etwas für ihn zu erhoffen wäre. Darunter litt auch Christophs Verhältnis zu Montgelas. „Man will mich nicht einstellen, wo ich am meisten leisten könnte", klagt er in einem Brief an seinen Bruder Ende 1815, „Montgelas, dem ich wegen seiner Verdienste für Baiern anhänglich bin, lässt mich im Exil schmachten."[8] In Bezug auf seinen Bruder Georg, der Ende 1815 eine auch in Österreich positiv aufgenommene Schrift *Teutschlands Frieden in den teutschen Blättern* verfasst hatte, meinte er: „Es ist unverantwortlich von unserer Regierung, diesen glänzenden Schriftsteller und geübten Politiker im Sold eines Buchhändlers schmachten zu lassen."[9]

Die Allemannia

Gegen Ende des Jahres 1814 beschlossen mehrere Mitarbeiter Montgelas' die Gründung einer Zeitschrift, in der die Politik Bayerns verteidigt und gegen die Angriffe auf Bayern Stellung bezogen werden solle. Im Januar 1815 genehmigte Montgelas diesen Plan. Als Herausgeber dieser Zeitschrift, mit Namen *Allemannia*, wurde der Legationsrat Joseph Hörmann von Hörbach bestimmt. Dieser war Montgelas treu ergeben. Er betreute alle Hefte der *Allemannia* und die ab 1816 erscheinende Folgepublikation der *Neuen Allemannia*.[10]

Wie weit Christoph an der Vorbereitung der *Allemannia* beteiligt war ist unklar. „Herr Hörmann, dem ich mich zu empfehlen bitte, möchte mir seine Gedanken über meinen Plan mitteilen", schrieb er Bruder Adam Mitte Dezember 1814, „wenn die Herausgabe zustande kommen sollte, wird der Herr Minister doch monatlich eine verhältnismäßige Summe für die Bestreitung der Correspondenz, Schreibmaterialien, Papierkosten u.s.w. anweisen. Wäre ich nur in München, wo ich gern als Oberappellationgerichts Direktor arbeiten wolle, so ginge alles leicht."[11] Die Absicht, Christoph von Aretin für die *Allemannia* anzustellen, ist nicht bekannt. Er muss aber trotz der räumlichen Entfernung eingeschaltet gewesen sein, denn er hat die Verhandlungen mit der Lindnerschen Buchhandlung und dem angegliederten Verlag geführt, in dem die *Allemannia* erschien.

Die Gegner der *Allemannia*, etwa die Autoren des *Rheinischen Merkur*, vermuteten von Anfang an, dass Christoph von Aretin der Herausgeber und Redakteur der Zeitschrift sei. Durch seine publizistische Tätigkeit, insbesondere seit seiner Schrift *Die Pläne Napoleons und seiner Gegner* war er in ganz Deutschland bekannt – und man muss wohl sagen berüchtigt. Er hatte sich mit seinen Schriften fest als Verteidiger des montgelasschen Systems positioniert.

Was war tatsächlich sein Anteil an der *Allemannia*? Wolfgang Piereth ist es an Hand der Münchener Akten gelungen, die Namen der meisten Autoren der *Allemannia* festzustellen, deren Beiträge ausnahmslos anonym geblieben sind.[12] Anhand dieser Aufstellung steht zwar fest, dass Christoph neben Hörmann Autor mit den meisten Beiträgen gewesen ist, dass er aber auf die inhaltliche Ausrichtung des Blattes keinen Einfluss hatte.[13]

Die aggressiven Artikel, von denen man annehmen möchte, sie stammten aus seiner Feder, sind nicht von ihm verfasst. Christoph schrieb im ersten Heft die beiden ersten Artikel, *Worte des Fürsten* und *Stimmen des Volkes*, die sich in allgemeinen Erklärungen ergingen. Im Heft zwei stammt von ihm eine Zurückweisung der im *Rheinischen Merkur* gegen Baiern erhobenen Vorwürfe. In mehreren Aufsätzen präzisierte er die Haltung Bayerns zur sächsischen Frage.[14]

In den von Brockhaus herausgegebenen *Deutschen Blättern* erschien im Herbst 1815 ein Artikel, in dem Christoph von Aretin als Herausgeber der *Allemannia* genannt wurde.[15] Die Herausgeber und Mitarbeiter der Zeitschrift werden hier Obscuranten, Illuminatenverfolger, Jacobiner Riecher, Hyper Christokraten, Feinde der Nationalrepräsentation und Satelliten des Despotismus genannt. Hörmann überließ es Aretin, zu antworten. Dieser veröffentlichte die „*Antwort einiger Allemannen auf die Flugschrift: Die neuen Obscuranten im Jahr 1815.*[16] Auch dieser Artikel erschien ungezeichnet und war in der Form einer Ehrenerklärung der Redaktion für Christoph von Aretin gehalten. Erst Piereth fand heraus, dass dieser umfangreiche Artikel von Aretin selbst stammte. „Der Geist der Allemannia", heißt es, „ist der Geist des Rechts und des Friedens, gleich fremd dem Despotismus und der Feudalvorrechte, wie der Anarchie und der Pöbelherrschaft, deswegen verhasst den Brauseköpfen und den Unruhestiftern."

Dann folgt eine politische Stellungnahme: „Die Allemannia mißbilligt die Absichten der preußischen Regierung auf Sachsen. Die Missbilligung des Benehmens gegen Sachsen teilen wir mit dem Herausgeber der Deutschen Blätter und Herrn Brockhaus. Was aber die Herren Stein, Arndt, Görres usw. betrifft, so kann man über die Heftigkeit und Ungebundenheit nur den Kopf schütteln." Christoph verwahrt sich gegen die Angriffe auf ihn. Die Behauptung, er wäre 1811 nach Neuburg an der Donau strafversetzt worden, wird mit dem Hinweis berichtigt, er selber habe als Direktor der bayerischen Hof- und Centralbibliothek gekündigt. Seiner Bitte, in den Ruhestand versetzt zu werden, habe die Regierung mit einer „ruhmvollen Beförderung" zum ersten Direktor des Appellationsgerichts in Neuburg an der Donau entsprochen, obwohl Thiersch ihn des versuchten Meuchelmords beschuldigt habe. Ebenso falsch sei die Behauptung, er habe mit seiner Schrift *Die Pläne Napoleons und seiner Gegner* ... Andere denunzieren wollen. Er habe damals im Auftrag der Regierung auf geheime Verbindungen aufmerksam gemacht, für die die Regierung bald darauf rechtsförmliche Beweise erhalten hätte.

„Es wäre bis zum Ekel widerwärtig", heißt es dann, „wenn man aus den Schriften von Stein, Niebuhr, Arndt, Görres (nach unserer Ansicht ein großer Gelehrter) die vielen Schimpfworte, Verleumdungen gegen Süddeutsche Staatsmänner und Schriftsteller sammeln wollte." Schließlich geht die Erklärung noch einmal auf das sächsische Problem ein: „Sachsen war gleichsam unser Vorposten, von dessen Erhaltung unser eigenes Heil abhing. Sobald ein Staat dritten oder vierten Ranges angegriffen war, befanden sich alle übrigen in der gleichen Gefahr." Am Ende des Artikels versicherte Aretin: „Die baierische Regierung steht hinter der Allemannia." Der Beitrag endet mit einem stolzen Bekenntnis zum viel geschmähten Bayern des Grafen Montgelas: „Seht auf Baierns liberale Regierung und beneidet unser Los. Sucht immer, was euch fehlt, nur lasst uns das, was wir errungen haben, bewahren und verteidigen."

Die Autoren der *Allemannia* gaben den Vorwurf des Verrats an Deutschland an Preußen zurück. Sie begründeten Bayerns Anrecht, zu den Siegern über Napolcon zu zählen, mit den Argumenten, Preußen habe im Baseler Frieden mit Frankreich 1795 Verrat an Deutschland geübt. Alle weiteren Entwicklungen wären eine Folge dieses Verrats gewesen. Mit der Schlacht von Hanau am 29./30 Oktober 1813 habe eine bayerisch-österreichische Armee den Feldzug entschieden. Für diese Version lieferte Georg von Aretin später eine eigene Schrift *Die Schlacht von Hanau*, wo er ebenso den Nachweis führte, nicht die Schlacht von Leipzig, sondern die Schlacht von Hanau habe den Krieg und mit ihm das Schicksal Europas entschieden.[17] Georg fasste in seiner Schrift Gedankengänge zusammen, die vorher von verschiedenen Autoren der Allemannia vertreten worden waren. Sie löste jedoch keine größere Diskussion aus.

1816 wurde der *Rheinische Merkur* von der preußischen Regierung verboten, die nach dem Wiener Kongress in eine deutlich konservative Richtung steuerte. Damit wurde der Ton der *Allemannia* gemäßigter. Es entstand sogar die kühne Idee, den *Rheinischen Merkur* und Joseph Görres in bayerische Dienste zu nehmen.[18] Dieser Plan wurde von Montgelas selbst vorangetrieben, der sich auf verschlungenen Pfaden und über Mittelmänner an Görres gewandt hatte. Christoph war an diesen Gesprächen nicht beteiligt, obwohl er bereits mit Görres zusammengearbeitet hatte. „Vereinigten sich die Allemannia mit dem Rheinischen Merkur und dessen Gesellen", schrieb Christoph seinem Bruder Adam am 12. Januar 1816, „so sind wir die stärkste Partei in Deutschland. Jetzt kann man sie als Diener der baierischen Regierung brauchen, wenn diese ihr Interesse versteht und was wahr ist danach handelt."

Die Verhandlungen mit Görres begannen unter großer Geheimhaltung. Ihm wurde ein Jahresgehalt von 4.000 fl, Aufenthalt nach Belieben, Zensurfreiheit, sowie die Herausgeberschaft einer weiteren Zeitschrift angeboten. Görres ließ sich mit seiner Absage Zeit. Erst im Juni, nachdem ihm ein offizielles Angebot vorlag, sagte er ab. Als die Nachricht über die versuchte Vereinigung mit einem der ärgsten Polemiker gegen die bayerische Politik an die Öffentlichkeit drang, erhitzte sie die Gemüter. Die Affäre erregte großes Aufsehen und schadete sowohl Görres, als auch der bayerischen Regierung.

Die *Allemannia*, die zunächst als Kampfschrift gegen die Angriffe auf Bayerns Souveränität und auf seine rheinbündische Vergangenheit gegründet worden war, hat sich insbesondere 1816/17 zur Aufgabe gemacht, einer breiten Öffentlichkeit das moderne Bayern als eine geschlossene Einheit vorzustellen. Wir wissen nur wenig über die Umstände, die zur Aufgabe der *Allemannia* und der Wiederbegründung als *Neue Allemannia* im September 1816 geführt haben. Letztere erschien bis zum 26. Februar 1817. Fest steht nur, dass Christoph von Aretin offensichtlich nicht mit allen Artikeln einverstanden war, die in der *Allemannia* erschienen. Nach dem Ende der *Neuen Allemannia* veröffentlichte er in der *Jenaischen Allgemeinen Literaturzeitung* eine rückblickende Sammelrezension, in der er sich von einigen Aufsätzen distanzierte.[19] Auch dieser Beitrag erschien anonym unter dem Kürzel „OU".

Eine weitere Zeitschrift?

Ende Juli 1816 trat Christoph mit einem neuen Zeitschriftenprojekt an Montgelas heran,[20] einer kritischen Literaturzeitung im Stil der *Aurora* und des *Neuen Literärischen Anzeigers,* einer Zeitschrift, wo die Mitglieder der Bayerischen Akademie der Wissenschaften ihre Beiträge veröffentlichen sollten. Jacobi war inzwischen abgesetzt und Aretin der Meinung, dass „die gegenwärtige Tätigkeit der Akademie trotz großer Gelehrter der Regierung nicht zur Ehre gereicht." Dem sollte seine Zeitschrift abhelfen. „Die Zeitung wird die Gelehrten so beschäftigen, dass die Münchner Akademie wenigstens soviel Ansehen haben wird als die Göttinger Societät sie in den besseren Zeiten durch ihre Gelehrten Anzeigen erhalten hat."

Politisch wollte er in dieser Zeitschrift die liberalen Grundsätze verbreiten, die bisher außer Sachsen-Weimar nur Bayern vertreten habe. „Alle Hoffnungen sind auf Baiern gerichtet, dessen Macht durch Beschützung der liberalen Farben nur wach sein kann und welchem die geistige Herrschaft über die Teutschen sich gleichsam aufdrängt."[21] Weiter heißt es: „Die Zeitung soll die politischen Absichten der Regierung fördern, aber durchaus keine politische Zeitung sein. Wissenschaft und Kunst sei ihr Gebiet." Christoph warnte den Minister, Weimar und Württemberg würden das Banner des Liberalismus hoch halten, sobald dort Kronprinz Wilhelm an die Regierung kommt. Bayern verspiele seine große Chance, sich an die Spitze des Fortschritts zu setzen.

Montgelas ging auf diesen Vorschlag nicht ein, obwohl Christoph sogar bereit war, die Zeitschrift von Neuburg aus zu leiten, wenn er in München einen zweiten guten Redakteur habe. Die Erfahrungen aus dem Akademiestreit ließen es dem Minister geraten sein, dieses Angebot nicht anzunehmen. Zudem fürchtete er offensichtlich die spitze Feder Christophs und traute dem streitbaren Publizisten keine eigene Zeitschrift mehr zu. Rückblickend erscheint diese Furcht unbegründet, denn insgesamt gesehen hatte Aretin in der *Allemannia* – von den zitierten Beispielen seiner Antwort auf den Artikel in den *Deutschen Blättern* abgesehen – nur wenig von seinen polemischen Fähigkeiten gezeigt.

Einen Schwerpunkt seiner Artikel in der *Allemannia* legte Christoph auf die Frage der bayerischen Verfassung. Ihr widmete er vier Beiträge. Seine Gedanken hat er 1816 in seiner schon erwähnten Schrift *„Abhandlungen über wichtige Gegenstände der Staatsverfassung und Staatsverwaltung mit besonderer Rücksicht auf Baiern"* zusammengefasst.

Auch Adam von Aretin versuchte sich als Publizist, indem er Die *Zeitschrift für Baiern und die angrenzenden Länder* konzipierte.[22] Sie war offenbar als Gegenstück zur aggressiven *Allemannia* gedacht, die bereits im ersten Jahrgang für einiges Aufsehen in Deutschland gesorgt hatte. Adams Zeitschrift war zwar seriös, aber langweilig.

Adam von Aretin und das Ringen um die bayerische Verfassung

Die Gründung eines Deutschen Bundes – ohne Anhörung Bayerns – hatte in Montgelas die Befürchtung geweckt, der Bund werde sich in die inneren Belange der Mitgliedsstaaten einmischen. Dem wollte er durch den Erlass einer Verfassung zuvorkommen, die sich an den neuen politischen Gegebenheiten orientierte. Zwar gab es bereits die Verfassung, die 1808 in Bayern in Kraft getreten war; diese war jedoch nur fünf Monate nach ihrem Erlass wegen des Fehlens einer Bestimmung über die Wahl einer Ständeversammlung als unvollständig angesehen worden. Ihre Revision gehörte zu einer der ersten Aufgaben für den neu gegründeten Geheimen Rat. Dieses Gremium, dessen Gründung in den Organischen Edikten festgelegt worden war, trat erstmals im Januar 1809 zusammen. Der Krieg unterbrach die Sitzungen. Erst 1811 wurden sie wieder aufgenommen. Es wurde aus der Sektion des Inneren und der Finanzen ein Verfassungsausschuss innerhalb des Geheimen Rats gebildet. Um die Dringlichkeit der Beratungen zu betonen, wurden die Mitglieder verpflichtet, an allen Sitzungen teilzunehmen. Es durften nur kurze Urlaube genommen werden. Diese mussten mit den anderen Teilnehmern so abgesprochen sein, dass das Gremium immer beschlussfähig blieb.

Adam von Aretin hatte am 16. Januar 1811 vor diesem Ausschuss angesprochen, dass in der Verfassung von 1808 Bestimmungen zu den Kreisversammlungen und der Nationalrepräsentation enthalten waren.

Zunächst geschah im Ausschuss nichts, bis der König ungeduldig wurde und am 18. Juni 1811 in einem Brief an Montgelas drängte, der Verfassungsausschuss solle schneller arbeiten. Fast entschuldigend endete dieser Brief: „Im Übrigen bitten Wir Gott, dass er auch meinen lieben Staats- und Konferenzminister, Graf von Montgelas, in seinen Heiligen Schutz nehme."[23]

Vier Wochen später, am 18. Juli 1811, trat der Verfassungsausschuss endlich zusammen. Der Referent, Adam von Aretin, bekam den Auftrag, bei Alois Senefelder für jedes der 12 Mitglieder der Kommission eine Textfassung des Organischen Edikts von 1808 vervielfältigen zu lassen[24]. Das über 20 Seiten lange Edikt lag in der zweiten Sitzung eine Woche später vor. Die Berater nahmen sich jeden der über 100 Artikel vor. Sie änderten eine ganze Reihe von Paragrafen, übernahmen aber auch ganze Artikel. Bis zum 6. August wurde in fünf Sitzungen über den Textentwurf für dieses so umstrittene Organische Edikt verhandelt.

Das Ergebnis war ein 104 Artikel umfassendes Werk, das sich ausschließlich mit der Wahl zu den Kreisversammlungen und der Nationalrepräsentation befasste. Jede Versammlung der fünfzehn Kreise sollte sieben Mitglieder aus ihren Reihen in die Nationalrepräsentation, den späteren Landtag, wählen. Diese sollte auf diese Weise 105 Deputierte haben. Die Kreisdeputationen hatten sich mit Vorgängen und Problemen der einzelnen Kreise zu beschäftigen.

Neben Adam von Aretin erwiesen sich Friedrich von Zentner und Graf Arco als die aktivsten Mitglieder in diesem Verfassungsausschuss. Das Ergebnis der Beratungen wurde von Aretin in einem Edikt über *Die Nationalrepräsentation, die Kreisdeputation und die Kreisversammlungen* festgelegt. Dieses Organische Edikt, das allein die Unterschrift Aretins trägt, trat jedoch nie in Kraft. Auch 1811 konnte der Kardinalfehler der Konstitution von 1808 nicht beseitigt werden: Die in der Verfassung eigentlich vorgesehenen Gremien wurden nicht zu Leben erweckt.

Die Beratungen der Verfassungskommission von 1811 blieben ohne Ergebnis.

Das Verfassungsproblem von 1814/1815

Nach dem Frieden von Paris wurde die Verfassungsfrage von Montgelas mit großer Dringlichkeit behandelt[25]. Erstaunlich ist, dass er Adam von Aretin, der inzwischen als Experte für Verfassungsfragen galt, kurzfristig zum *Besitzergreifungskommissar von Aschaffenburg* ernannte. Der in Verfassungsfragen kompetente Johann Nepomuk von Effner wurde ebenfalls zu einer Mission außerhalb Münchens berufen. Es ist unklar, was Montgelas mit diesen Aktionen eigentlich bezwecken wollte. Beide Herren waren wieder in München, als die Beratungen im Oktober 1814 neuerdings aufgenommen wurden.

Man wollte die Diskussion über die neue Verfassung auf eine möglichst breite Basis stellen. Der Ausschuss, der bisher ergebnislos über die Ergänzung der Verfassung von 1808 beraten hatte, wurde 1814 deshalb um sieben Personen erweitert. Auch dieses Mal wurde die Aufgabe der Kommission *Revision der Verfassung von 1808* genannt. Im Unterschied zu den Diskussionen zwischen September 1808 und 1811 verfolgte man 1814 das Ziel einer völlig neuen Verfassung. Vorbild war die von König Ludwig XVIII. von Frankreich am 4. Juni 1814 gegebene Charte. Diese sah ein Zweikammersystem vor. Die erste Kammer bestand aus Mitgliedern, deren Wahl allein dem König vorbehalten war und die direkt von diesem ernannt wurden. Die zweite Kammer war ein vom Volk gewählter Landtag.

Der Verfassungsausschuss bekam für seine Arbeit eine Reihe von schriftlichen Vorgaben mit auf den Weg. Diese Instruktion vom 19. September 1814 war offenbar von Montgelas verfasst worden, enthält aber auch eine Einleitung, mit der sich der König direkt an die Mitglieder des Ausschusses wandte: Max I. Joseph entschuldigte, dass die Ergänzung der Verfassung von 1808 im Sinne einer Wahlordnung für die vorgesehenen Gremien so lange gedauert habe. Er habe seinen neuen Untertanen mit der Verfassung vom 1. Mai 1808 eine Vertretung ihrer Interessen in einer Nationalrepräsentation geben wollen. Die vollständige Anordnung derselben wäre jedoch durch verschiedenartige Hindernisse bis jetzt nicht zur Ausführung gekommen.[26] Nun wäre die Gelegenheit in Friedenszeiten gekommen, die Revision des Grundgesetzes vorzunehmen. Das bisher vorgesehene sehr komplizierte Wahlverfahren zur Nationalversammlung und zur Kreisdeputation bzw. Kreisversammlung sei fallengelassen und durch ein direktes Wahlsystem ersetzt worden.

Vom aktiven Wahlrecht ausgeschlossen wurden in dieser Instruktion die sogenannten Grundholden, Bauern, die für das von ihnen bestellte Land an die Eigentümer Gebühren zahlen mussten und aufgrund dieser Abhängigkeit über keine freie Stimme verfügten. Darüber kam es in der Verfassungskommission zu heftigen Auseinandersetzungen, weil diese Bestimmung der Mehrzahl der Bauern das Wahlrecht nahm. Die Instruktion war vom König und nicht von Montgelas unterschrieben.

Auch diesmal bildete zunächst der Text der ursprünglichen Verfassung von 1808 die Grundlage für die Arbeit des Verfassungsausschusses. Als Referent machte Adam von Aretin den Vorschlag, in Artikel 1 das Königreich Bayern als „souveränen Staat monarchischer Verfassung" zu bezeichnen. Aretin mied die Bezeichnung „Deutscher Bund" und nannte Bayern Teil „der gegenwärtigen Reichskonstruktion". Dieser Begriff wurde abgelehnt und die Frage der Zugehörigkeit Bayerns zu einem Deutschen Bund offengelassen. In den sehr intensiven Beratungen hielt sich Aretin deutlich zurück. Zentner, Lerchenfeld und Effner gaben der Diskussion eine liberale Richtung, der gegenüber Aretin eine eher konservative Meinung vertrat. Nach den Vorstellungen Montgelas' sollte der Landtag in seinen Rechten sehr beschränkt sein. Die indirekten Steuern sollten der Beratung des Landtags entzogen werden. Tatsächlich hat sich der Ausschuss sehr schnell von den Vorgaben und der Verfassung von 1808 getrennt.[27] Sein Versuch, den Forderungen des Königs zu entsprechen, wurde nach wenigen Sitzungen aufgegeben.

Die Beratungen zur Verfassung verursachten denn auch einen Eklat. Der König, der in Wien am Kongress teilnahm, tadelte, dass die Kommission zu langsam arbeite, besonders aber, dass sie ihre Kompetenzen überschreite, die er in seinem Rescript vom 19. September klar formuliert habe. Der Beschluss, den Grundholden das Wahlrecht zu geben, wurde besonders kritisiert und ihnen erneut das Wahlrecht aberkannt.[28] Am Schluss wurden die allzu liberalen Mitglieder ermahnt, sich an die Instruktionen zu halten. Das Schreiben des Königs war die scharfe Reaktion auf einen Brief, mit dem sich der Vorsitzende der Kommission, Justizminister Graf Reigersberg, und einige konservative Mitglieder an den König gewandt hatten. Der Liberale Maximilian

Freiherr von Lerchenfeld macht in seinen Erinnerungen Adam von Aretin für diesen Brief verantwortlich.[29] Das lag nahe, weil Aretin und Lerchenfeld mit ihren gegensätzlichen Positionen mehrfach aneinander geraten waren, insbesondere in der Frage der Allgemeinen Wehrpflicht, die Aretin als zu „gefährlich" ablehnte, während sie Lerchenfeld mit dem Argument vertrat, ein Staat wie Bayern mit seinen dreieinhalb Millionen Einwohnern, lasse sich nicht mehr allein mit einem stehenden Heer verteidigen.

Als Referent hatte Adam das Ergebnis der Beratungen in einem Verfassungsentwurf zusammenzufassen. Er nahm einige der abweichenden Voten in diesen Entwurf auf. Gleichwohl stellte Effner fest, dass Aretin nicht alle Voten der Minderheiten aufgenommen hatte. In seinem Schreiben vom 14. Februar 1815, mit dem Minister Reigersberg dem König den Verfassungsentwurf als Ergebnis der 22 Sitzungen der Kommission vorlegte, betonte dieser, mit einigen Modifikationen der Meinung der liberalen Minderheit zuzustimmen. Dabei ging es neben der Frage der Gesetzesinitiative, des Petitionsrechts und des Budgetrechts auch wieder um das Wahlrecht der Grundholden. Die Kritik Kronprinz Ludwigs an dem Entwurf, wie Adam von Aretin ihn formuliert hatte, deckte sich weitgehend mit Reigersbergs Vorschlägen. Der Biograf Ludwigs I., Heinz Gollwitzer, übernimmt diese kritische Sicht, wenn er schreibt, das Ergebnis der Kommissionsarbeit sei allem zuwider gelaufen, was sich die Verfassungsfreunde in Bayern und Deutschland gewünscht hätten.[30]

Die Bemühungen um eine Ergänzung der Verfassung oder die dringend gebotene Neufassung blieben erneut ohne Ergebnis.

Die Frage, ob die Verfassung von 1808 nicht ergänzt oder durch einen ganz neuen Entwurf ersetzt werden solle, wurde in der Öffentlichkeit weiter diskutiert. An dieser Diskussion beteiligte sich auch Christoph von Aretin 1816 mit seiner Schrift *Abhandlungen über wichtige Gegenstände der Staatsverfassung und Staatsverwaltung mit besonderer Berücksichtigung Baierns.* Nach einigen merkwürdigen Vorschlägen, zum Beispiel, dass Advokaten und Schriftsteller nicht in den Landtag gewählt werden sollten, weil sie nur Unruhe stifteten, betonte Christoph die Notwendigkeit, dass ein Landtag vom Volk gewählt werden müsse. „Die beratende Teilnahme des Volkes an den öffentlichen Geschäften durch selbstgewählte Organe", schrieb er, „ist das höchste und letzte Resultat, die schönste Frucht, wodurch eine wahrhaft erhabene Politik das Werk der allgemeinen Veredelung krönt: das beste moralische Vereinigungsmittel der Nation, welches dem gesamten physischen und geistigen Leben im Staat eine entschiedene, sich gleichbleibende und den höchsten Staatsinteressen zugewandte Richtung gibt: das untrügliche Mittel, durch Einigung der Gesinnungen und Vereinfachung der Gesichtspunkte die Wirksamkeit der Staatskräfte und die Ergiebigkeit vieler und Staats- und Hilfsquellen zu verdoppeln. Mit einem Wort die wichtigste Grundlage öffentlicher Freiheit und Glückseligkeit."[31]

Christoph von Aretin schickte diese Schrift auch Montgelas. Am 26. September 1816 empfing ihn dieser in seinem Palais, um mit ihm über die Verwendung des senefelderschen Steindruckverfahrens zu sprechen. Bei dieser Gelegenheit sprach er ihn auf seine Abhandlung an: *„Sie haben mir eine Schrift mit sehr freien Gedanken zugeschickt. Sie haben sicher recht, dass einmal die Ideen einer Repräsentativverfassung über die alten Stände siegen werden. Aber mir ist es für Bayern noch zu früh, um diese Ideen ohne Einschränkung bei uns einzuführen.*"[32] Es war offensichtlich, dass mit Montgelas keinc Repräsentativverfassung zu erreichen war.

Das außenpolitische Scheitern Montgelas'

In der Außenpolitik wurde Montgelas in seiner Verweigerungshaltung durch die Realität der politischen Ereignisse überholt, wie sich bald zeigen sollte. In einem Geheimartikel des Vertrags von Ried hatte Österreich seinen Anspruch auf Tirol, Salzburg und das Innviertel angemeldet und Bayern Entschädigungen angeboten. Die Entscheidung sollte auf dem Wiener Kongress fallen. Noch vor seinem Beginn wurde Nordtirol am 28. Juni 1814 an Österreich übergeben. Auf dem Kongress 1815 wurde intensiv über die österreichischen Ansprüche verhandelt.[33] Die Übergabe Tirols an Österreich war von der Öffentlichkeit in Bayern hingenommen worden. Als Österreich die im Geheimartikel zugesagte Abtretung von Salzburg und dem Innviertel einforderte, kam es jedoch zu heftigen Diskussionen. Noch einmal kochten die antiösterreichischen Gefühle in Bayern hoch. Montgelas selbst scheint gehofft zu haben, das Innviertel und Salzburg für Bayern zu retten. Christoph und Georg von Aretin wollten ihn mit einer Unterschriftensammlung und anderen Aktionen unterstützen. Sie drohten sogar mit einem Volksaufstand, was Montgelas energisch verbat.[34] Der langen Verhandlungen müde geworden, griff schließlich Kaiser Franz 1816 ein und verlangte ultimativ die Abtretung der genannten Gebiete. Im Münchener Vertrag vom 14. April 1816 wurde Bayern gezwungen, Salzburg und das Innviertel an Österreich abzutreten. Bayern erhielt dafür die linksrheinische Pfalz. Es war eine bittere Niederlage für Montgelas, der die Verhandlungen geführt hatte, und dessen öffentliches Ansehen darunter litt. Tief enttäuscht zog sich der Minister mehr und mehr zurück. Adam von Aretin, der Ende März schwer erkrankt war und bis zum Herbst 1816 ausfiel, wurde von seinen Brüdern über alle Vorkommnisse unterrichtet.

Als er im September 1816 auf seine alte Stelle zurückkehrte, hatte die Untätigkeit Montgelas' erneut eine schwierige Situation herauf beschworen: Der Minister war davon ausgegangen, dass der Bundestag nicht zusammentritt. Anfang Oktober 1816 war jedoch klar, dass dieser in Kürze seine Tätigkeit in Frankfurt am Main aufnehmen werde. In München wurde daraufhin ein Ausschuss gebildet, der die Linie der bayerischen Politik bestimmen und darüber wachen sollte, dass die Souveränität Bayerns nicht beschädigt werde. Dieses Gremium, das später auch „Deutscher Ausschuss" genannt wurde, bestand aus Graf Arco, Friedrich von Zentner, Adam von Aretin und Georg von Sumer. Zum bayerischen Gesandten am Bundestag wurde Ignaz Freiherr von Gruben ernannt. Dieser hatte keinerlei diplomatische Erfahrung. Seine Ernennung verdankte er allein der Tatsache, als Generalkommissar von Aschaffenburg seinen Wirkungskreis in der Nähe von Frankfurt zu haben. Er war völlig abhängig von den Weisungen aus München.

Aretin war mit Zentner der Überzeugung, dass gegen die Eröffnung des Bundestags, die auf den 16. November 1816 festgelegt worden war, nichts unternommen werden könne. Es stellte sich sehr bald heraus, dass es in München keine Überlegungen gab dazu, wie sich Bayern am Bundestag präsentieren solle. Daraufhin ließ sich Gruben zu einer übervorsichtigen Haltung verleiten, die zu einem raschen Verlust aller Sympathien in Frankfurt führte. In der Beurteilung der Gefahren, die vom Deutschen Bund für Bayern ausgingen, waren Zentner und Aretin verschiedener Meinung. Während Zentner ganz auf die Linie von Montgelas einschwenkte und den bayerischen Gesandten anwies, alle Versuche einer Erweiterung der Kompetenz des Deutschen Bundes zu blockieren, war Aretin überzeugt, dass eine solche Haltung nicht lange durchzuhalten sei. Als sich durch Grubens Ungeschicklichkeiten die Gefahr abzeichnete, dass Bayern aus dem Deutschen Bund ausgeschlossen werden könne, schickte man als Nachfolger Grubens Bayerns bedeutendsten Diplomaten, Alois Graf Rechberg, nach Frankfurt. Die Weisungen, die dieser aus München erhielt, blieben aber unverändert.

Im Januar 1817 fuhr Rechberg anlässlich der Hochzeit der bayerischen Prinzessin Charlotte mit Kaiser Franz I. von Österreich mit dem König nach Wien. Dort wunderte man sich über die starre Haltung Bayerns. *„Aber gestehen Sie mir doch"*, meinte Metternich zum bayerischen Gesandten Freiherrn von Stainlein, *„daß Sie von einer unbegreiflichen Furcht getrieben sind. Damit werden sie die Meinung nicht für sich gewinnen, vielmehr bestärken Sie die Behauptung der anderen, daß Sie von Grund auf gegen alles stimmen, was zum Vorschein kommen kann und was die anderen deutsch nennen."*[35] Die Konsequenzen der bayerischen Blockadepolitik bekam Rechberg nach seiner Rückkehr in Frankfurt zu spüren. Am 13. Januar berichtete er nach München, dass er als Vertreter Bayerns nicht nur aus allen Ausschüssen entfernt worden sei, sondern eine Mehrheit der Bundestagsgesandten beschlossen habe, Bayern aufzufordern, sich vom Deutschen Bund zu trennen.[36]

In München herrschte Ratlosigkeit. Eine Mehrheit schloss sich dem Vorschlag Zentners an, mit Württemberg, Baden, Hessen und den Niederlanden eine Verabredung für ein einheitliches Vorgehen zu treffen. Auf diese Weise wollte man den von Bayern befürchteten Tendenzen, den Deutschen Bund in einen festen Staatenbund zu wandeln, entgegenwirken. Nur Aretin, der dem Deutschen Bund schon früh positiv gegenüber gestanden war, gab eine andere Meinung zu Protokoll. *„Es scheint dem Unterzeichneten immer dringlicher"*, heißt es da, *„zum Ganzen ein System zu ergreifen, nach welchem die einzelnen Vorkommnisse konsequent behandelt werden können. Es scheint nur die Alternative zu bestehen, entweder aus dem Bund gleich auszu-*

treten oder, wenn man in selbem bleibt, eine solche Stellung zu nehmen, welche den Verhältnissen Bayerns zusagt. Will man letzteres, so scheint es notwendig, eine andere Stellung einzunehmen und sich des Bundes selbst zu bemächtigen. Der gegenwärtige Zustand, wo Bayern immer als hindernd erscheint, ohne doch hindern zu können, scheint der Nachteiligste zu sein."[37]

In den zwei für die Zukunft Bayerns so wichtigen Fragen war Montgelas zu einem Hindernis geworden: Eine Repräsentativverfassung nach dem Vorbild der französischen Charte war mit ihm nicht möglich. Und auch in seiner Haltung zum Deutschen Bund stand er einer zukunftsorientierten Politik im Weg.

Am 2. Februar 1817 wurde Minister Graf Montgelas entlassen. Eine maßgebliche Ursache dafür war neben seiner Haltung in der Verfassungsfrage die Tatsache, dass er das Verhältnis Bayerns zum Deutschen Bund nicht akzeptieren wollte.

In Bayerns Politik nach dem Ministersturz spielte sein Verhältnis zum Deutschen Bund eine wesentliche Rolle. Das Land stand vor einer entscheidenden Wende.

Anmerkungen

1 Vgl. Eberhard Weis, Montgelas, der Architekt des modernen bayerischen Staates 1799–1838, Bd. 2, 2005, S. 680 ff.
2 Zur Affäre Reisach vgl. die zusammenfassenden Darstellung bei E. Weis, (wie Anm. 1), S. 501–503.
3 Die Autorenschaft Christophs scheint mir nicht gesichert. In den Briefen an seinen Bruder Adam ist nichts zu finden. In der Schrift „die Familie von Aretin". Ein Beitrag zur baierischen Staats, Kunst- und Gelehrtengeschichte. Den Manen des Christoph Freyherrn von Aretin gewidmet, Altenburg 1825, sind die Veröffentlichungen der drei Brüder aufgezählt. Eine Schrift „An das teutsche Volk über den Exkommissar Graf Reisach" ist hier nicht genannt. Das Verzeichnis der Schriften ist allerdings nicht vollständig. U. a. sind Artikel in der Allemannia nur teilweise genannt. Zu Langs Schrift vgl. Wolfgang Piereth, Bayerns Pressepolitik und die Neuordnung Deutschlands nach den Befreiungskriegen, 1999, S. 107 f.
4 Vgl. W. Piereth, (wie Anm. 3), S. 75–90. Auf diese hervorragende Arbeit sei als Ganzes verwiesen.
5 Brief Haidenburg.
6 Christoph bat seinen Bruder Adam, er möge auf irgendeinem Weg Wrede die Nachricht in Wien zukommen lassen, dass der Aufsatz von ihm stamme. Brief v. 26. 11. 1814, Haidenburg.
7 Brief v. 14. 12. 1814, Haidenburg.
8 Brief v. 4. 11. 1815, Haidenburg.
9 Brief an den Bruder Adam v. 12. 1. 1816, Haidenburg.
10 Zu Hörmann, vgl. W. Piereth, (wie Anm. 3), S. 131–139. [Die eindeutige Identifizierung von Hörmann als Herausgeber der Zeitschrift geht auf Piereth zurück.]
11 Brief v. 13. 12. 1814, Haidenburg. Zu den Verhandlungen zur Gründung der Allemannia vgl. W. Piereth (wie Anm. 3), S. 256.
12 ebenda, S. 300–312. Eine Liste mit den Namen der Autoren der einzelnen Aufsätze.
13 Vgl. Piereth, ebenda, S. 133 gibt an, dass Hörmann etwa ein Fünftel und Aretin etwa ein Viertel der Aufsätze verfasste. In dem Schriftverzeichnis, das Georg Freiherr von Aretin nach dem Tod Christophs herausgab, (wie Anm. 3), heißt es S. 38. Allemannia 1815–17 die meisten Aufsätze in dieser Zeitschrift sind von seiner Feder. Der Zweck war, dem zur Mode gewordenen Schimpfen gegen Bayern im Rheinischen Merkur und in deutschen Blättern Schranken zu setzen.
14 Revision der Schriften über die sächsische Angelegenheit, Allemannia 3, April–Juni 1815, Zusätze zur Revision der Schriften über die sächsische Angelegenheit, Heft IV, S. 40–48.
15 Deutsche Blätter, Neue Folge, Band III, 1815.
16 Allemannia VI (April–Juni 1816), S. 1–38. [Die folgenden Zitate stammen alle aus diesem Artikel.]
17 Georgs Schrift erschien im Januar 1817.
18 W. Piereth, (wie Anm. 3), S. 139. Die Affäre des Angebotes an Görres, ebenda, S. 183–85. Der Brief Christoph, Haidenburg.

19 Jenaische Allgemeine Literaturzeitung Nr. 112–114 Juni 1817. Zur Autorenschaft Christoph v. Aretin vgl. W. Piereth, (wie Anm. 3), S. 141, Anmerkung 179.
20 Vorschlag zur Gründung einer Zeitung für Literatur von Christoph von Aretin v. 22. 7. 1816, MA 674 Aretinsche Gutachten München.
21 Christoph spielt auf die 1814 von Großherzog Carl August von Weimar erlassene Verfassung an.
22 Im Personalakt Adam Aretin ist ein Entwurf für diese Zeitschrift, der ganz aus der Feder von Adam v. Aretin stammt. Zu der Zeitschrift vgl. W. Piereth, (wie Anm. 3), S. 191–194.
23 Staatsrat 1642, München. In diesen Akten stehen auch alle anderen Angaben.
24 Staatsrat 1642, München
25 Vgl. Eberhard Weis, Zur Entstehungsgeschichte der bayerischen Verfassung von 1818, in ZbLG Bd. 3, 196, S. 413–457.
26 Staatsrat 1656, München.
27 Staatsrat über die Sitzung des Ausschusses, Die Revision der Konstitution von 1808 vom 20. 10. 1814, Staatsrat 1643, München.
28 Sitzung vom 6. 12. 1814, Staatsrat 1644, München.
29 Aus den Papieren des königlich bayerischen Staatsministers Maximilian Freiherr von Lerchenfeld, hsg. von Maximilian Freiherrn von Lerchenfeld 1887, S. 52; S. 249.
30 Vgl. Heinz Gollwitzer, Ludwig I. von Bayern, Königtum im Vormärz. Eine politische Biographie, 1986, S. 216 f. Die Kritik des Kronprinzen ist von Michael Doeberl, M v. Seydel und Karl Theodor von Heigel umfassend behandelt worden. Vgl. E. Weis, (wie Anm. 1), S. 438 f.
31 Christoph Freiherr von Aretin, Abhandlungen über die wichtigen Gegenstände der Staatsverfassung und Staatsverwaltung mit besonderer Rücksicht auf Bayern, 1816, Dritte Abhandlung. Von der Einführung einer Nationalpräsentation, S. 127 f.
32 E. Weis, (wie Anm.1), S.785. Das Zitat aus einem Brief Christophs an seinen Bruder Adam v. 26. 9. 1816, Haidenburg.
33 Die Verhandlungen über den Münchner Vertrag sind von E. Weis, (wie Anm. 1), S. 707–714 eingehend behandelt worden.
34 Briefe der Brüder Aretin über die Möglichkeit eines Volksaufstandes, Haidenburg.
35 Brief Stainleins an Montgelas v. 17. 1. 1817, Politisches Archiv Reihe I. 258, München.
36 Bericht Rechbergs v. 13. 1. 1817, MA II 33, München.
37 Bemerkung Aretins zum Gutachten Zentners vom Ende Januar 1817 MA II 33, München.

Adam von Aretin; unbek.

V. Kapitel

Adam von Aretin als bayerischer Gesandter am Deutschen Bundestag, 1819–1822

Die Mitteilung, in der der König die Entlassung seines Ministers Montgelas bekannt gab, enthielt auch die Nachricht von der Ernennung Adam von Aretins zum bayerischen Gesandten am Deutschen Bundestag. Die gleichzeitige Verkündung beider Entscheidungen ist weniger als Ursache und Wirkung zu verstehen, vielmehr als Zeichen für einen politischen Richtungswechsel des Königs. Adam von Aretin hatte sich klar für eine andere Politik auf dem Deutschen Bundestag ausgesprochen. Seine Ernennung macht deutlich, dass der König hierin eine zukunftsweisende Strategie erkannte und bereit war, sich auf diese Linie einzulassen.

Die Ernennung zum Gesandten am Deutschen Bundestag kam nicht nur für Adam von Aretin, sondern auch für die Öffentlichkeit völlig unerwartet. Man wollte nicht glauben, dass Aretin, der ja immerhin als Oberlehenhofkommissar in München eine bedeutende Stellung hatte, bereit sei, diese zugunsten eines Postens aufzugeben, der von vielen als unwichtig angesehen wurde. Als Metternich gegen die Ernennung Aretins Einspruch erhob, weil er ihn mit seinem Bruder Christoph verwechselte, der gegen die Abtretung Salzburgs an Österreich laut protestiert hatte, stellte der bayerische Gesandte in Wien, Freiherr von Stainlein, die gutgemeinte Frage, ob Adam diese Ablehnung nicht benutzen wolle, dem König die Ernennung zurückzugeben.[1] Aloys Graf Rechberg, der im Anschluss an seine Frankfurter Mission das Außenministerium übernahm, war sich über die Nominierung Aretins nicht im Klaren, als er Ende Februar nach München zurückging. Bei seiner Verabschiedung vom österreichischen Präsidialgesandten, Graf Buol-Schauenstein, ging er davon aus, dass Freiherr von Gruben als Gesandter nach Frankfurt zurückkehren würde, „weil der provisorisch ernannte Freiherr von Aretin entschlossen erscheint, die Stelle nicht nur definitiv nicht anzunehmen, sondern sie nicht antreten wolle."[2]

Aretin hatte inzwischen seine Entscheidung getroffen, nach Frankfurt an den Deutschen Bundestag zu gehen. Am 19. Februar teilte er Rechberg mit, er werde überall, wohin man ihn befehle, gehen, „am liebsten allerdings in den Ruhestand."[3] Am 5. Februar 1817 wurde eine Sondersitzung des Geheimen Rats einberufen, die den alleinigen Zweck hatte, die bisherigen Aufgaben Aretins neu zu verteilen.[4]

Aretin war klar geworden, dass Bayern außenpolitisch keinen Spielraum hatte und seine Politik in Frankfurt die einzige Möglichkeit war, sich Geltung zu verschaffen. Die Stellung Bayerns in Frankfurt entschied seiner Meinung nach über das Ansehen und damit die Wirkungsmöglichkeiten des Landes innerhalb des Deutschen Bundes. Er ging davon aus, dass die von Montgelas geschaffene Ordnung Bayerns Vorbildcharakter auch für andere Bundesländer habe.

Am 14. März 1817 legte Aretin dem Geheimen Rat eine Denkschrift darüber vor, wie er die Rolle Bayerns am Deutschen Bundestag gestalten wolle. Der Tenor dieser Denkschrift war, dass Bayern zu wenig mächtig sei, um außerhalb des Deutschen Bundes zu existieren.[5] Die einzige Möglichkeit für Bayern, politisch etwas zu bewirken, sah Adam von Aretin nur im Rahmen des Deutschen Bundestags. Deshalb lautete sein Rat, „von demselben den möglichsten Gewinn zu ziehen." Bayern müsse versuchen, „das Zutrauen der Mitstände allmählich zu erwerben und sich nach und nach des Bundes möglichst zu bemächtigen. Ist man dies mit der Zeit zu bewirken im Stande und kommt kein störender Anlass dazu, so konsolidiert sich entweder der Bund unter Verhältnissen, die für Bayern nicht ungünstig sind, oder es bildet sich wohl gar ein Körper aus, dessen Fortbestand in solcher Form für Österreich und Preußen keineswegs wünschenswert sein kann." Aretin nahm für diesen Fall an, dass die beiden Großmächte sich entweder vom Bund trennen oder den Bund auflösen würden. Das wäre beides, nach Aretins Meinung, für Bayern von Vorteil. Bevor solche Entwicklungen einträten, müsste Bayern jedoch mit großer Vorsicht seine Position durch aktive Mitarbeit in allen Ausschüssen verbessern. Diese Politik solle durch Kontakte zu den Höfen in Berlin, Wien, Brüssel, Dresden, Hannover oder auch Stuttgart, Karlsruhe und Darmstadt abgesichert werden.

Rechberg, der in Frankfurt das Misstrauen gegen Bayern erfahren hatte, scheint dennoch eine positive Rolle Bayerns am Bundestag nicht für unmöglich gehalten zu haben. In seiner Instruktion an Aretin vom 30. März 1817 hielt er sich wesentlich an dessen Denkschrift und gab ihm weitgehend freie Hand, durch aktive Mitarbeit den Bundestag für Bayern positiv zu stimmen.

Georg Friedrich Freiherr von Zentner, der bisher mit seinen Weisungen die Politik Bayerns am Bundestag bestimmt hatte, zog sich zurück.[6] Seine Politik war in der Denkschrift von Aretin hart kritisiert worden. „Es ist kaum zu zweifeln", hieß es da, „daß, wenn Bayern gleich Anfangs in die Ideen eingegangen wäre (...), es als der mächtigste rein deutsche Staat eine Rolle in dem Bund spielen und sich vielleicht des ganzen Bundes hätte bemächtigen können." Das sah Zentner wohl als Illusion. Er blieb Aretins Absichten gegenüber skeptisch.

Vor dem Geheimen Rat vertrat Rechberg ganz die von Adam von Aretin vorgeschlagene Linie einer Politik am Deutschen Bundestag, für die es keine Alternative gäbe. Bayern sei zu klein, um außerhalb des Bundes bestehen zu können, aber groß genug, um im Deutschen Bund eine wichtige Position einzunehmen. „Bayern", hieß es da, „könnte sich an die deutschen Höfe anschließen und versuchen – wenn es das Vertrauen der Mehrheit gewonnen hatte – sich an die Spitze eines engen Bundes zu stellen und dadurch Österreichs und Preußens Einfluss unwirksam zu machen."[7] Auf diesem Weg wären auch verbindliche Beschlüsse des Bundestags zu vermeiden, die in die inneren Verhältnisse Bayerns eingriffen, wie etwa Richtlinien für die Lösung der Verfassungsfrage oder die Errichtung eines obersten Bundesgerichts. Hätte Rechberg die Weisung gekannt, die Metternich dem österreichischen Präsidialgesandten, Graf Buol-Schauenstein, im Oktober 1816 mitgegeben hatte, er wäre nicht so beunruhigt gewesen. In dieser Instruktion hatte die Achtung vor der Eigenständigkeit der einzelnen Bundesländer einen hohen Stellenwert. So lehnte Metternich ein oberstes Bundesgericht ab, weil dies der Souveränität der Länder widerspräche.[8]

Interessant ist auch die Haltung des Königs. Max I. Joseph scheint nach der Entlassung Montgelas' zunehmend Interesse an der bayerischen Außenpolitik entwickelt zu haben. Insbesondere an der von Aretin vorgeschlagenen Strategie nahm er persönlich Anteil. Er gab ihm für seine Arbeit in Frankfurt volle Rückendeckung, wusste aber auch, dass man mit dieser Politik Neuland betrat. Mehrfach gab der König Adam von Aretin zu verstehen, dass er ihm ein Scheitern seiner politischen Pläne nicht nachtragen würde.[9]

Auch gewährte er ihm einige Zugeständnisse. Dazu gehörte zum einen das Gehalt, das für einen innerdeutschen Gesandtenposten ungewöhnlich hoch war. Dies galt auch für die ihm für die Anmietung eines Palais bewilligten Zuschüsse. Zum anderen räumte er Adam von Aretin eine Reihe von Privilegien ein. Als dieser sein Bedauern aussprach, nicht mehr Mitglied des Geheimen Rats zu sein, kam ihm Max I. Joseph entgegen. Er schuf den Posten eines außerordentlichen Staatsrats und ernannte Aretin, Anton von Cetto und den bayerischen Gesandten in London, Hubert von Pfeffel, zu „Staatsräten im Außerordentlichen Dienst". Die entsprechende Verfügung des Königs, die Adam von Aretin Anfang Mai 1817 mitgeteilt wurde, klang wie eine Entschuldigung: „Als wir Johann Adam Freiherr von Aretin als Gesandten nach Frankfurt ernannten, war es unsere Ansicht nicht, denselben aus der Mitte unseres wirklichen Staatsrates zu entfernen ... Wir fanden es unvereinbar, die Stelle eines wirklichen Staatsrats im ordentlichen Dienst mit jener einer Gesandtschaft am Bundestag, welche Geschäfte eine lange Abwesenheit erfordern. Wenn Freiherr von Aretin von Frankfurt abberufen wird, erhält er seine Stelle im Staatsrat wieder."[10]

Noch im Juni 1817 beantragte Adam von Aretin das Lehen Neuburg an der Kammel. Es war an sich üblich, dass sich ein Oberlehenhofkommissar bei seinem Ausscheiden ein Lehen aussuchen durfte. Im Fall Neuburg war die Sache etwas anders. Dieses Lehen war das größte in Bayern mit 400 Hektar Wald, Grundbesitz und einem großen Schloss. Als Aretin Rechberg bat, seinen Antrag dem König weiter zu reichen, hatte dieser erhebliche Bedenken. Umso erstaunter muss er gewesen sein, als der König Adam von Aretins Wunsch nachkam und wenig später die Belehnung aussprach.

Anfang April 1817 reiste Adam von Aretin nach Frankfurt. Er machte in Stuttgart Station, um dort mit dem württembergischen Minister Graf Zeppelin und dem ebenfalls anwesenden württembergischen Gesandten am Bundestag, Graf Mandelslohe, Gespräche zu führen. Sie vereinbarten eine enge Zusammenarbeit in Frankfurt. In der Bundesversammlung führte Österreich

Das Palais des Fürsten von Thurn und Taxis in Frankfurt (vorn rechts) diente als Sitz des Deutschen Bundestags; Xylografie von 1850

das Präsidium. Daher begab sich Aretin zum österreichischen Präsidialgesandten Graf Buol-Schauenstein. Dieser bot Aretin, den er von den Verhandlungen 1805 kannte, eine engere Zusammenarbeit an.[11] Sie könnten, wenn sie gemeinsam vorgingen, das Geschehen in der Bundesversammlung weitgehend bestimmen.

Hinter diesem Angebot steckte natürlich von österreichischer Seite diplomatisches Kalkül. Ein Brief Buol-Schauensteins vom 4. Mai zeigt, dass er zwar von Aretins Fähigkeiten überzeugt war, aber nicht annahm, dass sich an der negativen Haltung Bayerns viel ändern würde: „Die Gefälligkeit der Formen des Freiherrn von Aretin verbirgt keineswegs den durch seine beiden Vorgänger Graf Rechberg und Freiherrn von Gruben bekundeten Geist jenes unruhigen Misstrauens, welches keinen anderen Begriff zu haben scheint, als beständig gegen ein eingebildetes Weiterumsichgreifen der Bundesversammlung auf seiner Hut zu sein. Wenn diese Tendenz durch geraume Zeit ohne den verdienten Widerspruch bleibt, so kann sie wohl nicht verfehlen, ansteckend zu werden, wie bereits diesfällige Spuren bei der württembergschen Gesandtschaft schon zum Öfteren und neuerdings seit kurzem Hiersein des Freiherrn von Aretin bemerkt worden sind; man versorgt von seiner Seite das Bestreben einer ähnlichen Entwicklung auf den badischen und darmstädtischen Gesandten, welche persönlich sehr wohl gesinnt sind, aber an Gewandtheit von Freiherrn von Aretin leicht übertroffen werden dürften."[12]

Für die Absicht Adams, die Mehrheit der Gesandten am Deutschen Bundestag für Bayern zu gewinnen, war eine längere Zeit der politischen Entspannung nötig. Danach sah es jedoch nicht aus. Denn inzwischen wurden auch in Wien Überlegungen zu einer aktiven Politik am Deutschen Bundestag angestellt, um dort die österreichischen Interessen durchzusetzen. Wie eine nicht datierte und auch nicht unterschriebene Denkschrift im Wiener Haus-, Hof- und Staatsarchiv, *Intervention zur Erörterung der Art und des Umfangs der Bundeskompetenz in Beziehung auf Rechte und Interessen der Untertanen*[13] zeigt, betrafen diese Überlegungen Artikel VIII der Bundesakte, der die Kompetenz des Bundes als Aufsichtsorgan betonte. Das österreichische Interesse galt vor allem Artikel XIII der Bundesakte. Er war gleichsam das Verfassungsversprechen aller 41 Mitgliedsstaaten zur einheitlichen Einführung von landständischen Verfassungen in ihren Ländern. Österreich war jedoch nicht flächendeckend landständisch organisiert. Ihm fehlte schlichtweg die Voraussetzung zur Einführung eines Parlaments. Daher suchte es die von Bayern propagierte Repräsentativverfassung nach französischem Vorbild zu verhindern. Vielmehr wollte man in Wien dafür sorgen, dass in den einzelnen Ländern vergleichbare Verfassungen eingeführt würden.

Zur Sommersitzung der Bundesversammlung lagen verschiedene Anfragen zum Verfassungsartikel XIII vor, auch der Antrag einer Garantie der Länderverfassungen durch den Deutschen Bund.

Das führte bei Metternich zu der Überlegung, über diese Garantie möglicherweise Einfluss auf den Inhalt der Verfassungen zu gewinnen. „Die Garantie der Verfassungen durch den Bund könne nur dann gewährt werden", hieß es in einer Weisung an Buol-Schauenstein, „wenn sie den Grundbegriffen des Bundes nicht widerstreite. Nur die Verfassungen, welche von Fürsten und Ständen gemeinschaftlich unter die Garantie des Bundes gestellt werden, sind nach unseren Begriffen von letzterem zu garantieren."[14]

Im Sommer 1817 gelang es Aretin mit Hilfe Buol-Schauensteins, in Frankfurt eine Diskussion über den Artikel XIII, den Verfassungsartikel der Bundesakte, zu vermeiden. Als aber die von Senator Smidt herausgegebene *Bremische Zeitung* seine Diskussion in der nächsten Sitzungsperiode anmahnte, war klar, dass sich im Herbst diese Frage nicht mehr umgehen ließ. Auch Metternich war der Überzeugung, dass sich der Bundestag möglichst bald mit diesem Artikel befassen müsse.[15] Nachdem das Plenum darauf bestand, blieb Aretin nichts anderes übrig, als dafür zu stimmen. Es gelang ihm allerdings, das Problem der permanenten Austrägalinstanz dadurch zu entschärfen, dass beschlossen wurde, sie nur von Fall zu Fall einzurichten und die Bereitschaft dazu durch einen Beschluss festzulegen.[16] Diese Lösung brachte Aretin die persönliche Anerkennung des Königs ein.

Als der Bundestag im Juli 1817 in die Sommerpause ging, war Aretin ein geachtetes Mitglied, das wegen seiner Kenntnisse von Vielen geschätzt wurde.[17] Allein den österreichischen Präsidialgesandten Graf Buol-Schauenstein konnte er nicht von sich überzeugen. Der blieb bei seiner Meinung, dass Bayern seine negative Rolle durch einen geschickten Mann nur besser tarne. Nach anfänglicher Enttäuschung, dass er von München weg versetzt wurde, hatte Adam sich sowohl mit Frankfurt als auch mit seiner Stellung ausgesöhnt. „Mir ist mein Platz lieb geworden", schrieb er seinem Bruder Christoph, „es ist ein interessantes Geschäft, bei dem mir Graf Rechberg viel freie Hand läßt."

Die Diskussion um Artikel XIII der Bundesakte

In seiner Denkschrift von 1817 hatte Adam von Aretin eine Strategie entworfen, wie er die Bundesversammlung für Bayern gewinnen wolle, unter der Voraussetzung, dass keine störenden Umstände dazu kämen. Noch bevor die Bundesversammlung zu ihrer ersten Sitzung nach der Sommerpause zusammentrat, war klar, dass ein störender Umstand in Gestalt der Diskussion um Artikel XIII der Bundesakte für diese Sitzung zu erwarten sei.

Zwar hatte Graf Buol-Schauenstein, als er die Sitzung am 3. November 1817 eröffnete und die zur Beratung anstehenden Probleme nannte, nichts zu diesem Artikel gesagt. Als aber der luxemburgische Gesandte, Baron Gagern, seine Behandlung anmahnte, antwortete Buol-Schauenstein, seine Majestät der Kaiser hege den Wunsch, Artikel XIII möge in allen Ländern schnell und gründlich in Angriff genommen werden. Seine Majestät könne nur mit Bedauern feststellen, dass bisher in dieser Angelegenheit so wenig geschehen wäre.[18]

Für Aretin stand mit der Behandlung von Artikel XIII im Bundestag seine Politik auf dem Spiel. Musste Bayern nicht aus dem Deutschen Bund austreten, wenn es zu verbindlichen Richtlinien kam, wie der Verfassungsartikel gestaltet werden solle? Aus der Vorgeschichte wusste Aretin, dass Bayern niemals bereit war, vom Bundestag beschlossene Vorgaben zu akzeptieren. Mitte Dezember berichtete er nach München, dass sich die Diskussion um den Verfassungsartikel nicht länger hinauszögern lasse, weil der Gesandte von Dänemark und Mecklenburg, Leopold von Plessen, den Auftrag habe, diese Diskussion zu beantragen. Aretin suchte Plessen mehrfach auf, um ihn von diesem Schritt abzuhalten. Plessen ließ sich aber nicht beirren, zumal er bei seinem Antrag vom preußischen Gesandten, Graf Goltz, unterstützt wurde. Die Sitzung fand am 18. Dezember 1817 statt, die Debatte um den Verfassungsartikel war eröffnet.

Die von König Friedrich von Württemberg begonnenen Verhandlungen über die ständische Verfassung in seinem Land waren in eine Sackgasse geraten. Der württembergische Gesandte, Karl August Freiherr von Wangenheim, hatte daher von Friedrichs Nachfolger, König Wilhelm I., die Weisung bekommen, dafür zu sorgen, dass von der Bundesversammlung eine für alle Bundesstaaten verbindliche Verfassung beschlossen werde.[19] Mit energischer Unterstützung von Wangenheims erreichte Plessen, dass am 22. Dezember den Bundesstaaten eine Frist von sechs Wochen gesetzt wurde, nach der sie erklären sollten, wie weit sie mit der Erfüllung des Artikels XIII gekommen wären.

Von der Entwicklung in Frankfurt und dem Ende der o. g. Frist beunruhigt, gab König Max I. Joseph am 16. Februar 1818 die Weisung, das Verfassungsproblem mit höchster Dringlichkeit zu behandeln und alle anderen Fragen zurückzustellen.[20] Am 26. Februar begannen in München unter größter Geheimhaltung die

Beratungen.[21] Adam von Aretin wurde davon nicht unterrichtet. Nach Ablauf der sechs Wochen konnte er im Bundestag nichts berichten. Er konnte die Beratungen nur verzögern, was Graf Buol-Schauenstein Gelegenheit gab, Bayern als den Bremser in der Erfüllung des Artikels XIII hinzustellen, in der Überzeugung, dass Bayern den Bund sabotieren wolle.[22] Aretin bezeichnete er als Mohren, den man nicht weißwaschen könne.

Obwohl die Diskussion um den Artikel XIII in Frankfurt den eigentlichen Anstoß für die Aufnahme von Verfassungsberatungen in München gegeben hatte, wurde Adam von Aretin erst am 20. April 1818 von Zentner über die kurz vor dem Abschluss stehenden Beratungen unterrichtet.[23] Diese waren auch Metternich verborgen geblieben. Der hatte bereits Stainlein gegenüber Ideen entwickelt, wie Bayern das Problem des Artikels XIII lösen könne.[24] In diesen bis ins Detail gehenden Vorschlägen, die Metternich zwischen dem 22. Dezember 1817 und Mitte Februar 1818 entwickelt hatte, war von einer Erneuerung der alten landständischen Verfassung keine Rede. Er schlug vor, den Verfassungsentwurf von 1814/15 außer Acht zu lassen und auf die bayerische Verfassung von 1808 zurückzukommen. Nach seiner Meinung sollten nur Provinziallandstände in den einzelnen Kreisen eingeführt werden. Auf ein Zentralparlament in München solle verzichtet werden. Ähnliche Gedanken äußerte Metternich auch für Württemberg und Preußen.

Die bayerische Verfassung vom Mai 1818 war für ihn eine Enttäuschung. Sie wurde auch am Bundestag mit Überraschung zur Kenntnis genommen. Aretin unterband jede Diskussion darüber mit dem Argument, die Verfassung wäre vom König aus freien Stücken seinem Volk geschenkt worden und bedürfe keiner Garantie durch den Bundestag. Auch wäre eine Diskussion über ihren Inhalt nicht zulässig. Die kritische Aufnahme der bayerischen Verfassung in der Bundesversammlung und insbesondere Aretins Weigerung, deren Inhalt zu diskutieren, waren allerdings nicht geeignet, Vertrauen bei den Bundesländern zu schaffen, sondern bestätigten die von Wien ausgestreuten Behauptungen, Bayern verfolge eigensüchtige Ziele.

Mit der bayerischen Verfassung war das Modell einer Repräsentativverfassung nach dem Vorbild der französischen Charte von 1814 zur Diskussion gestellt. Auch Baden legte etwa zeitgleich eine Verfassung vor, die diesem Vorbild entsprach. Bisher hatte Mecklenburg mit seiner landständischen Verfassung den Gang der Beratungen bestimmt.

Sehr viel kam nun auf die Haltung Preußens an. Hier war die Situation unklar. Das mehrmals von König Friedrich Wilhelm III. und seinem Staatskanzler Fürst Hardenberg gegebene Versprechen, eine Verfassung zu erlassen, war nicht erfüllt worden. Wieweit man in Berlin überhaupt daran dachte, Beratungen über eine Verfassung aufzunehmen, war unbekannt. Hätte sich der preußische Hof entschlossen, Verfassungsberatungen aufzunehmen, die sich ebenfalls an der französischen Charte orientierten, hätte die liberale Verfassungsbewegung in Deutschland neuen Schwung bekommen. Sie wäre dann nicht nur auf die größeren ehemaligen Rheinbundstaaten beschränkt geblieben.

Die Diskussion um die Militärverfassung des Bundes

Am 15. Januar 1818 legten Österreich und Preußen dem Deutschen Bundestag einen gemeinsam erarbeiteten Plan für die militärische Organisation des Deutschen Bundes vor. Bereits am 30. Dezember 1817 hatte der bayerische Gesandte in Wien, Freiherr von Stainlein, erstmals von diesem Plan berichtet.[25] Bayern hatte darin eine Sonderstellung: Während das Militär der Bundesstaaten in die österreichische, bzw. preußische Armee eingegliedert werden sollte, bildete die bayerische Armee ein eigenes Corps. Bayern war auch das einzige Land, das wenige Tage vor der Eingabe im Bundestag offiziell über den Plan informiert wurde. Die Regierungen aller anderen Bundesländer waren von der gemeinsamen Initiative Österreichs und Preußens überrascht worden. Selbst deren Gesandte, Buol-Schauenstein und Goltz, hatten vorher nichts davon erfahren.

Die bayerische Offensive

Angesichts dieser miserablen diplomatischen Vorbereitung erkannte Rechberg die Chance, mit einem strategischen Coup die kleineren Länder am Deutschen Bundestag unter die Führung Bayerns zu bringen. Trotz der Sonderstellung, die der Militärplan Bayern einräumte, wollte Rechberg im Schulterschluss mit den kleineren Ländern die Ablehnung dieses Plans organisieren. Das

Vorhaben wurde sofort Adam von Aretin mitgeteilt, der die Chance ebenfalls erkannte. „Wenn mich nicht alle Wahrnehmungen täuschen", hieß es in seinem Bericht vom 7. Januar 1818, „so dürfte übrigens der Zeitpunkt nicht so sehr entfernt sein, wo ein näheres Anschließen zwischen den Deutschen Bundesstaaten und ein aufrichtiges Vertrauen unter denselben zur hohen Notwendigkeit werden kann."[26] Der österreichisch-preußische Plan wäre geeignet, fügte er hinzu, die kleinen Staaten an Bayern zu binden, „wenn nicht neuerdings Misstrauen gesät würde."

Der am 15. Januar 1818 dem Bundestag von Buol-Schauenstein vorgelegte Entwurf einer Bundesmilitärverfassung wurde nicht, wie er und Goltz es erwartet hatten, ohne Diskussion angenommen; stattdessen wurde eine Frist von acht Wochen festgelegt, in der die Bundestagsgesandten Instruktionen ihrer Regierungen einholen sollten. Am 18. Januar ging von München eine eingehende Kritik des Entwurfs an alle Bundesstaaten. König Max I. Joseph sprach sich in seinem Rundschreiben dafür aus, durch ein gemeinsames Zusammenwirken die Unabhängigkeit der einzelnen Bundesstaaten und die Selbstständigkeit des Deutschen Bundes gegen die Hegemoniebestrebungen der Großmächte zu sichern.

Adam von Aretin blieb währenddessen nicht untätig. Er erreichte, dass der württembergische Gesandte, Karl August Freiherr von Wangenheim, der badische Gesandte, Karl Christian Freiherr von Berckheim, und der Gesandte von Hessen-Darmstadt, Karl Christian Freiherr von Harnier, Empfehlungen an ihre Regierungen gaben, den österreichisch-preußischen Militärplan abzulehnen. „Dies", meldete Aretin am 6. Februar nach München, „ist das Resultat gemeinschaftlichen Benehmens zur gleichheitlichen Basis ihrer Berichterstattung zu nehmen, um möglichst gleichförmige Instruktionen zu erhalten."

Als sich abzeichnete, dass die Mehrzahl der Gesandten gegen den Plan der Großmächte stimmen würde, wähnte sich Aretin am Ziel seiner Wünsche. „Die Bahn ist gebrochen", jubilierte er, „und andere werden in gleichem Sinn über die militärischen Angelegenheiten abstimmen." Gelang es, für den Bund eine von den deutschen Großmächten unabhängige Militärorganisation zu schaffen, so war ein wichtiger Schritt für die bayerischen Pläne von Rechberg und Aretin erreicht.

Als am 9. April der Militärplan schließlich dem Bundestag zur Entscheidung vorgelegt wurde, wurde er mehrheitlich abgelehnt und beschlossen, dass jene Staaten, die ein eigenes Armeecorps aufstellten – also Österreich, Preußen und Bayern – sich keine fremden Truppenteile einverleiben durften. Damit waren, sehr zur Zufriedenheit Aretins, die österreichisch-preußischen Militär-Ambitionen" gescheitert.

Metternichs Gegenaktion

Dieser 9. April war ein großer Erfolg für Aretin. Allerdings: Metternich war nicht so ahnungslos gewesen, wie Aretin gemeint hatte. Gerüchte trugen ihm zu, dass der österreichisch-preußische Plan vom Bundestag nicht akzeptiert werde. Buol-Schauenstein sollte nun dafür sorgen, dass die Ausarbeitung eines neuen Militärplans zwei Gremien übertragen werde, einem Ausschuss von Bundestagsgesandten und einem Militärausschuss. Der Bundestagsausschuss solle mit einer den beiden Großmächten gewogenen Mehrheit besetzt sein. Am 3. April berichtete Stainlein von den Plänen Metternichs, die Aretin sofort mitgeteilt wurden.[27] Dieser war daher vorbereitet, als tatsächlich die Einrichtung dieser zwei Gremien im Bundestag beschlossen wurde. Trotzdem verlor er nicht seinen Optimismus, eine den rein deutschen Staaten entsprechende Lösung durchsetzen zu können.

In den Bundestagsausschuss wurden neben Buol-Schauenstein, Goltz und Aretin noch Georg Friedrich von Martens (Hannover), Karl August von Wangenheim (Württemberg), Friedrich von Eyben (Dänemark) und Leopold von Plessen (Mecklenburg) gewählt. Die Kritiker des alten Plans waren nur durch Aretin und Wangenheim vertreten. Martens, Eyben und Plessen galten als Parteigänger Preußens und Österreichs. Zum Vorsitzenden des aus hohen Offizieren zusammengesetzten Militärausschusses wurde der Österreicher Johann Philipp Freiherr von Wessenberg bestimmt, der über ein großes Ansehen unter den Bundestagsgesandten verfügte. Dieses Ergebnis ließ den bayerischen Plänen wenig Spielraum.

Der Bundestagsausschuss tagte anfangs dreimal in der Woche. Dieses Tempo wurde Aretin unheimlich. Ende Mai 1818 kamen Adam ernste Zweifel, ob es ihm gelinge, die Anfang April um sich gescharten Bundesländer bei der Stange zu halten. „Ich will", schrieb er, „ alle Kräfte aufwenden, um den Schimpf von der Bundesversammlung abzuwenden, daß sie sich den nicht

Klemens Wenzel Lothar Fürst von Metternich;
Porträt von Thomas Lawrence, 1815

leicht errungenen Sieg viel mehr durch Inkonsequenz und Schwäche als durch eminente Geschicklichkeit der Gegner wieder aus den Händen winden lasse. Wenn unser Plan nicht gelingt, hat sich der Bund wohl sein Urteil selbst gesprochen und Baiern wird in jedem Fall weniger an Selbstständigkeit verlieren, als die meißten der übrigen Bundesstaaten."[28]

Inzwischen hatte der österreichische General Andreas Freiherr von Steigentesch einen Plan entwickelt, nach dem sich die Bundesarmee aus Truppenverbänden *aller Mitgliedsstaaten* des Deutschen Bundes rekrutieren solle. Dieses gemischte Heer schloss auch ausländische, mit den Mitgliedsstaaten assoziierte Truppen ein. Nur Bayern sollte aufgrund seiner Sonderstellung ein eigenes Corps bilden. Österreich und Preußen bildeten den gemeinsamen Generalstab, wobei die nördlichen Truppenverbände unter preußischer, die südlichen unter österreichischer Führung stehen sollten.

Dies war eine Situation, die Bayern um jeden Preis verhindern musste. Am 9. Juni 1818 kam es im Bundestagsausschuss zum Eklat.[29] Buol-Schauenstein verkündete, dass er, Graf Goltz, Martens und die Grafen Plessen und Eyben den Steigentesch-Plan befürworteten und eindeutig die Mehrheit hätten. Aretin erklärte, ihn für Bayern nicht annehmen zu können. Er selbst schlug eine weitaus föderalere Heeresorganisation vor: Neben den jeweils selbstständigen Armeecorps von Österreich, Preußen und Bayern sollten die Truppen der kleineren Mitgliedsstaaten in drei zusätzlichen Armeecorps in das Bundesheer eingehen.

Aretin hatte diesen Plan in letzter Minute entwickelt, ohne ihn mit Rechberg abzusprechen. Er hatte ihn als Kompromissvorschlag gedacht und war erstaunt, mit welcher Vehemenz ihn Buol-Schauenstein ablehnte und ihm vorwarf, mit seinem Vorschlag in die Belange des Präsidialgesandten einzugreifen und mit seinen Winkelzügen die Beratungen in die Länge zu ziehen. Graf Goltz erklärte den bayerischen Plan für Preußen als nicht akzeptabel, auch Martens, Plessen und Eyben votierten dagegen. Aretin jedoch beharrte darauf, dass Bayern niemals dem Steigentesch-Plan zustimmen könne. Ein Diktat der deutschen Großmächte käme einer Auflösung des Bundes gleich.

Wangenheim schloss sich Aretin an, wobei er dessen Erklärung noch verschärfte: „Man muß wissen woran man ist, ob weiterhin ein Bund mit gleichen Rechten oder ein Stand der Unterordnung unter dem Diktat der Großmächte bestehen solle." Graf Buol-Schauenstein lenkte nun ein. Man kam überein, die Sitzung als vertraulich zu behandeln und kein Protokoll zu erstellen.

Mit den Erklärungen des bayerischen und des württembergischen Gesandten war Österreich und Preußen klar, dass man um kombinierte Corps der kleineren deutschen Staaten nicht herumkommen würde. Aus welchen Truppenteilen diese Corps sich zusammensetzten, ob die kleineren Staaten drei oder vier zusätzliche Corps bilden sollten – darüber wurde in den nächsten Monaten hart diskutiert.

Anfang September, bei seinem Aufenthalt in Frankfurt, empfing Metternich Aretin. Es kam zu einer eingehenden Unterredung.[30] Aretin war erstaunt, dass Metternich in einzelnen Fragen nicht mit Preußen übereinstimmte. Am Ende forderte dieser Aretin auf, zu sorgen, dass der Bundestagsausschuss seine Arbeit beende. Aretin legte schließlich am 10. Oktober seinen Vorschlag von vier gemischten Corps dem Bundestag vor. Es wurde eine Frist zur Instruktionseinholung bis Anfang Januar 1819 vereinbart. Anschließend löste sich der Bundestagsausschuss auf, ebenso der Militärausschuss der Generäle. Österreich hatte seine Vorstellungen durchgesetzt, auch wenn über die Zusammensetzung der Corps gegensätzliche Interessen bestanden und deshalb weiter diskutiert wurde. Für Aretin blieb nur die Rolle eines Beobachters.

Österreich hatte sich angesichts der zerstrittenen Kleinstaaten als Führungsmacht im Deutschen Bund behauptet. In einem Bericht Anfang April 1819 erklärte Aretin, angewidert von den Streitereien, dass ein gemeinsames Vorgehen der mittelstarken und mindermächtigen Bundesstaaten nach diesen Erfahrungen unmöglich sei.[31] Damit war seine Strategie, die kleineren Staaten unter der Führung Bayerns als Gegengewicht zu den beiden Großmächten im Bund zu vereinen, gescheitert.

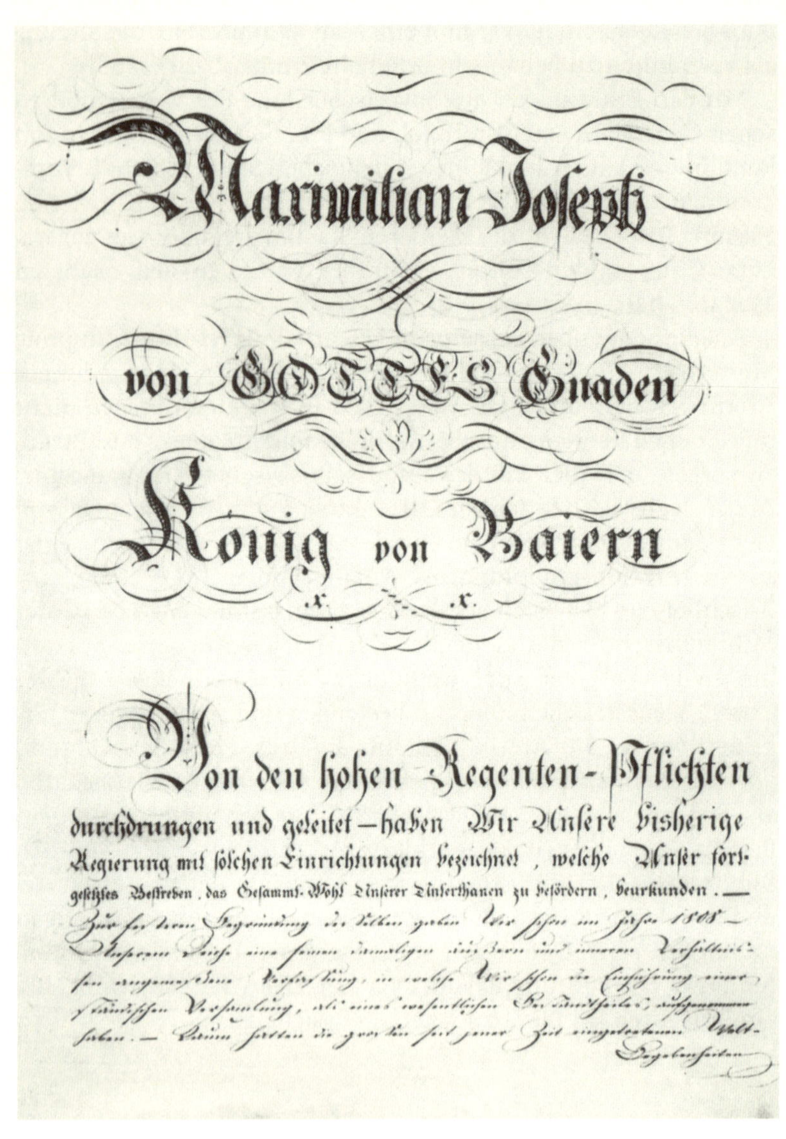

Maximilian Joseph

von GOTTES Gnaden

König von Baiern

x. x.

Von den hohen Regenten-Pflichten durchdrungen und geleitet – haben Wir Unsere bisherige Regierung mit solchen Einrichtungen bezeichnet, welche Unser fortgesetztes Bestreben, das Gesammt-Wohl Unserer Unterthanen zu befördern, beurkunden. —

Verfassung für das Königreich Baiern vom 26. Mai 1818;
Pergament, 38 × 28 cm, 134 Blatt

Die bayerische Verfassung als Vorbild?

Bei der Auseinandersetzung um die Militärorganisation des Bundes wurde die bayerische Verfassung nicht thematisiert. Es war aber zu erwarten, dass das von Österreich gegen Bayern geschürte Misstrauen bei ihrer Bewertung eine Rolle spielen werde.

Nach der Vorlage der bayerischen Verfassung am Deutschen Bundestag war es für Bayern im Sommer 1818 eine Frage, ob seine Verfassung für andere Bundesstaaten als Vorbild gelten könne. Davon waren die Brüder Aretin überzeugt. In der breiten Öffentlichkeit war sie durchaus positiv aufgenommen worden.

Nach Bayern zeichneten sich auch in Baden, Württemberg und Hessen liberale Tendenzen in den Diskussionen über die Umsetzung des Artikels XIII ab. Anders als in Sachsen, Weimar und Nassau wollte man in Bayern die bayerische Verfassung nicht unter die Garantie des Bundes stellen. Sie war, wie Adam von Aretin betonte, ein Geschenk des Königs an sein Volk und bedurfte keiner Bestätigung durch den Bund.

Bevor noch die neu eingerichteten Landtage von Bayern, Baden und Nassau zusammentraten, berichtete Aretin: „Die Garantie der badischen Verfassung soll gemäß der früheren Vorgänge lediglich auf die landständischen Verhältnisse beschränkt und das Übrige mit Stillschweigen umgangen werden. Sollte auf eine Garantie der übrigen Verhältnisse gedrungen werden, so soll Graf Buol die Nichtanwendung der Garantie auf diesselben bestimmt verkünden."[32] Das verhieß nichts Gutes für die liberalen Verfassungen. Es kam daher alles darauf an, wie sich diese in der Praxis bewähren würden.

Sie bewährten sich nicht. In Bayern wurde ein Landtagsabschied nach anfangs stürmischen Sitzungen erreicht. In Karlsruhe und Wiesbaden wurden die Landtage aufgelöst.

Metternich berief eine Konferenz am 6. August 1819 in Karlsbad ein, um – wie man annahm – die aus dem Ruder gelaufenen Landtagsdiskussionen in geregelte Bahnen zu bringen.

Der Mord an dem Dramatiker Kotzebue und das Attentat auf den nassauischen Beamten Ibell wurden von ihm dazu benutzt, die Karlsbader Beschlüsse durchzusetzen, die den demagogischen Umtrieben ein Ende bereiten sollten. In Mainz wurde eine zentrale Behörde geschaffen, die alle aufrührerischen Bewegungen zu untersuchen hatte. Die Universitäten hatten eine strenge

Aufsicht der Studenten einzurichten. Eine restriktive Zensur der Zeitschriften wurde beschlossen. Bei all diesen Maßnahmen ging es in erster Linie um die Wiederherstellung der staatlichen Ordnung. Die Verfassungen standen in Karlsbad nicht im Mittelpunkt der Verhandlungen. Es wurde lediglich beschlossen, dass sie sich im Rahmen des monarchischen Prinzips zu halten hätten.

Graf Rechberg war durch den Mord an Kotzebue so erschüttert, dass er in Karlsbad nicht mehr an der Linie Aretins festhielt. Er lehnte zwar die vom König erwogene Sistierung der bayerischen Verfassung ab, schwenkte aber ganz auf die Linie Metternichs um. Er wurde in Karlsbad davon überzeugt, dass Metternichs Politik gegen die demagogischen Umtriebe richtig und notwendig sei. Am 20. September 1819 wurden die Karlsbader Beschlüsse vom Deutschen Bundestag in Frankfurt verabschiedet.

Was die bislang noch offene Frage der Länderverfassungen anging, so hatte Metternich in Karlsbad zunächst einen Kompromiss gefunden: Angesichts der bayerischen und badischen Verfassung legte er fest, dass Verfassungen, die vom Herrscher aus freien Stücken gegeben würden, genehm wären, während Verfassungen, die mit einer gewählten Körperschaft ausgehandelt würden, nicht dem Artikel XIII der Bundesakte entsprächen.

Um eine Diskussion im Bundestag zu umgehen, machte Metternich einen geschickten Schachzug: Nähere Bestimmungen der Bundesakte – etwa die Erfüllung des Artikels XIII oder die Errichtung eines Obersten Bundesgerichts – solle nicht der Bundestag treffen, sondern die Regierungen selbst. Damit waren die Möglichkeiten des Bundestags so beschnitten, dass eine Politik, wie sie Aretin vorgeschlagen hatte, nicht mehr möglich war.

Metternich lud im Dezember 1819/Januar 1820 die deutschen Regierungen zu einer Ministerialkonferenz nach Wien ein, auf der die Bundesakte nähere Bestimmungen erhalten sollte. Die von den Signaturmächten des Wiener Kongresses, Österreich, Preußen, Großbritannien, Russland, Frankreich und Spanien, garantierte Bundesakte war bewusst an einigen Stellen so formuliert, dass etliche Artikel mehrere Deutungen zuließen, die allein von den deutschen Bundesstaaten beraten und entschieden werden sollten.

Daher hatte Metternich bei der Wiener Konferenz freie Hand, seine Vorstellungen unter Umgehung der Bundesversammlung im Deutschen Bund durchzusetzen. In München ging man davon aus, dass in Wien neben den Vorgängen in der Bundesversammlung vor allem die Verfassungsfrage auf der Tagesordnung stehe. Es lag nahe, Adam von Aretin als Verfassungsexperten nach Wien zu entsenden. Metternich lehnte Aretin jedoch ab, hinter dem er mit Recht den Urheber vieler Schwierigkeiten in der Bundesversammlung vermutete. Rechberg schlug daher Freiherrn von Zentner als bayerischen Vertreter vor. Zentner war einer der Schöpfer der bayerischen Verfassung von 1818 und ein Gegner der aretinschen Politik auf dem Bundestag. Rechberg, der seit Karlsbad völlig von der Politik Metternichs überzeugt war, gab Metternich Ratschläge, wie er den eitlen Zentner gewinnen könne.[33]

Mit den Karlsbader Beschlüssen und der Wiener Ministerialkonferenz war die Strategie einer eigenständigen bayerischen Politik auf dem Bundestag zunichte gemacht. Die Vision der drei Brüder Aretin, die liberalen Verfassungen könnten zum Vorbild in der Erfüllung von Artikel XIII der Bundesakte werden, hatte sich angesichts der politischen Ereignisse als Illusion erwiesen. Das Umschwenken Rechbergs auf die Linie Metternichs bedeutete das Ende der aretinschen Strategie in bezug auf die Bundespolitik in Frankfurt. Durch den Ausschluss von der Wiener Konferenz war Adam schließlich die letzte Möglichkeit genommen, seine Politik in Frankfurt zu vertreten.

Die aretinschen Gutachten

Adam von Aretin, tiefgetroffen durch die vom Bundestag zum Gesetz erhobenen Karlsbader Beschlüsse, hatte sich auf seinen Besitz Haidenburg in Niederbayern zurückgezogen. In wieweit er damals noch an die Durchsetzbarkeit seiner Politik glaubte, ist unklar. Rechberg hatte ihn unmittelbar nach seiner Rückkehr aus Karlsbad davon in Kenntnis gesetzt, dass der König Aretins Ansichten über die in Wien zu verhandelnden Themen wissen wolle. Insbesondere wollte der König erfahren, „in wieweit eine diesseitige Annährung an die Grundsätze ohne Aufopferung der wichtigsten Interessen der Krone stattfinden könnte."[34]

Mitte Oktober erhielt Aretin vom König den Auftrag, über jene Themen, welche bei der bevorstehenden Ministerialkonferenz in Wien zur Sprache kommen sollten, ausführliche Gutachten zu erstellen. Nach Haidenburg wurden zur Unterstützung

Aretins Hauptmann Hermann von Beisler und sein Sekretär Coulon, Legationsrat Philipp Joseph von Flad – ein alter Vertrauter Aretins – sowie ein Schreiber abgeordnet. Adam von Aretin verfasste neun, teilweise über dreißig Seiten lange Gutachten. Sie behandeln anhand der einzelnen Artikel der Bundesakte die Frage, wie weit sich über ihre Auslegung bei den Wiener Verhandlungen noch eine eigenständige bayerische Politik auf dem Bundestag entwickeln lasse.[35]

Das Gutachten zum Verfassungsartikel XIII der Bundesakte ist mit elf Seiten relativ kurz. Zu Beginn des Gutachtens wiederholt er seine von Metternich akzeptierte Haltung, die bayerische Verfassung sei als Geschenk des Königs an sein Volk jeder Kritik enthoben: *„Die Verfassung ist nunmehr gegeben, beschworen, eingeführt und ins Leben getreten.“*[36] Wie weit andere Bundesländer die bayerischen Verfassung zum Vorbild nehmen würden müsse abgewartet werden.

Obwohl Aretin nach den Karlsbader Beschlüssen klar war, dass in Wien Entscheidungen getroffen würden, die den Spielraum für eine eigenständige Linie Bayerns beschränkten, plädierte er für eine bewegliche Politik. Von einer starren Opposition hielt er wenig, auch wenn es um Fragen ging, die Bayerns Interessen berührten. Wie diese flexible Haltung in der Praxis aussähe, zeigte sich in Aretins Empfehlungen zur Errichtung eines Bundesgerichts, das er ablehnte, oder einer permanenten Austrägalinstanz, die ihm suspekt war, *„weil leicht dadurch eine Bundesbehörde entstehe.“* Wenn Bayern jedoch durch ständige Verweigerung in Gefahr käme, in Frankfurt isoliert zu werden, so riet Aretin, der Austrägalinstanz zuzustimmen, unter der Voraussetzung, dass ihre Kompetenz auf Konflikte zwischen Bundesstaaten beschränkt würde.[37] Eine Kompetenz der Austrägalinstanz für Bürger lehnte er ab.

Die Gutachten Aretins sind geprägt von Misstrauen gegen die beiden Großmächte, insbesondere gegen Österreich, das er zu Recht verdächtigte, den Deutschen Bund beherrschen zu wollen. Dem Gutachten *Die politischen Fragen über die Verhältnisse des Bundes in Beziehung auf Krieg und Frieden betreffend* lag die Befürchtung Adam von Aretins zugrunde, Österreich und Preußen würden als Großmächte Kriege führen, in die sie den Bund hineinziehen würden. Aretin sah die große Gefahr, in Kriege der Großmächte verwickelt zu werden, die nicht im Interesse des Bundes lagen.

Bei der Frage, ob es möglich sei, über die Bemühungen um die gemischten Armeecorps zu einer engeren Vereinigung der reindeutschen Staaten (Staaten ohne fremdsprachige Minderheiten innerhalb ihrer Bevölkerung) zu kommen, machte Aretin seine persönliche Überzeugung deutlich. Seine Erfahrung im Bundestagsausschuss für die Gestaltung des Bundesheeres mache ihn skeptisch, ob sich Bayern mit den reindeutschen Staaten einigen könne.[38]

In einer anderen Frage sah Aretin aber durchaus die Möglichkeit eines engeren Zusammenschlusses der reindeutschen Staaten: In seinem sechsten Gutachten *Die Erleichterung des Handels und Verkehrs zwischen den Bundesstaaten* ging er von dem Versagen der Bundesversammlung bei der durch schlechte Ernten verursachten Hungersnot von 1817/18 aus. Aretin erwies sich als überzeugter Anhänger einer innerdeutschen Zollfreiheit für Handel, Getreide und Schlachtvieh.[39] Eine Schwierigkeit bestand darin, dass Bayern hohe Ausgangszölle verlangte und dafür von vielen Mitgliedstaaten des Deutschen Bundes, insbesondere von Österreich und Preußen, kritisiert wurde. Aretins Gutachten ist ein leidenschaftliches Plädoyer für eine Zollunion der reindeutschen Staaten. In ihr, so glaubte Aretin, seine Idee des politischen Zusammenschlusses zumindest der vier süddeutschen Staaten Bayern, Württemberg, Baden und Hessen-Darmstadt im Ansatz verwirklichen zu können. Für eine Zollunion innerhalb der reindeutschen Staaten und eine Verlegung der Zölle an die Grenzen des deutschen Bundes sah er noch zu große Schwierigkeiten, weil die sehr unterschiedlichen Steuersysteme einen einheitlichen reindeutschen Wirtschaftsraum wenn nicht unmöglich, so doch von längeren Verhandlungen abhängig machen würden. Dies gelte weniger für die vier süddeutschen Länder, die ähnliche Steuersysteme hätten. Die Wirtschaftspolitik Bayerns solle auf das langfristige Ziel eines Zusammenschlusses der süddeutschen Staaten hin verändert werden.

Er zählte dann die Vorteile auf, die Bayern mit einer Zoll- und Mautunion gewinnen würde. Das Gutachten nimmt stellenweise beschwörende Formen an. „Baiern“, hieß es an einer Stelle, „würde durch eine solche Maßregel die öffentliche Meinung von ganz Deutschland zum enthusiastischen Verfechter gewinnen, eine jede Regierung der kleineren Staaten müßte ihm huldigen.“

An anderer Stelle hieß es: „Die gemeinschaftliche Verwaltung gäbe den Anlaß zu einer Zentralbehörde, bei welcher man noch manche andere gemeinsame Angelegenheit verhandeln könnte, ohne den Bestimmungen der Bundesakte zuwider zu handeln: als Regulierung des Postenlaufes, von Maaß und Gewicht, Münzwesen, Sicherheitspolizei, Straßen – und Kanalbau etc, alles des inneren Verkehrs wegen."

Die Gutachten Aretins bekam Zentner nach Wien. Sie wurden für diesen zur Richtschnur für die am 25. Dezember in Wien beginnenden Verhandlungen. Die offizielle Weisung des Königs, die Zentner am 12. Dezember 1819 für seine Wiener Mission erhielt, war von Karl Philipp Fürst Wrede verfasst. Sie betonte die bayerischen Souveränitätsrechte und entsprach in ihren Grundzügen den aretinschen Gutachten.[40]

Zentner hat sich im Wesentlichen an diese Gutachten gehalten. Sein Auftreten in Wien war ein großer Erfolg. Es gelang ihm sogar – was Aretin für unwahrscheinlich erachtet hatte – nicht nur das Bundesgericht sondern auch die permanente Austrägalinstanz zu verhindern.

Zentner, der von der Strategie Aretins ohnehin nie viel gehalten hatte, war nach den Erfahrungen, die Bayern bei den Verhandlungen um eine Militärverfassung des Bundes mit den kleineren Bundesstaaten gemacht hatte, überzeugt, dass die Idee eines von Bayern geführten engeren Zusammenschlusses der reindeutschen Staaten undurchführbar sei. Wie Rechberg sah auch er die künftige Rolle Bayerns an der Seite Österreichs. Gegenüber seinen Ministerkollegen lehnte es Rechberg ab, den Gedanken weiter zu verfolgen „Bayern in einem engeren Bund mit mindermächtigen Staaten sich eine Art von Primat zu verschaffen."[41]

Ende „einer Politik, die einmal die unsere war"

Was war also geblieben von der im Sinn der montgelasschen Reformen entwickelten Politik Adam von Aretins am Deutschen Bundestag? Als bayerischer Gesandter in Frankfurt hatte er von Anfang an die Strategie verfolgt, den Bundestag *gegen* Österreich zu organisieren. Misstrauisch gegen Österreich war er 1817 in Frankfurt angetreten, dieses Misstrauen beherrschte auch noch 1819 seine Gutachten und die für Zentner verfasste Instruktion.

Der einzige Erfolg seiner Bemühungen war die Ablehnung des österreichisch-preußischen Militärplans im April 1819 gewesen. Bei der weiteren Verfolgung seiner Strategie hatte Aretin die Unzuverlässigkeit der kleineren deutschen Staaten erlebt, die es in den fast ein Jahr dauernden Verhandlungen nicht fertig gebracht hatten, sich über die Zusammensetzung der von den kleineren Bundesstaaten zu bildenden Corps zu einigen. Selbst in Wien musste diese Frage ungelöst liegen bleiben. Zentner hatte recht, wenn er schrieb: „Die Erfahrung hat gezeigt, wie gefährlich es ist mit den Gesandten der deutschen Höfe in ein vertrauliches Benehmen sich zu setzen, man kann nur erwarten, daß man verraten und compromitiert wird und am Ende verlassen bleibt."[42]

Auch die Vorstellung Aretins, die liberale Verfassung Bayerns könnte Modellcharakter für die Staaten des Deutschen Bundes haben, scheiterte an der praktischen Umsetzung, wenn auch in allen ehemaligen Rheinbundstaaten zum Teil sehr ähnliche Strukturreformprogramme eingeführt worden waren.[43]

Die von Aretin in seinem Gutachten vorgeschlagene Einheit durch einen gemeinsamen Wirtschaftsraum wurde in Wien nicht diskutiert, war aber in der Instruktion für Zentner aufgeführt. Die Schwierigkeiten durch unterschiedliche Zoll- und Steuersysteme, die auch Aretin in seinen Gutachten aufgezeigt hatte, waren jedoch so groß, dass dieser Plan von Zentner mit Recht in Wien nicht angesprochen wurde. Für Anfang September 1820 war in Darmstadt eine Konferenz über Möglichkeiten eines wirtschaftlichen Zusammenschlusses angesagt. Da aber Metternich durch diese Konferenz seine Interessen gefährdet sah, war es sein Ziel, sie scheitern zu lassen. Nachdem Zentner und Rechberg Bayern an die Seite Österreichs gestellt hatten, wurde Adam von Aretin Ende August zu dieser Konferenz mit der ausdrücklichen Weisung abgeordnet, dafür zu sorgen, dass sie ohne Ergebnis blieb.

In einem ausführlichen Schreiben an Rechberg verwahrte sich Aretin gegen eine solche Instrumentalisierung im Interesse der österreichischen Politik und legte seinen gegenteiligen Standpunkt dar. Er verwies auf sein Gutachten vom Oktober 1819 zur Wiener Ministerialkonferenz, in dem er die Gründe dargelegt habe, warum er hoffe, „über den Handelsvertrag ein engeres Band unter den süddeutschen und vielleicht allmählich zwischen den meisten reindeutschen Staaten in politischer Hinsicht zu knüpfen. Seit dem wir dieses System verlassen und uns näher an die zwei Großmächte anschlossen, hat sich die Gestalt verändert und dieser Hauptzweck scheint mir für uns nicht mehr zu bestehen. Jetzt wird es im Gegenteil, nach den von Euer Exzellenz mir vertraulich eröffneten Ansichten darauf ankommen, jenes politische Ausschließen zu verhindern, wenn wir es vermögen, und dadurch selbst Württemberg in der Stellung zu befestigen, welche wir früher einnehmen wollten. Aus dieser Rücksicht hätte ich gewünscht, von diesem Geschäft verschont zu bleiben."[44]

Adam von Aretin musste erkennen, dass von seiner ursprünglichen, gemeinsam mit Rechberg entwickelten Idee einer eigenständigen bayerischen Politik an der Spitze der mittleren Bundesstaaten nichts geblieben war. Bayern nahm stattdessen die Rolle ein, die ihm Metternich von Anfang an zugedacht hatte, als er die bayerische Regierung als einzige von dem Militärplan unterrichtete. In Aretins Brief an Rechberg klingt die menschliche und politische Enttäuschung an, die dieser Richtungswechsel für ihn bedeutete: „Ich habe geglaubt, Ihnen mit diesem Brief meine Ansichten darlegen zu müssen, wegen des Vertrauens das zwischen uns herrscht und wegen des Endes einer Politik, die einmal die unsere war."

Kulturelles Engagement in Frankfurt

Die Anfänge der Monumenta Germaniae Historica

Trotz der politischen Niederlage blieb Adam von Aretin bis zu seinem Tod am 16. August 1822 als bayerischer Gesandter in Frankfurt, verlagerte aber den Schwerpunkt seines Engagements zunehmend in den kulturellen Bereich. Das wohl bedeutendste Vorhaben, in dessen Dienst er auch seine Tätigkeit am Deutschen Bundestag stellte, war die systematische Aufarbeitung und Herausgabe von mittelalterlichen Quellentexten zur deutschen Geschichte.

Am 20. Januar 1819 hatte Freiherr vom Stein eine Gesellschaft gegründet, die sich die Dokumentation der deutschen Geschichte durch die Herausgabe von Geschichtsquellen zur Aufgabe machte. Er fürchtete mit Recht, dass Wissen und Interesse für die Geschichte des Heiligen Römischen Reichs Deutscher Nation durch die großen Veränderungen – sei es durch die napoleonische Zeit, sei es durch den Deutschen Bund – verloren gehe. Diese „Gesellschaft für ältere deutsche Geschichtskunde" gründete das große Editionsprojekt der *Monumenta Germaniae Historica*.[45]

Stein, der zu dieser Zeit in Frankfurt wohnte, hatte ab 1814 begonnen, bei Landesfürsten und Politikern um Unterstützung für seine Editionspläne zu werben. Wie Stein und Adam von Aretin zusammenkamen, wissen wir nicht, weil weder im Nachlass Stein, noch im Nachlass Aretin entsprechende Briefe erhalten sind. Wir wissen nur, dass Stein von den historischen Kenntnissen Aretins beeindruckt war. Er bot ihm nach längeren Gesprächen die Vizepräsidentschaft der Gesellschaft an. Adam nahm diesen Ehrenposten an und setzte sich besonders in den schwierigen ersten Jahren der Gesellschaft energisch für deren Gedeihen ein.

Am 1. Februar 1819 veröffentlichte Adam von Aretin eine Denkschrift, mit der er der bisher weitgehend formlosen Vereinigung eine verbindliche Struktur geben wollte. In dieser Schrift bezeichnete er Frankfurt als den günstigsten Ort für die Generaldirektion der Gesellschaft.[46] Er begründete dies mit der Anwesenheit des Bundestags, der unbedingt für dieses wichtige Unternehmen gewonnen werden müsse, dessen Fertigstellung sicher zehn bis zwanzig oder noch mehr Jahre in Anspruch nehmen werde.

In dieser Frage unterschied er sich von den Plänen Steins, der in der Herausgabe von deutschen Geschichtsquellen eine Aufgabe für den Deutschen Adel sah. Da neben Aretin die Gesandten von Württemberg, Baden und Mecklenburg der Gesellschaft beigetreten waren, schien eine Initiative am Deutschen Bundestag aussichtsreich, dem nationalen Unternehmen jede Hilfe zu gewähren. Im November 1819 brachte Adam von Aretin, unterstützt von den genannten Bundestagsgesandten und verstärkt durch den Hannoveraner von Martens, einen Antrag ein, in dem die deutschen Regierungen aufgefordert wurden, die Gesellschaft zu unterstützen. Es kam zwar ein entsprechender Beschluss zustande, dieser bewirkte allerdings wenig. Stein behielt auch insofern Recht, als die beiden Gesandten der deutschen Großmächte, Graf Buol-Schauenstein und Graf Goltz, das Vorhaben mit offensichtlichem Misstrauen verfolgten.

Aretin schickte am 15. November 1819 einen Bericht mit dem Beschluss des Bundestags nach München. Selbst hier wurde seine

Hoffnung auf Unterstützung durch den König enttäuscht. Rechberg gab den Bericht an die Akademie der Wissenschaften weiter. Dort nahm sich schließlich der alte Konkurrent Christoph von Aretins, Friedrich von Schlichtegroll, zusammen mit dem Sekretär der mathematisch-physikalischen Klasse, Carl Ehrenbert Freiherr von Moll, im Februar 1820 des Vorhabens an.[47]

Am 7. Juli 1820 begab sich Freiherr vom Stein auf eine Reise nach Italien und übertrug Aretin die Präsidentschaft der Gesellschaft. In der Zusammensetzung des Vorstands war es durch die Versetzung des badischen Bundestagsgesandten von Berckheim, des mecklenburgischen Gesandten von Plessen und des hannoveranischen Gesandten von Martens zu einer starken Veränderung gekommen. Die drei Gesandten traten auch aus dem Vorstand aus, so dass dieser während der Abwesenheit Steins vom Juli 1820 bis zum Juni 1821 praktisch nur aus Wangenheim und Aretin bestand. Zu ihnen stieß der Gesandte Bremens, Senator Smidt, der mit Aretin befreundet war. Anstelle von Plessen und Martens berief Adam von Aretin die Gelehrten Dr. Schlosser und den Archivar Karl von Fichard in das Direktorium. Stein, der immer noch an dem Gedanken festhielt, die Herausgabe der Geschichtsquellen sei eine Aufgabe des deutschen Adels, räumte den bürgerlichen Mitgliedern des Direktoriums nur eine beratende Stimme ein.

In der Frankfurter Zentrale setzte man große Hoffnungen in die von Schlichtegroll geleitete Gruppe von Historikern an der Bayerischen Akademie der Wissenschaften. Anfangs schienen sich die Erwartungen zu erfüllen. Schlichtegroll konnte mit Bernhard Docen einen wertvollen Mitarbeiter für das Editionsvorhaben gewinnen. Die Arbeitsgruppe hätte sicher positive Ergebnisse gebracht, wäre Schlichtegroll nicht im Alter von 57 Jahren am 3. Dezember 1822 gestorben. Nach seinem Tod löste sich die Gruppe auf, nicht zuletzt weil es an der Bayerischen Akademie an weiteren Fürsprechern für das Unternehmen fehlte.

Trotz der anfänglichen Meinungsverschiedenheiten und der fehlenden Unterstützung durch die Bayerische Akademie konnte sich die *Monumenta Germaniae Historica* als länderübergreifende Quellensammlung langfristig etablieren. Was auf Initiative des Freiherrn vom Stein mit Unterstützung Adam von Aretins 1819 in Frankfurt begann, wurde zu einem der erfolgreichsten Editionsprojekte, das bis in unsere Zeit Bestand hat.

Die aretinsche Gemäldesammlung

Der Rückzug Adam von Aretins aus der großen Politik und die Verlagerung seiner Interessenschwerpunkte auf kulturelle Themen lassen sich nicht nur an seinem Engagement für die Monumenta Germaniae Historica beobachten. Privat widmete er sich zunehmend seiner frühen Leidenschaft, der Kunst. Vermutlich hatte er bereits 1816, also noch vor seiner Frankfurter Stellung, mit dem Ankauf von Gemälden begonnen.[48] Während seiner Jahre am Deutschen Bundestag baute Adam sich nun eine stetig wachsende Sammlung von Gemälden und Kupferstichen auf.

Die große Zahl von Kunstwerken unterschiedlicher Qualität, die damals im Handel war, ging zurück auf die Säkularisation. Vieles stammte aus den aufgehobenen Klöstern und Kirchen. Während Adam bei der Sammlung von Kupferstichen die einzelnen Blätter sehr kritisch auswählte, scheint er beim Ankauf von Gemälden Lehrgeld gezahlt zu haben. Als er seinem Freund und früheren Zeichenlehrer Georg von Dillis im Frühjahr 1819 zum ersten Mal seine Schätze zeigte, sortierte dieser dreihundert Gemälde als minderwertig aus, die anschließend über verschiedene Händler abgestoßen wurden.

Ab 1819 hat Adam von Aretin dann beim Aufbau seiner privaten Kunstsammlung eng mit Dillis zusammengearbeitet. Entweder bot Dillis ihm Bilder an, die er auf dem Kunstmarkt entdeckt hatte, oder er beriet ihn bei seinen Ankäufen. Doch auch wenn Dillis immer wieder um Rat gebeten und ihm Bilder zur Besichtigung geschickt wurden, so kaufte Adam doch auch selbstständig und freute sich, seine Neuerwerbungen Dillis zu zeigen.

Mit Georg von Dillis wurde der Briefwechsel in den folgenden Jahren immer freundschaftlicher.[49] „Ich erwarte von unserem Zusammensein in Haidenburg viel", schrieb Adam ihm im Vorfeld eines Besuchs. Ein anderes Mal schlug er vor, sie sollten gemeinsam zur Versteigerung nach Den Haag fahren: „Wie schön wäre es, wenn wir miteinander dorthin führen?!" Juni 1821 erwarb er ein von Dillis gemaltes Landschaftsbild, über dessen Schönheit Adam ins Schwärmen geriet. „Sie haben mich zu ihrem größten Schuldner gemacht", schrieb er in einem Brief an den Künstler.[50] Er zeigte das Bild dem eben aus Rom zurückgekehrten Minister vom Stein, der von dem Werk ebenso angetan war. Zu diesem Zeitpunkt war Aretin mit seiner Gemäldegalerie recht zufrieden. „Ich habe die Sammlungen in Cassel und in Aschaffenburg gesehen", schrieb er Dillis, „bin aber doch mit meiner Sammlung nicht unzufrieden geworden."[51]

In Anlehnung an die Kunstsammlungen der Landesfürsten träumte Adam von einer eigenen Bildergalerie. Zunächst waren die von ihm erworbenen Gemälde und seine Sammlung von alten Waffen auf drei Orte verteilt: Die schönsten Gemälde hingen in seiner Wohnung in Frankfurt. Ein Teil der Gemälde, darunter eine von Adam besonders geliebte Kreuzabnahme Christi von Caravaggio, hing im Schloss Neuburg an der Kammel. Der größte Teil der Sammlung war in seinem Schloss in Haidenburg und im benachbarten Kloster Aldersbach untergebracht. Das säkularisierte Kloster hatte Adam von Aretin eigens zu diesem Zweck erworben. In den Räumen des Klosters wollte er langfristig seine Sammlungen zu einer privaten Galerie vereinen.

Seine beiden Brüder konnten mit der Kunstbegeisterung Adams nur wenig anfangen. Georg meinte, sein Bruder sammle nur Gemälde bayerischer Künstler. Christoph unterstützte ihn zwar beim Ankauf von Kunst und bemühte sich, die Wünsche seines Bruders zu erfüllen, war aber nicht fähig, den Wert der Gemälde richtig einzuschätzen. Trotzdem sind die Jahre Adam von Aretins als bayerischer Gesandter am Deutschen Bundestag in Frankfurt die Jahre der engsten Beziehungen zu Bruder Christoph.

Der frühe Tod Adams am 16. August 1822 machte alle Pläne zunichte. Er war zu diesem Zeitpunkt hoch verschuldet; seine Witwe hatte zu kämpfen, den Besitz für ihren damals achtjährigen Sohn Carl zu erhalten. An den Schulden war die Gemäldesammlung sicher nicht unbeteiligt. Mehrfach ist in den Briefen Adams an seinen Bruder Christoph die Rede, dass er beim Kauf von Bildern kürzer treten müsse, da er seinen Etat überschritten habe. Seiner Witwe gelang es trotzdem, den Besitz Haidenburg zu erhalten, sogar auch die von ihrem verstorbenen Mann so leidenschaftlich zusammengetragenen Gemälde und Graphiken.

Dass Adam von Aretin zu Recht mit großem Stolz von seiner Kunstsammlung sprach, zeigen zwei Verzeichnisse, die bis heute erhalten sind. Das erste ist ein wissenschaftlicher Katalog der graphischen Sammlung, der nur fünf Jahre nach seinem Tod vom Konservator der königlich-bayerischen Sammlungen verfasst worden war. Darin sind 3.829 Kupferstiche verzeichnet. Das zweite Verzeichnis ist ein umfangreicher Auktionskatalog, den der Kunstexperte Karl Maurer anlegte, als die Gemälde- und Waffensammlungen schließlich 1887 versteigert wurden. Maurer führt darin detailliert die einzelnen Bilder auf, wobei er die von Adam und Dillis stammenden Beschreibungen übernahm.[52]

Die Aufzählung von 512, zum Teil erstklassigen Gemälden zeigt, dass sich Adam von Aretin mit seiner Sammlung in der Tat nicht hinter den Galerien der Landesfürsten verstecken musste. Die Mehrzahl der Bilder waren Niederländer des 17. und 18. Jahrhunderts. Auch die italienischen Meister waren in der Sammlung mit großen Namen vertreten. Neben der von Aretin so geschätzten Kreuzabnahme von Caravaggio finden sich Gemälde von Sebastiano del Piombo, Giovanni Bellini und Tizian.[53] Wie weit diese Zuschreibungen ernst zu nehmen sind, ist eine andere Frage. Carl Maurer, der den Katalog 1887 für die Versteigerung erstellte, hat sie jedenfalls nicht in Frage gestellt. Auch hat sich die Zuschreibung bei den wenigen Bildern, die in Haidenburg noch vorhanden sind, bestätigt.

Mit seiner privaten Kunstsammlung hatte sich Adam von Aretin nicht nur seinen Traum von einer eigenen Bildergalerie verwirklicht. Sie stellte ein neues Betätigungsfeld dar, nachdem er mit seiner Vision einer Politik im Sinn Montgelas auf Bundesebene gescheitert war. Und obwohl er politisch seine Ziele nicht verwirklichen konnte, genoss Adam von Aretin in Frankfurt hohes Renommee als angesehene Persönlichkeit am Deutschen Bundestag, als anerkannter Kunstkenner und als aktiver Präsident der „Gesellschaft für ältere deutsche Geschichte“. Als sein Bruder Christoph ihm schrieb, es gingen Gerüchte um, er wäre bei neuen Aufgaben in München im Gespräch, antwortete Adam selbstbewusst, er wäre nicht mehr an einem anderen Posten interessiert. Er wolle in Frankfurt bleiben oder in den Ruhestand gehen und das Leben inmitten seiner Sammlungen in Haidenburg genießen.

Schloss Haidenburg, Aquarell von Georg von Dillis, ca. 1819

Schloss Neuburg a. d. Kammel

Anmerkungen

1 Brief Stainlein an Aretin v. 16.2., 1817, Haidenburg
2 Bericht Rechbergs v. 20.2.1817, MA II 33, München.
3 Brief Aretins an Rechberg v. 19.2.1817, Archiv Donzdorf.
4 Sitzungsprotokoll v. 5.2.1817, Staatsrat 388, München.
5 Die Denkschrift ist veröffentlicht in: Karl Ottmar Freiherr v. Aretin, Die deutsche Politik Bayerns in der Zeit der Staatlichen Entwicklung des Deutschen Bundes 1814–1820, Diss. MS 1954, S. 233–239. Auf diese Arbeit sei als ganzes verwiesen.
6 Vgl. Franz Dobmann, Georg Friedrich Freiherr von Zentner als bayerischer Staatsmann in den Jahren 1799–1821, 1962, S. 167f. Vgl. Liselotte Klemmer, Aloys Graf Rechberg als bayerischer Politiker (1766–1849), 1975, S. 104.
7 Vgl. L. Klemmer (wie Anm. 6). Die Instruktion in: Gesandtschaft Bundestag Nr. 79, München. Ich verdanke diesen Hinweis Herrn Eckhardt Treichel, der eine Arbeit über die Anfänge des Deutschen Bundes vorbereitet.
8 Weisung Metternichs, Deutsche Akten 103, Wien.
9 Auf das nach dem Sturz Montgelas' gestiegene Interesse des Königs an der Außenpolitik weist Wolfgang Quint, Souveränitätsbegriff und Souveränitätspolitik in Bayern von der Mitte des 17. Jahrhunderts bis zur ersten Hälfte des 19. Jahrhunderts, 1971, S. 45 hin.
10 Königliches Handschreiben v. 6.5.1817, Staatsrat 1739, München. Diese Ernennung wurde Aretin erst am 6. Juni mitgeteilt. Das Gehalt von 24.000 fl, sowie ein einmaliger Zuschuss von 6.000 fl. und 1.000 fl. Reisekosten wurde am 20.3.1817 festgelegt. MF 36382, München.
11 Aretin berichtete Rechberg von seinem Gespräch mit Graf Buol am 13.5.1817, Archiv Donzdorf.
12 Bericht an Metternich v. 4.5.1817, Deutsche Akten 103, Wien.
13 Deutsche Akten 103, Wien.
14 Weisung an Buol v. 4.6.1817, Deutsche Akten 103, Wien.
15 Weisung v. 15.7.1817, Deutsche Akten 103, Wien.
16 Vgl. Karl Otmar Freiherr v. Aretin, Bayerns Weg zum souveränen Staat, Landstände und konstitutionelle Monarchie 1714–1818, S. 239f. Nach Art. XI der Bundesakte sollten Streitsachen, die nicht außergerichtlich beigelegt werden konnten, durch eine Austrägalinstanz geklärt werden. Dem Ausspruch der Austrägalinstanz hatten sich die Streitenden sofort zu unterwerfen. Vgl. HRG, Bd. 1, 1972, Spalte 273f.
17 Über Aretins Tätigkeit am Bundestag April-Juni 1817, vgl. K. O. v. Aretin, ebenda, S. 103–112. Vgl. L. Klemmer (wie Anm. 6), S. 119–130. Die Meinung seiner Kollegen über Aretin verdanke ich einem Hinweis von Dr. E. Treichel.
18 Vgl. K. O. v. Aretin (wie Anm. 16), S. 113ff.
19 ebenda, S. 240–251. Die Haltung Württembergs, S. 243.
20 Vgl. L. Klemmer (wie Anm. 6), S. 119.
21 Vgl. Michael Doeberl, Ein Jahrhundert bayerischen Verfassungslebens, 1918, S. 40.
22 Bericht Buol v. 14.2.1818, Deutsche Akten 93, Wien.
23 Brief Zentners an Aretin, Haidenburg.

24 Vgl. Peter Burg, Die deutsche Trias. Vom Alten Reich zum deutschen Zollverein, Veröffentlichungen des Instituts für europäische Geschichte Bd. 136, 1989, S. 110 f.
25 Bericht Stainlein, MA II 206a, München.
26 Bericht Aretin vom 7. 1. 1818, MA 24027 München. Zu diesem Bericht gehören auch die anderen Zitate.
27 Bericht Stainleins vom 3. 4. 1818, MA 24028, München.
28 Bericht Aretin vom 26. 5. 1818, ebenda.
29 Bericht Aretin vom 9. 6. 1818, ebenda.
30 Eingehender Bericht Aretins über seine Unterredung mit Metternich vom 2. 9. 1818, MA 24030, München.
31 Bericht vom 8. 4. 1819, MA 24032, München.
32 Bericht vom 21. 1. 1819, MA 24031, München.
33 Vgl. F. Dobmann (wie Anm. 6), S. 171 ff.
34 Brief Rechbergs an Aretin vom 5. 9. 1819, MA 1065, München.
35 Die Gutachten liegen in MA 1065, München. Von Hauptmann Beisler stammen drei Gutachten, die sich mit der Historie von Staatenbünden, dem Deutschen Bund und der völkerrechtlichen Stellung des Deutschen Bundes beschäftigten. Sie entsprachen zwar nicht ganz den Vorstellungen Aretins, er legte sie jedoch als eine beachtliche Leistung seinen Gutachten bei.
36 Gutachten VIII. Beratungen in Wien wegen der Erläuterung des Artikels XIII der Bundesakte betreffend.
37 F. Dobmann (wie Anm. 6), S. 172, schreibt, Aretin wäre unter bestimmten Bedingungen für ein Bundesgericht gewesen. Es geht nicht um ein Bundesgericht, sondern um eine permanente Austrägalinstanz.
38 III. Gutachten vom 24. 10. 1819, MA 1065, München.
39 VI. Gutachten v. 30. 10. 1819, MA 1065, München.
40 Alexander Winter, Karl Philipp Fürst Wrede als Berater des Königs Max Joseph und des Kronprinzen Ludwig von Bayern (1813–1815), 1964, S. 315.
41 L. Klemmer (wie Anm. 6), S. 194.
42 F. Dobmann (wie Anm. 6), S. 175–191.
43 Diese Reformen sind in ihrer prägenden Kraft erst durch die Aktenpublikation der Historischen Kommission bei der Bayerischen Akademie, „Quellen zu den Reformen in den Rheinbundstaaten", Bd. 1–7, 1992–2005, voll anerkannt worden.
44 Schreiben Rechbergs v. 29. 8. 1820 und Aretins Antwort v. 10. 9. 1820, MA II 205, München.
45 Vgl. K. O. von Aretin, Die Beziehungen der Gesellschaft für ältere deutsche Geschichtskunde zu Bayern in den Jahren 1819–1824, in: Deutsches Archiv für Erforschung des Mittelalters 13, 1957, S. 329–368.
46 Denkschrift veröffentlicht in: K. O. v. Aretin, (wie Anm. 50), S. 367 f.
47 Carl Ehrenbert M. v. Moll, Mitteilungen aus einem Briefwechsel, S. 147 f. Protokoll der philosophischen Klasse, Februar 1820, Archiv der Bayerischen Akademie der Wissenschaften.
48 Das jedenfalls behauptet Georg Freiherr von Aretin in: Die Familie Aretin, Ein Beitrag zur baierischen Staatskunst und Gelehrtengeschichte. Den Manen des Christoph Freyherrn von Aretin, 1825, S. 36.

49 In Cgm 6346 Bayerische Staatsbibliothek München, liegen 21 Briefe von Adam von Aretin an Dillis, die meisten aus den Jahren 1819–22. Von Dillis liegen in Haidenburg nur 6 Briefe.

50 Brief v. 3. 6. 1821, Cgm 6346, Staatsbibliothek, München.

51 Brief v. 21. 7. 1821, ebenda.

52 Catalogue raisonné des Estampes du cabinet de feu Mr. le Baron d'Aretin, conseiller d'état et ministre des S. M. le Roi de Bavière a la diéte de Francfort par Francois Brulloit, conservatein de [la] collection de S. M. le Roi de Bavière, 2 Bde., 1827, nennt 3829 Kupferstiche. Der Katalog aus der Gemälde- und Waffensammlung aus dem Nachlass des Freiherrn Carl von Aretin von Carl Maurer, 1887, umfasst 520 Bilder. Carl Freiherr von Aretin war der Sohn Adams. Es sind nach dem Tod Adams keine Käufe mehr vorgenommen worden.

53 Von Tizian ist eine „Grablegung", von Bellini eine „heilige Familie" und von Sebastiano del Piombo ein „Heiliger Sebastian" aufgeführt. Ebenso enthielt die Sammlung den „Tod des Erstgeborenen" von Nicolaus Poussin, zwei Bilder von Peter Paul Rubens, den „Sommer" und den „Herbst", und von Ribera den „Heiligen Hieronymus".

Eröffnung der „I.ten Staende Versammlung des Königreichs Baiern, den IVten Februar MDCCCXIX“, im von Leo v. Klenze erbauten Ständesaal, München Prannerstraße; Lithografie von Lorenzo und Domenico Quaglio

VI. Kapitel

Christoph und Georg von Aretin als Mitglieder der Landtage

In der Verfassung von 1818 war endlich die Frage geklärt worden, um deren Lösung man sich lange vergeblich bemüht und die Christoph von Aretin in seiner Schrift *Abhandlungen über wichtige Gegenstände der Staatsverfassung und Staatsverwaltung* so energisch gefordert hatte. Es war nun festgelegt, welche Personengruppen in die Zweite Kammer gewählt und wie der Ablauf der Wahl geregelt werden solle. Christoph war von dem Ergebnis begeistert. „Mit ganzer Seele," so schrieb sein Bruder Georg nach Christophs Tod, „ergriff er nun die heilige Sache der Verfassung."

Nur wenige Wochen nach dem Erlass erschien ein Aufsatz Christophs in der *Allemannia,* später als selbständige Schrift, *Gespräche über die Verfassungsurkunde des Königreichs Baiern.* Er benutzte bei beiden das Pseudonym „Biophilus Trimonomus". In einem fingierten Gespräch zwischen einem Professor und einem Justizrat legte er die Vorteile der Verfassung dar. Bei aller Begeisterung über ihren Text war er sich aber im Klaren, dass sich diese Verfassung in der Praxis bewähren musste. Er sah daher der Eröffnung des Landtags 1819 mit großer Spannung entgegen.

Christoph von Aretin im Landtag von 1819[1]

Christoph von Aretin war von Seite des Hofes zugetragen worden, dass man es begrüßen würde, wenn er sich in die Zweite Kammer wählen ließe, weil man „zuverlässige Vaterlandsfreunde nötig haben werde." Am 4. Dezember teilte ihm der Magistrat der Stadt Neuburg an der Donau mit, ihn, wenn er zustimme, zum Deputierten der Zweiten Kammer vorzuschlagen. Die Verfassung sah eine bestimmte Zahl von Abgeordneten vor, ausgesucht sowohl nach ihrer sozialen Stellung wie auch ihrem

Wohnsitz. Für die Städte des Oberdonaukreises, zu dem Neuburg gehörte, waren drei bürgerliche Deputierte vorgesehen. Christoph wurde am 17. Dezember 1818 in Augsburg, wo die Wahlmänner des Oberdonaukreises zusammen kamen, gewählt. Ein Gärtner trat für ihn zurück mit der Bemerkung, Aretin sei zwar ein Adeliger, aber einer, der mit dem Volk fühle. Er solle nur nicht vergessen, dass er ein Volksdeputierter sei, der die Interessen des Volkes zu vertrete habe. Am 24. Dezember erhielt Christoph vom König die Genehmigung, die Wahl anzunehmen. Dies war notwendig, weil er Beamter war. Im inoffiziellen Schreiben des Königs war ein Zusatz angefügt, in dem dieser ihm zu der *Benennung durch seine Mitbürger* gratulierte.

Christophs Wahl war aber nicht unumstritten: In Augsburg hatten sich die protestantischen Wahlmänner verabredet, ihn nicht zu wählen, da er sich im Akademiestreit 1810 gegen den Protestantismus erklärt hatte. Viel ernster waren die Widerstände in München: Justizminister Heinrich Aloys Graf Reigersberg wollte Christoph den Urlaub verweigern, den er benötigte, um am Landtag teilnehmen zu können. Hier griff der König persönlich ein und erwähnte in Anwesenheit des Ministers, wie froh er sei, dass „Christoph von Aretin gewählt wurde. Es freut mich, dass er in die Deputiertenkammer kommt." Reigersberg gab nach und genehmigte Christoph den Urlaub. Mitte Februar beklagte sich Graf Reigersberg, dass man sich auf diesen Mann nicht verlassen könne. Und wieder stützte ihn der König: „Dieser Mann ist mein Freund." Für Reigersberg hatte es die unangenehme Folge, dass der König ihn aus der Liste der Ersten Kammer strich. Christoph galt Vielen als engagierter Liberaler. Die Sympathie des Königs machte ihn bei der liberalen Gruppe um Johann Peter von Hornthal, Wilhelm Behr und Franz Häcker jedoch verdächtig. Aber auch die Regierungsseite betrachtete Aretin mit Misstrauen. Die Minister Graf Reigersberg, Graf Rechberg und Innenminister Graf Thürheim wollten seine Wahl in die Zweite Kammer verhindern. Auch Feldmarschall Fürst Wrede, der lange Unterredungen mit Christoph geführt hatte, äußerte Vorbehalte gegen ihn. Manche sahen in ihm sogar einen Revolutionär.

Christoph erhielt trotzdem die Lizenz für die *Landtagszeitung*. In der ersten Nummer entwickelte er sowohl ein Programm der von der Zweiten Kammer zu behandelnden Themen, wie auch eine deutliche Warnung vor dem Treiben der Feinde der Konstitutionellen Monarchie.[2] So sollte der Landtag eine Verbesserung des Steuersystems, eine einfache Gesetzgebung, Erhöhung des Nationalkredits und eine Belebung des Handels erreichen. Hindernisse der Kultur sollten ausgeräumt werden. „Die anderen deutschen Völker hoffen von den bayerischen Ständen ein würdevolles und einträchtiges Benehmen, damit durch eine allgemeine Einführung der ständischen Verfassung eine dauerhafte Einigung der deutschen Stämme erzielt werde. Die Feinde der Konstitutionellen Monarchie hoffen dagegen Stürme, Zwistigkeiten oder wenigstens ein recht unbescheidenes Schreien der Volksvertreter, um daraus ein siegreiches Argument gegen die Repräsentativverfassung überhaupt und insbesondere gegen ihre Einführung in Deutschland ableiten zu können."

In einigen Schriften wurde Christoph von Aretin noch deutlicher. Er befürchtete, der König könne bei der geringsten Veranlassung die Stände auseinander jagen und bei Widersetzlichkeit die Großmächte zu Hilfe rufen. Am 14. Januar 1819 hatte er ein längeres Gespräch mit Max I. Joseph, in dem dieser seine Sorge um die Abgeordneten Hornthal und Behr deutlich äußerte.[3] Seine eigene Stellung in der Zweiten Kammer umriss Christoph in der *Landtagszeitung* mit folgenden Worten: „Wenn ihr glaubt, dass ich in allen Gegenständen mich der Regierung widersetzen werde, so habt ihr unrecht, denn nach meiner Meinung sind die Stände nicht verpflichtet gegen die Regierung, sondern vielmehr mit der Regierung zu wirken. Wenn ihr aber meint, dass ich ohne Ministerfurcht diejenigen Vorschläge und Verfügungen bekämpfen werde, welche ich für gemeinschädlich halte, so ist euere Erwartung gerecht."[4]

Am 4. Februar eröffnete der König den Landtag mit einer Rede, in der er seine Hoffnung ausdrückte, dieser werde zügig die Probleme angehen, vor denen das Land stehe. Der erste große Konflikt entstand noch im Februar, als der Abgeordnete Hornthal die Forderung erhob, die Armee nicht mehr auf den König sondern auf die Verfassung zu vereidigen. Aretin war entsetzt. Selbst der Würzburger Staatsrechtler, Professor Wilhelm Behr, sonst ein radikaler Liberaler, sprach sich dagegen aus. Der König war über den Antrag so schockiert, dass er in Berlin, Wien und Dresden anfragte, ob er den Landtag auflösen und die Verfassung zurücknehmen solle. Alle drei Regierungen rieten ihm dringend von einem solchen Ansinnen ab. Dies käme einem Staatsstreich gleich. Max I. Joseph folgte diesem Rat.[5]

Auf Veranlassung der Regierung veröffentlichte Aretin in der *Landtagszeitung* einen Artikel, in dem er die Rechte und Aufgaben der Zweiten Kammer darlegte. In erster Linie habe sie beratende Funktion. Die Liberalen sahen daher in der Zeitung ein Regierungsblatt und in dem Herausgeber Christoph von Aretin einen Verräter des bisher auch von ihm vertretenen liberalen Denkens. Friedrich Anton Freiherr von Spaun griff ihn persönlich an: „Christoph Freiherr von Aretin, der vor wenigen Jahren dem Adel den Krieg ankündigte und von keiner privilegierten Klasse hören wollte, akzeptiert plötzlich die erste, weitgehend dem Adel überlassene Erste Kammer." „Der Freiherr von Aretin", höhnte Hornthal, „ der sich dadurch auszeichnet, dass er sich bemüht, die Arbeit der Ständeversammlung zu persiflieren und Uneinigkeit und Misstrauen auszusäen, hat sich dadurch zum bösen Genie der unteren Kammer konstituiert – und, wenn er so fort fährt, es wohl dahin bringen wird, weil ihn das Weihwasser nicht schreckt – mit dem umgekehrten Weihwassersprengel zu exorzieren, hat auch viel gegen die Beeidigung des Militärs einzuwenden." „Du glaubst gar nicht", schrieb Christoph seinem Bruder, „mit welchem Hass mich Hornthal, Behr und Konsorten verfolgen."[6]

Der König reagierte auf die Reden im Landtag mit Entrüstung. Im hornthalschen Antrag sah er den Versuch, den Staat gegenüber einer Revolution wehrlos zu machen und sprach von einer revolutionären Gefahr. Er fürchtete, dass sich eine Verschwörung anbahne.

Für Aretin war die Situation in der Kammer schwierig. Auf der einen Seite griffen ihn die radikalen Liberalen an. Sie verdächtigten ihn, seine liberale Vergangenheit und Haltung zu verraten. Auf der anderen Seite beobachteten ihn der König und sein engster Berater, Fürst Wrede, mit Misstrauen und verdächtigten ihn, im Kern Revolutionär zu sein.[7] Ob Christoph das ganze Ausmaß der Angriffe kannte, die in dieser Zeit von den beiden Großmächten, insbesondere von Österreich und Metternich gegen Bayern und dessen Landtag geführt wurden, ist unklar. Es waren dieselben Herren, die Max I. Joseph abgeraten hatten, die Verfassung aufzuheben. Es war ja nicht nur die Zweite Bayerische Kammer, die den Gegnern der Repräsentativverfassung Stoff zur Kritik lieferte. Die gleichzeitig in Karlsruhe und Wiesbaden tagenden badischen und nassauschen Landtage boten noch sehr viel mehr Anlässe. Dort gab es Tumulte und Redeschlachten, sodass die beiden Landtage aufgelöst wurden und es zu keinen Landtagsabschieden kam. Fürst Metternich war im ersten Halbjahr 1819, als der bayerische Landtag tagte, zweimal in München. Er traf auf einen total verunsicherten König, der gar nicht daran dachte, die Vorgänge in der Zweiten Kammer zu verteidigen.[8]

Die Nachricht vom Mord an dem Dichter Kotzebue durch den bayerischen Burschenschaftler Carl Ludwig Sand am 23. März 1819 schlug in München wie eine Bombe ein. Christoph von Aretin sah die Revolution unmittelbar vor der Tür. Er wandte sich an Fürst Wrede, den einzigen Mann, der Bayern noch retten könne, und berichtete ihm vom Inhalt aller Gespräche, die er mit Hornthal und Behr geführt hatte. In einem ausführlichen Gespräch mit Christoph am 28. März 1819 fand Wrede die Lage zwar bedenklich, aber nicht so bedrohlich.[9] Dass Aretin so heftig angegriffen würde, sei die Folge davon, dass er nicht alles mache, was die radikalen Liberalen von ihm erhofften. Die *Stuttgarter Zeitung* vom 20. März war über das Verhalten Christophs enttäuscht. Man habe erwartet, schrieb sie: „dass Aretin wie Mirabeau, obwohl selbst von Adel, sich als Volksfreund erweisen würde und mit den Altbaiern zu Hornthal und Behr übergehen und die Liberalen zum Sieg führen würde."

Am 28. März empfing der König Hornthal und Behr zur Audienz.[10] Er machte ihnen heftige Vorwürfe und drohte, die Verfassung aufzuheben. Ungerührt erklärte ihm Behr, dass er dazu keine Kompetenz habe. Der König brach daraufhin die Audienz ab. Für Christoph und die gemäßigten Liberalen bedeutete es ein besonderes Ärgernis, dass Hornthal und Behr mit ihrem Auftreten der guten Sache schweren Schaden zugefügt hatten. Unter der guten Sache verstand Christoph eine funktionierende Konstitutionelle Monarchie. Der Mord an Kotzebue hatte die liberale Idee insgesamt in Misskredit gebracht.

Graf Tauffkirchen beauftragte Christoph, eine Denkschrift zu entwerfen, in der die Vorteile einer Konstitutionellen Monarchie erläutert und dargelegt werden sollte, dass eine Verfassung wie die bayerische, den Zielen entspräche, die die Verschwörer beim Sturz des Grafen Montgelas am 2. Februar 1817 als Begründung für ihr Vorgehen angegeben hätten.[11] Graf Tauffkirchen legte Wrede am 4. Mai diese Denkschrift vor. Er gab sich selbst als

Autor aus, weil er die Vorbehalte Wredes gegen Christoph kannte. Wrede hatte noch keine zwei Seiten gelesen, als er sagte: „Diese Arbeit stammt doch von Aretin und nicht von Ihnen". Wrede war mit der Arbeit einverstanden. Leider ist die Denkschrift nicht erhalten. Über den Grundtenor schrieb Christoph an seinen Bruder[12]: „Alle gut und freiheitlich denkenden Männer sind überzeugt, dass die baierische Regierung nur auf eine Art Kraft und Ansehen gewinnen kann: durch consequente Liberalität. Nur dadurch hält sie einerseits die Aristokraten zurück und gewinnt andererseits die öffentliche Meinung gegen die Überliberalen, welche täglich gefährlicher werden und schon jetzt ihr Spiel mit uns treiben."

Nach einer von Wrede für den Abend des 7. Mai 1819 einberufenen Sitzung mit Graf Rechberg, dem Innenminister Graf Thürheim und Friedrich Georg von Zentner wurde gegen den Protest Zentners beschlossen, das Projekt fallen zu lassen und die Denkschrift nicht zu veröffentlichen. Rechberg hatte für sein negatives Urteil die Verbindung Christophs mit Häcker genannt, der ein Revolutionär sei und den Patriotismus Aretins missbrauche. Versuche Graf Tauffkirchens, den Kronprinz zu veranlassen, die Denkschrift dem König vorzulegen, scheiterten, weil Ludwig behauptete, keinen Einfluss auf seinen Vater zu haben. Der enttäuschte Christoph besprach am nächsten Tag die Lage mit Zentner, der ihn darauf aufmerksam machte, dass er wegen seiner Einstellung zur Verfassung beobachtet werde. „Ich muss mich in Acht nehmen, was ich sage wird viermal angeschaut."[13]

Aretin wurde keine Audienz mehr gewährt, angeblich weil der König sich mehrfach über sein Auftreten in der Zweiten Kammer oder über einen Artikel in der *Landtagszeitung* kritisch geäußert habe. Diese Haltung war für Christoph besonders enttäuschend, weil der König andere Liberale, wie Häcker, zu langen Unterredungen empfing.

Zwei Tage vor dem offiziellen Ende des Landtags hatte Christoph eine lange Unterredung mit Wrede, der ihn zunächst mit Vorwürfen überschüttete, zu wenig Kontakt zu den Ministern gehalten zu haben.[14] Christoph verteidigte sich. Er sei von der Regierung ständig angegriffen worden, obwohl er nie gegen sie geschrieben habe. Wrede gab zu, dass Christoph mehr Vertrauen verdient hätte.

Als der bayerische Landtag am 25. Juli 1819 in einem offiziellen Akt verabschiedet wurde, war dies den Bemühungen der gemäßigten Liberalen, besonders Christoph von Aretin zu danken. Ludwig Gösser zählt ihn zu den einflussreichsten Abgeordneten der Zweiten Kammer.[15] Als gemäßigter und ausgleichender Abgeordneter kam der ansonst aufbrausende, streitsüchtige Christoph zu einer neuen Rolle. „Wenn dann die Streitwagen (Hornthal, Behr, etc.) zu rasch rennen und die Achsen sich zu entzünden drohen", spottete die *Neue Speyerer Zeitung*, „stehen die Herren von Seiffert, von Aretin, Soden und Sturz immer mit Haken und Eimern zum Löschen bereit." Die *Augsburger Allgemeine* schrieb[16]: „Es fällt hier auf, dass geschätzte Männer, wie Soden und Aretin, in Zeitungen und Flugschriften so heftig angegriffen werden. Mögen sie auch hier und da Meinungen äußern, die nicht überall mit der Tagesmeinung in Einklang stehen, so darf man doch von ihrer Unabhängigkeit völlig überzeugt sein." Ludwig Gösser meinte dazu: „Sollte ihn (Aretin) vielleicht die Anhänglichkeit an das Haus Wittelsbach in den Augen seiner Gegner zum liberalen, servilen Schriftsteller stempeln?"[17]

Christophs Tätigkeit in der Zweiten Kammer erschöpfte sich aber nicht in seinen Bemühungen, die Aktionen Hornthals, Behrs und anderer zu korrigieren. Auf ihn ging ein Antrag zurück, in Bayern Geschworenengerichte einzuführen. „Das Volk ist reif dafür". Er fand eine breite Mehrheit und feierte dies in der Landtagszeitung als „großes Resultat der Jahresfeier der Verfassung."[18]

Noch wichtiger waren Christophs Bemühungen um ein bayerisches Hypothekengesetz. Seit 1811 war in einem Ausschuss des Geheimen Rats, dem zunächst Paul Johann von Feuerbach und Adam von Aretin, später auch Nikolaus von Gönner angehörten, an einem Hypothekengesetz gearbeitet worden. Grundlage war ein von Gönner vorgelegter Entwurf. Sehr zu seinem Ärger wurde Gönner die Teilnahme an den Beratungen im Landtag nicht gestattet, in denen Christoph eine wichtige Rolle spielte. Der unterzog am 5. Mai 1819, in einer eingehenden Rede, den Entwurf einer scharfen Kritik. Er sei unpraktikabel, berücksichtige nicht hinlänglich die Bedürfnisse der Gläubiger, der Schuldner und das gemeine Interesse. „Nach unsäglichen Mühen und Arbeit", hatte er am 26. April seinem Bruder nach Frankfurt geschrieben, „habe ich meinen Vortrag über das Hypothekengesetz vollendet und werde ihn noch diese Woche in der Kammer vorstellen. Mein Gutachten geht dahin, die Hypothekenordnung anzusteuern, den ersten Titel des Gesetzes aber, der das Hypothekenrecht enthält, bis zur Einführung des allgemeinen Gesetzes zurückzustellen."[19] Der in seiner Ehre als Professor der Universität Landshut gekränkte Gönner reagierte scharf mit Schreiben Anfang Juli. Die harsche Kritik Christophs am Gönnerschen Entwurf rief auch in der Regierung Unwillen hervor.

Am 25. Juli 1819 wurden bei der Verabschiedung des Landtags die nicht erledigten Gesetze genannt, dabei auch das Hypothekengesetz, das durch die überscharfe Kritik in der Zweiten Kammer nicht habe verabschiedet werden können.[20] Christoph war darüber so empört, dass er Zentner heftige Vorwürfe machte und ankündigte, die Angelegenheit im kommenden Landtag von 1822 zur Sprache zu bringen.

Christoph verließ München unbefriedigt. Obwohl er sich mit den gemäßigten Liberalen um einen erfolgreichen Verlauf der Sitzungen bemüht hatte, war er von der Regierung heftig kritisiert worden. Seine Haltung im Landtag und einige seiner Artikel in der *Landtagszeitung* hatten ihm andererseits die Sympathien vieler Liberaler gekostet. Er fühlte sich von beiden Seiten verkannt.

Verteidigung der Verfassung von 1818

Christophs Begeisterung für die bayerische Verfassung war durch den Konflikt in der Zweiten Kammer nicht geringer geworden. Noch im Juni 1819 erschien das von ihm herausgegebene erste Heft der *Baierische Verfassungsfreund*.[21] Die Regierung war von der neuen Zeitschrift nicht begeistert. Trotzdem konnten einzelne Hefte erscheinen, bis sie am 6. August 1820 verboten wurde.[22]

Christoph führte im *Verfassungsfreund* seine Linie als gemäßigter Liberaler fort und grenzte seine Zeitschrift deutlich von radikalen Schriften ab. Es ging ihm darum, Ruhe in die Debatte zu bringen. Im ersten Heft entwickelte er seine alte These vom Ansehen, das Bayern durch seine freiheitliche liberale Verfassung in der Welt gewonnen habe. „Bayern, der europäischen Politik entfremdet, im Deutschen Bund zwischen Missgunst und Misstrauen gestellt, durfte durchaus keinen falschen Schritt tun: Nur durch seine moralische Kraft konnte es sich erhalten. Dieses europäische Ereignis (Der Landtag von 1819) gibt Baiern wieder europäischen Einfluss."[23] Die Verhandlungen hätten gezeigt, „daß ein guter Fürst sich seinem Volk ohne Gefahr nähern kann." Es ging Aretin darum, die Kenntnis der Möglichkeiten, die die Verfassung bot, den Bürgern nahe zu bringen. Im August/September erschien ein weiteres Heft *Über die Ständeversammlung. Ihre Zusammensetzung und ihr Wirkungskreis*. Darin behandelte Christoph Themen wie das Zusammenwirken der Stände, das Verhältnis zwischen der Ersten und der Zweiten Kammer, ihre Aufgaben und ihre Möglichkeiten. Seine Erfahrungen, die er in den Landtagen von 1819 und später 1822 gesammelt hatte, überzeugten ihn, dass neben der Beratung des Königs wichtige Aufgabe der Kammern, die Opposition gegen Maßnahmen und Pläne der Regierung sei.

In der deutschen Öffentlichkeit herrschte jedoch eine Stimmung, die allen liberalen Bestrebungen zuwider lief. Das Attentat auf den nassauschen Beamten Ibell heizte die allgemeine Angst vor revolutionären Umtrieben weiter an. Baden und Nassau, die beide ihre Landtage aufgelöst hatten, waren bereit, ihre Verfassungen aufzuheben. Bayern befand sich wegen seiner Verfassung in einer Art Anklagezustand. Nur mit großer Mühe gelang es Minister Rechberg im August in Karlsbad, die bayerische Verfassung zu retten, wiewohl der König ihn ermächtigt hatte, sie preiszugeben. Der Minister hielt dies geheim.

Die Karlsbader Beschlüssen zur Demagogenverfolgung, stärkerer Zensur von Büchern und Schriften, Kontrolle der Universitäten und Verfolgung von revolutionären Umtrieben wurden am 20. September 1819 vom Bundestag verabschiedet. Sie wurden damit für alle Mitgliedsstaaten verbindlich. Sein streitbares Temperament brach aus Christoph raus: „Dieser Bundestag", heißt es in einer seiner Schriften aus diesen Tagen,[24] „diese Schattengewalt, dieser Embryo einer Minimalautorität, der nichts ist und nichts werden kann, dieser Bundestag ist plötzlich in ein Gremium verwandelt mit der obersten Gesetzgebungskraft über alle Völker, Fürsten und Staaten Deutschlands und hat sich als willkürlicher Reformator über alle alten und neuen Verfassungen erklärt. Der Bundestag, der in allen wichtigen Fragen versagt hat, ist nun ein Instrument von Karlsbad."

Als Christoph von der geplanten Wiener Ministerialkonferenz erfuhr, nahm er wie viele an, dort werde der Versuch gemacht, die bayerische Verfassung aufzuheben. Hatte er gegen die Karlsbader Beschlüsse polemisiert, so war er nun nicht gewillt, die Wiener Entscheidungen einfach hinzunehmen. Zusammen mit Franz Häcker bereitete er eine Adresse vor, in der er sich scharf gegen die Karlsbader Beschlüsse und gegen alles wandte, was in Wien beschlossen werde. Sehr zum Ärger der bayerischen Regierung schrieben beide mehrere Regierungen an und forderten sie auf, sich an der Adresse zu beteiligen. Am 21. November 1819 beschlossen die Minister, diese Aktion zu verhindern.[25] Sie verlief also im Sand und bewirkte nur, dass Christoph wieder als der streitsüchtige Unruhestifter dastand.

Im Dezember erschien sein *Verfassungskatechismus*: „Die Verfassungsurkunde ist jetzt unser Eigentum, was uns niemand nehmen kann", hieß es geradezu beschwörend in der Vorrede. „Ihre Wohltaten bestehen hauptsächlich darin, daß das baierische Volk erstens von der Willkür der Oberen befreit ist, die Rechte genießt, welche jedem Volk nötig sind, um seine Kräfte zu entwickeln und seinen Wohlstand zu fördern. Zweitens, daß es durch selbst gewählte Männer aus allen Ständen seine Wünsche und Bitten an den König gelangen lassen kann und dass diese Männer im Namen des Volkes das Recht ausüben, bei neuen Gesetzen, bei neuen Auflagen und bei anderen Gelegenheiten ihren Beirat und ihre Einwilligung zu geben."[26]

Christoph von Aretin im Landtag von 1822

1822 trat der bayerische Landtag zu seiner zweiten Sitzungsperiode zusammen.[27] Am 11. Januar gab der Magistrat von Neuburg Christoph ein Essen, bei dem er ihm eine Liste seiner Wünsche für die Zweite Kammer überreichte. In München eröffnete Minister Graf Rechberg Christoph, dass es diesmal keine *Landtagszeitung* geben würde. Österreich habe interveniert, weil sie in Tirol, Vorarlberg und Oberösterreich zu viel gelesen würde.

Das bestärkte Aretin in seinem Entschluss, sich bei dieser Landtagssession von der Regierung möglichst fern zu halten und mit den Liberalen enger zusammenzuarbeiten. Für die Regierung einzutreten und dafür von dieser angegriffen zu werden und gleichzeitig von den Liberalen des Verrats liberaler Ideen bezichtigt zu werden, das wollte er nicht noch einmal erleben. Noch bevor der Landtag im Februar 1822 zusammentrat, ergaben sich um den Würzburger Professor und Landtagsabgeordneten Wilhelm Behr heftige Diskussionen. Im Landtag war er der Regierung durch unangenehme Fragen und radikale Reden zur Belastung geworden. Sie war daher froh, als sich Gelegenheit bot, Behr nicht mehr zum Landtag einzuladen. 1821 war Behr auf Lebenszeit zum Bürgermeister von Würzburg gewählt worden. Die Regierung war nun der Meinung, sein Mandat im Landtag sei erloschen. Der König, der Behr für „einen üblen Kerl hielt", war der selben Meinung. Es war daher ausgesprochen ungeschickt, dass Christoph, als ihn der König am 19. Januar 1822 empfing, ausgerechnet Behr als Beispiel für seine schwierige Lage nannte, die ihn zwänge, manchmal nicht mit der Regierung, sondern mit seinen liberalen Freunden zu stimmen. So müsse er für das Verbleiben Behrs im Landtag stimmen, wenn er nicht seinen Einfluss bei den Liberalen verlieren wolle. Er konnte den König nicht überzeugen.

Aretin hatte sich mit dem Verhalten der Zweiten Kammer getäuscht. Als am 2. März über den Ausschluss Behrs diskutiert wurde, stimmten nur 25 Deputierte mit Christoph für sein Verbleiben im Landtag. Christoph gewann mit seiner Haltung zwar die Sympathien der Liberalen, Montgelas gratulierte ihm sogar. Bei den Ministern aber, insbesondere bei Wrede hatte er an Vertrauen verloren. Selbst sein Bruder Adam fragte aus Frankfurt, was Christoph mit seinem Eintreten für Behr bezwecken wollte.

Christophs eigentliches Ziel für den Landtag 1822 war die Verabschiedung des Hypothekengesetzes. Dem stand allerdings der Staatsrat Professor Gönner im Weg. Seit Mitte Februar hatte Christoph die Bestätigung, dass eine verbreitete Schmähschrift gegen ihn von Gönner stammte.

Am 21. Februar 1822 kam die Beschwerde Christophs über den Landtagsabschied von 1819 zur Diskussion. Christoph nutzte die Gelegenheit, auch den zweiten Entwurf Gönners zum Hypothekengesetz, den dieser im Juli 1819 veröffentlicht hatte, anzugreifen und machte in einer ausgefeilten Rede eine Reihe wichtiger Verbesserungsvorschläge, die nach einer Diskussion in den Entwurf Gönners eingearbeitet wurden. Anschließend gab Aretin seine Absicht bekannt, Gönner als den Verfasser einer Schmähschrift zu verklagen, in der Aretin als gescheiterter Bibliothekar bezeichnet wurde und seine Ansichten zum Hypothekengesetz lächerlich gemacht wurden. Ein Prozess hätte jedoch für die „Arbeit" des Landtags üble Folgen gehabt. Den Ministern Reigersberg und Zentner gelang es, die Kampfhähne zu gegenseitigen Ehrenerklärungen zu bringen. Am 14. März hielt Christoph eine viel beachtete Rede zum Hypothekengesetz. Gönner antwortete mit einem dreistündigen Vortrag, wobei er viele Verbesserungsvorschläge Christophs übernahm und der Kammer zugestand, durch die intensive Diskussion des Entwurfs beigetragen zu haben, dass das Gesetz nun in verbesserter Form verabschiedet werden könne.[28] Es wurde am 1. Juni 1822 vom König unterschrieben und in Kraft gesetzt.

Am Ende der Session von 1822, als der Landtag im Namen des Königs verabschiedet wurde und beide Präsidenten der Zweiten Kammer gesprochen hatten, bat Christoph um das Wort. Nach einer rhetorischen Frage, warum dem Landtag nicht alles gelungen sei, was er sich vorgenommen hatte, sagte er: „Ich fürchte nicht zu irren, wenn ich die Ursache hauptsächlich darin zu finden glaube, dass so viele Staatsbeamte den Geist der von ihnen beschworenen Verfassung noch nicht in sich aufgenommen haben. Sie erblicken in der Ständeversammlung eine feindliche Anstalt, in jedem Tadel der Verwaltung eine Art Staatsverbrechen oder wenigstens eine unbefugte Einmischung, welche man zurückweisen durfte oder strafen muß durch Nichtachtung. Wir sind den Beamten unbequem? Aber meine Herren, hat man uns versammelt um ihnen Bequemlichkeit zu verschaffen? Sind wir denn hier, um sie auf Rosen zu betten? Sie müssen endlich lernen die Stimmen des Volkes zu achten, das durch seine Abgeordneten zu ihnen spricht." Dann kam Christoph auf die Rolle der Opposition zu sprechen. „Die Opposition, meine Herren, ist von der Verfassung selbst aufgestellt, gleichsam als das öffentliche Gewissen der Verwaltung, um ihr anzuzeigen, wo und wie sie gesündigt. Sie ist das eigentliche Lebensprinzip der gesetzlichen Monarchie." „Unsere Pflicht war", heißt es weiter, „die Verfassung getreu gegen alles, was uns als Willkür oder als Kleben an alter Form erschien, unseren Widerstand an den Tag zu legen, und in Erfüllung dieser Pflicht werden wir uns auch in Zukunft durch nichts irre machen lassen." Ohne die nach Karlsbad und den Wiener Ministerialkonferenzen veränderte bayerische Politik, zu nennen meinte er: „Ich weiß wohl, es gibt in und außer Bayern Menschen, die kaum die Minute erwarten können, in welcher der Ständesaal geschlossen wird. Er werde nicht wieder eröffnet werden, glauben sie; gleich dem Janustempel soll er ihnen den Frieden verkünden durch sein Verschlossenbleiben. Jetzt hoffen sie auf die nächsten drei Jahre, da soll eine solche Wendung der Dinge eintreten, daß alle Konstitutionen ausgerottet werden. Wir Bayern", hieß es dann selbstbewusst, „sowie alle Deutschen, ich möchte sagen wir alle gebildeten Völker des 19. Jahrhunderts können nur mehr leben in der Atmosphäre der konstitutionellen Monarchie; nur hier schöpfen wir Atem, nur diese Luft schlägt uns an."[29]

Am Ende seiner Rede herrschte zunächst Stille, bis der Jubel hochbrach. „Einige sagten mir", notierte Christoph, „der erste Eindruck wäre weder Beifall noch Tadel gewesen, sondern Erstaunen über die Freimütigkeit, über das sichere Treffen auf den ersten Punkt. Erst nach und nach hätte sich dieses Erstaunen in Freude und Beifall aufgelöst. Die Erschütterung wäre bei manchen so groß gewesen, dass sie Tränen verloren hätten."

Die Reaktion der Regierung aber war blankes Entsetzen. Zwar waren Kronprinz Ludwig wie auch sein Bruder Karl von der Rede angetan. Doch sie empörte Fürst Wrede derart, dass er im Ministerrat am 31. Mai ernsthafte Maßregeln gegen die boshaften Bemühungen einzelner höherer Staatsdiener forderte. Aretin solle fristlos entlassen werden. Justizminister Reigersberg stellte sich vor Christoph. Doch Wrede wandte sich direkt an den König. Max I. Joseph, obwohl er in dieser Zeit viel auf Wredes Rat hörte, lehnte jede Maßnahme gegen Christoph ab.[30] Aretin genoss sein Ansehen. „Viele Deputierte", heißt es in seinem Tagebuch, „die ich kaum dem Namen nach kannte, nahmen herzlichsten Abschied von mir und dankten für meine Freimütigkeit. Die meisten wollten mich zum nächsten mal zum Präsidenten der Zweiten Kammer wählen." Hornthal, der 1819 nur Hohn für Christoph übrig hatte, sprach mit Hochachtung von ihm. Christoph hatte mit dieser Rede zu seiner neuen Rolle als Verfechter der Konstitutionellen Monarchie gefunden. Der Zweite Landtag von 1822 hatte durch seine Arbeit und dadurch, dass keine radikalen Anträge gestellt wurden, an Ansehen gewonnen. Er hatte bewiesen, dass Parlamente nicht notwendig zu Unruhen und Chaos führen mussten.[31]

In zwei Richtungen ging in den folgenden Monaten Christophs Tatendrang. Die eine war seine Absicht, für das Ideal einer liberalen Verfassung weiterhin einzutreten. Die andere betraf seine Bemühungen, in Bayern ein Creditforum zu gründen. In der Überzeugung, dass das Hypothekengesetz eine Ergänzung zur Vergabe von Krediten benötige, trat Christoph 1823 in zahlreichen Schriften für einen Creditverein und die Gründung einer Creditanstalt ein. Er wies dabei auf seine Erfahrungen in den Verhandlungen um das Hypothekengesetz hin.[32] Die Zurückweisung seines Plans kränkte ihn zwar, steigerte aber seine Aktivitäten.

Für das Ideal einer Konstitutionellen Monarchie in den zwanziger Jahren des 19. Jahrhunderts einzutreten, war nach den Beschlüssen der Karlsbader und der Wiener Ministerialkonferenzen nicht unproblematisch. Liberale Verfassungen wurden zwar geduldet, aber die einzelnen Regenten wurden wegen der Schwierigkeiten, die sie mit ihren Parlamenten oft hatten, mehr bemitleidet als bewundert. Christoph war fest entschlossen, gegen alle kritischen Einwände die Vorteile des Systems einer Konstitutionellen Monarchie darzulegen. Nach längeren Verhandlungen gründete er die *Konstitutionelle Zeitschrift*. Sie erschien zweimal im Monat und wurde vom Verlag der Metzlerschen Buchhandlung in Stuttgart verlegt. Es erschienen zwölf Hefte von Januar bis zum Juni 1823. Christoph war sich bewusst, dass diese Zeitschrift gegen den Zeitgeist agierte. So sicherte er sich in der Einleitung mit zwei Zitaten Metternichs und einem Zitat Kaiser Franz' I. von Österreich ab, die sich beide positiv zum Modell einer Repräsentativverfassung, wenn auch an sehr verborgener Stelle, geäußert hatten. Auf diese Art hoffte er, Kritik an seinem Vorhaben verhindern zu können. Im Übrigen äußerte er sich im ersten Heft sehr offen über die Absicht, die er mit dieser Publikation verfolge: „Das ist der Zweck unserer *Konstitutionellen Zeitschrift* …, weil sie vor allem dahin gerichtet ist, den gesetzlich eingeführten Verfassungen das Wort zu sprechen, die Grundsätze der Konstitutionellen Monarchie in ihrer Reinheit zu bewahren, den Eifer für dieselbe fortwährend wach zu halten, auf die Gefahren, die ihr drohen, aufmerksam zu machen. Diese *Konstitutionelle Zeitschrift* wird daher, weit entfernt, aufzuhetzen und zu erschüttern, vielmehr beruhigend und befestigend wirken. Sie wird mit großer Ehrfurcht vor der Königswürde mit Anstand und Ernst vor den Ministerien, mit Eifer und Nachdruck für die Forderungen der Gerechtigkeit sprechen."[33]

Das Staatsrecht der Konstitutionellen Monarchie

Christoph von Aretins Werk Das *Staatsrecht der Konstitutionellen Monarchie* war auf zwei Bände angelegt. Das Manuskript des ersten Bandes wurde im Oktober 1823 abgeschlossen. Das Werk erschien im Sommer 1824.[34] Unklar bleibt, inwieweit Christoph den zweiten Band konzipiert hat. Er wurde 1828 von dem Heidelberger Staatsrechtler Karl von Rotteck vollendet. Die beiden Bände erlebten 1835 eine zweite Auflage. Sie sind keine wissenschaftliche Abhandlung. Christoph wollte mit diesem Werk die Vorteile der Konstitutionellen Monarchie herausstellen, um für diese Idee, die immer weniger in die offizielle Politik einfloss, zu werben.

Der erste Band besticht durch einen systematischen Aufbau: Nach einer historischen Einleitung gliedert sich der Stoff in acht größere „Abschnitte". Die ersten drei: *Vom Lande – Vom Volk – Vom Konstitutionellen Monarchen* sind die Basis, worauf die weiteren aufbauen: *Von den Konstitutionellen Monarchien – Von der Zielsetzung – Vom Thronfolger des Konstitutionellen Monarchen – Von den Staatsbürgern und Untertanen – Von der Einführung und Abänderung der Repräsentativverfassung.*

Christoph war sich bewusst, dass die Konstitutionelle Monarchie nicht die Gunst der Zeitverhältnisse hatte. Er war aber „der vollen Überzeugung, dass eben die jetzigen Ereignisse am stärksten die Notwendigkeit fühlbar machen, das System der Konstitutionellen Monarchie aufrecht zu erhalten". Er sah das Prinzip der Monarchie auf Dauer nur in der konstitutionellen Variante gesichert, „weil in ihr alle drei Elemente, das monarchische, aristokratische und demokratische miteinander vereinigt sind, und zwar so, dass eins durch das andere in Schranken gehalten wird". Die konstitutionelle Spielart ist nach Christoph, „diejenige Art der Alleinherrschaft, gemäß welcher ein Monarch mit dem Recht der Vererbung der Krone, nach den Vorschriften des vernünftigen Gesamtwillens regiert. Sie löst das Problem, die notwendige Gewalt der Regierung mit der möglichsten Freiheit der Staatsbürger zu vereinen".[35]

Was schon während seiner Tätigkeit in den Klosterbibliotheken faszinierte, ist auch hier zu sehen: Aretins unglaubliche Belesenheit, die es ihm erlaubte, seine Ansichten mit einer großen Bandbreite von Belegen aus der Literatur abzusichern.

War Christoph 1816 in seinen Abhandlungen noch ein Gegner einer eigenen Kammer für den Adel, so sah er jetzt im Zusammenwirken des Adels und der Bürger den größten Vorteil. „Die gesetzgebende Gewalt muß demnach sowohl einer Adelskammer, als auch den Volksrepräsentanten anvertraut werden, beide halten ihre eigenen Versammlungen und Sitzungen, so wie jeder von beiden Teilen sein eigenes und besonderes Interesse hat."[36] Christoph sah die Aufgabe der Ständeversammlung in der beratenden Funktion. Er billigte allerdings der Ständeversammlung weitere Rechte zu: Bewilligung von Steuern und das Recht, selber Gesetze in Vorschlag zu bringen.

Was das Verhältnis des Bürgers zum Staat betrifft heißt es: „Der Zweck des Staates die möglichste Freiheit der Person und des Eigentums der Staatsbürger läßt sich auf keine andere Art erreichen, als durch die Herrschaft des Gesetzes. Diese ist also mit bürgerlicher Freiheit gleich bedeutend und daher muß jede Gewalt im Staat unter dem Gesetze stehen. Die Konstitutionelle Monarchie ist daher die Verwirklichung des Rechtsstaates."[37]

Das Staatsrecht der Konstitutionellen Monarchie ist in seiner Geschlossenheit eine große Leistung. Es blieb nicht unumstritten. Die Kritik galt wohl mehr der Frage der Konstitutionellen Monarchie und weniger dem Autor. Karl von Rotteck hätte sonst kaum den zweiten Band geschrieben und den Text von Christoph verwendet. In der dem Wiener Hof nahe stehenden Zeitschrift *Der Staatsmann* erschien 1824 eine Kritik des Staatsrechtlers Johann Baptist Pfeilschifter, der Christophs Werk eine „oberflächliche Compilation" nannte. Das Buch wäre eine Mischung aus Unverstand, Schlauheit, geistiger Beschränktheit, pedantischer Abstraktion, tölpischer Mildherzigkeit und despotischen Neigungen.[38]

Der tief gekränkte Christoph antwortete 1824 mit der Schrift *Wie darf man in den Bundesstaaten über politische Gegenstände schreiben*?[39] Er zitiert alle bestehenden Zensurvorschriften, um dann nachzuweisen, dass seine Ausführungen nicht, wie Pfeilschifter behauptet, gegen die nach Karlsbad und Wien verschärften Zensurbestimmungen verstießen.

Wie sein Bruder Georg anmerkte, war dieses Werk Christophs Schwanengesang. Am 24. Dezember 1824 starb er in München nach kurzer schwerer Krankheit. Selbst seine Gegner, und es waren nicht wenige, bescheinigten, dass mit Christoph von Aretin ein hochbegabter, zu außergewöhnlichen Leistungen fähiger Mann dahingegangen war. Bei einem Trauergottesdienst an seinem früheren Wirkungskreis Neuburg an der Donau kam eine Messe zur Aufführung, die Christoph 1809 komponiert hatte.

Es ist nicht leicht, diesem hochbegabten Mann gerecht zu werden. Vielleicht war seine hervorstechendste Eigenschaft, womit er sich auch viele Feinde machte, seine geistige Unabhängigkeit. Schon bei seiner Reise zu bayerischen Klöstern und ihren Bibliotheken 1803 hat er eine Eigenständigkeit bewiesen, die für seine Vorgesetzten nur schwer zu ertragen war. Hätte sich Christoph an die Vorgaben Zentners und seiner Mitarbeiter gehalten, deren Berücksichtigung sie einforderten – in die bayerische Central- und Hofbibliothek wäre nur ein Bruchteil jener Schätze gelangt, die heute den Ruhm der bayerischen Staatsbibliothek ausmachen. An Christoph prallten alle Mahnungen ab, auch wenn sie vom König selbst kamen. Er tat, was er für richtig hielt, auch wenn er damals keine Anerkennung für seine, wie wir heute wissen, überaus wichtige Tätigkeit erfuhr. Er habe, so lautete der Vorwurf, viel zu viele Bücher nach München geschafft.

1806 hatte Christoph eine Schrift *Miszelle für das Königreich Baiern* verfasst. Entgegen bestehender Vorschriften hatte er das Manuskript nicht der Zensurbehörde vorgelegt. In einem vom König und von Montgelas unterzeichneten Schreiben vom 10. Februar 1806 war ihm deshalb die allerhöchste Ungnade ausgesprochen und dem Drucker Hubsmann eine Haft von 8 Tagen auferlegt worden. Christoph wies mit Schreiben vom 12. Februar 1806 den Vorwurf, die Zensurbestimmungen verletzt zu haben, zurück: „Wenn ein Mann von der treuesten Anhänglichkeit an S. M. den König der Gesetzübertretung beschuldigt wird, muß er diese Beschuldigung von sich abwälzen." Sodann zitierte er das Zensurdekret, in dem der König erklärt habe: „Wir wollen keinen guten und aufgeklärten Mann abhalten, mit Freimut und Redlichkeit seine Meinung zu sagen." Schließlich erfolgte der Hinweis, dass er sein Honorar dem Bibliothekspersonal gegeben habe, weil dieses so schlecht bezahlt sei. Max I. Joseph nahm die allerhöchste Ungnade zurück und erließ dem Drucker die Haft. Christoph wurde nur ermahnt, künftig seine Schriften der Zensurbehörde vorzulegen.[40]

Erinnert sei noch an die klare Haltung Christophs, wie seine Briefe zeigen, die er während des Akademiestreits an das Ministerium richtete.[41]

Es gehört zu diesem unruhigen Geist, dass er Zeit seines Lebens mit finanziellen Schwierigkeiten zu kämpfen hatte. Mindestens zehn Schlösser in Ober- und Niederbayern besaß er zu verschiedenen Zeiten. Er kaufte und verkaufte Güter, bis er gegen Ende seines Lebens Gut und Schloss Münchshofen nördlich von Regensburg erwarb. Er scheint sich auf diesen Schlössern kaum aufgehalten zu haben, denn keiner der vielen Briefe, die er an seinen Bruder Adam schrieb, nennt ein Schloss als Absendeort. Lediglich von Arnstorf wissen wir, dass er dort mit seiner Frau lebte. Auch Arnstorf war aber nicht länger als ein halbes Jahr in seinem Besitz. Dazu kam, dass er mit seinen finanziellen Aktivitäten wenig Glück hatte. Er war mit dem Erfinder der Lithographie, Alois Senefelder, befreundet. Als Napoleon bei der Heirat Eugen Beauharnais' mit der bayerischen Prinzessin Auguste 1806 in seiner Tischrede in Nymphenburg behauptete, er werde Bayern so groß machen, wie es noch nie war, hatte Christoph nichts Besseres zu tun, als zu seinem Freund Senefelder zu eilen. Die beiden zeichneten vier historische Karten Bayerns von den Agilolfingern bis zu den Wittelsbachern. Christoph finanzierte mit 30.000 fl dieses Unternehmen, wovon er sich reichen Gewinn versprach. Der blieb aber aus, weil sich der Staat nicht an die Senefelder gewährten Privilegien hielt.

Christoph war dem König treu ergeben. Jahrelang stellte er für Max I. Joseph monatlich einen literarischen Bericht zusammen, den dieser auch gelesen zu haben scheint, denn er forderte die Berichte Ende 1809 wieder ein, als sie während des Kriegs unterbrochen worden waren.

Christophs politisches Ideal war das von Montgelas geschaffene Königreich Bayern. Die Verfassung von 1818 schien ihm die Krönung dieses Ideals. In diesem Sinn fühlte er sich mit seinen Brüdern als wichtiger Träger des modernen Bayern. Das 25. Regierungsjubiläum König Max I. Joseph nahmen die Brüder Georg und Christoph von Aretin zum Anlass, um Bilanz zu ziehen. In einer Schrift: *Baiern vor 25 Jahren und Baiern 1824* zeigten sie anhand einer tabellarischen Überschrift den Fortschritt dieser Jahre auf allen Gebieten des öffentlichen Lebens. Sie schlossen mit dem stolzen Satz: „Wo zeigt die Geschichte 25 Jahre wie diese?"

Georg von Aretin im Landtag von 1827/28

Georg von Aretin überlebte seine zwei Brüder. Nach der Zeit in Tirol war er in seine frühere Tätigkeit als Publizist zurückgekehrt. Eine Zeitlang gehörte er zur Redaktion des *Baierischen Volksfreund*, von dem er behauptete, die Zeitschrift hätte vier Fünftel ihrer Abonnenten verloren, seit er nicht mehr der Redaktion angehörte. Georg lebte auf Gut Wimbuch, das seine Frau in die Ehe mitgebracht hatte. Seine Ehe mit Henriette Freiin Teuffel von Birkensee war alles andere als glücklich. Die Zanksucht dieser Dame war so berühmt, dass König Ludwig I. einmal Georg fragte, wie er sie ertrage und ob es nicht eine große Erleichterung wäre, dass er 1827/28 als Abgeordneter am Landtag in München sein könne.

Georg kam 1827 als Gutsbesitzer in die Zweite Kammer des Landtags.[42] Es schien sich für ihn damit die Möglichkeit zu ergeben, in die Fußstapfen seines von ihm verehrten Bruders Christoph zu treten. Dieser Landtag agierte nun unter König Ludwig I., nachdem König Max I. Joseph 1825 gestorben war. So kam es, dass der Landtag erst fünf Jahre nach dem vorangegangenen von 1822 einberufen wurde. Ignaz von Rudhart, einer der einflussreichsten Abgeordneten der Zweiten Kammer, bezweifelte, dass der relativ kleine Besitz Wimbuch Georg von Aretin berechtige, in der Gruppe der Gutsbesitzer als Abgeordneter einen Sitz einzunehmen. Er konnte sich aber nicht durchsetzen. Damit hatte sich Rudhart die Feindschaft Aretins zugezogen.

Georg hat über den Landtag von 1827/28 ein sehr detailliertes Tagebuch geführt, das diesen Ausführungen zugrunde liegt. Es enthält auch mehrere Betrachtungen, die sich mit dem Landtag und den Problemen eines konstitutionellen Staats befassen.[43]

Aretin traf am 6. November 1827 in München ein. Er verstand sich als Nachfolger seines Bruders Christoph. Wie dieser wollte er die *Landtagszeitung* herausgeben, erhielt aber keine Genehmigung. Franz Graf Armansperg scheint für Georg anfangs das Amt des Sekretärs vorgesehen zu haben. Später, als der König neue Mitglieder für die Erste Kammer, den Reichsrat der Krone Bayerns, ernannte, schlug er Aretin als Mitglied vor, konnte sich aber nicht durchsetzen.[44]

Georg genoss es sichtlich, in München zu sein. Justizminister, Freiherr von Zentner, begrüßte ihn herzlich als alten Bekannten. Am 7. November war Georg zur Audienz beim König gebeten, zusammen mit den Abgeordneten Ignaz von Rudhart, Ludwig Kiliani von Würzburg und Johann Martin Vetterlein von Bayreuth. Ludwig I. gab sich sehr leutselig. Er verwickelte Rudhart in ein langes Gespräch über eine Auslegung der Verfassung. Im Laufe des Gesprächs beklagte er, dass er nach dem Tod des Kriegsministers Johann Nepomuk von Triva[45], noch drei Minister als Pensionäre habe: Rechberg, Reigersberg und Montgelas. „Den Montgelas habe ich gern, sehr gern, aber nur nicht als Minister."

Bei einer Audienz der Deputierten des Regenkreises war Georg erneut beim König. Als einer der Abgeordneten meinte: „Ein Aretin ist gegangen, ein anderer gekommen", meinte der König mit Nachdruck: „Er darf ihn nicht ersetzen und so schwierig sein wie sein Bruder Christoph." Georg notierte in seinem Tagebuch, es sei kränkend, wie sein Bruder verkannt werde. Am 13. November war die Wahl des dritten Präsidenten der Zweiten Kammer. Sie fiel, für Georg unbegreiflich, auf Häcker, den er „einen kränklichen, gelbsüchtigen und schwarzgallichten Mann" nannte. Am folgenden Tag bestätigte der König Johann Heinrich Ritter von Schenk und Ludwig Karl Freiherr von Leonrod als erste und zweite Präsidenten der Zweiten Kammer.

Am 19. November waren die Deputierten zur königlichen Tafel geladen, ungefähr zweihundert Personen. Der Monarch unterhielt sich lange mit Georg, wobei die Trockenlegung der Sümpfe des Donaumooses das Hauptthema war. Als Ludwig I. Christoph erwähnte und meinte, Georg werde hoffentlich nicht so streitsüchtig und schwierig wie sein Bruder sein, hielt Georg den verblüfften König an einem Knopf fest und zählte ihm die großen Verdienste Christophs auf. Nichtsdestotrotz war Georg von dieser Einladung begeistert. „Kein Staat in Europa wird ein solches Diner aufweisen können, wo gleichsam Fürst und Volk in großer Vertraulichkeit sich vereinten." In der Tat zeigte dieser Abend, mit dem die Vorbereitung der Ständeversammlung abgeschlossen war, wie sehr Ludwig I. zu Beginn des Landtags bereit war, mit den beiden Kammern zusammenzuarbeiten. Ein erstes Anzeichen, dass dieser Landtag unter Ludwig I. jedoch nicht ohne Schwierigkeiten bleiben würde, zeigte sich schon bei der Abfassung der Dankadresse an den König. Georg war über den Text, den er würdelos und als höchst kaltsinnig bezeichnete, entrüstet. Er nannte ihn ein erbärmliches Machwerk.

Beide Kammern nahmen am 16. November ihre Arbeit auf. Georg war zwar ein Liberaler, der jede Verletzung der Verfassung anprangerte, sich im Übrigen aber mehrmals im Sinn der Regierung einsetzte. Er wurde, wie er es angestrebt hatte, in den dritten Ausschuss gewählt. Ihm wurde die Berichterstattung der neuen Gesetze an den Reichsrat und für das von der Regierung vorgelegte Kulturgesetz übertragen. Der zweite Berichterstatter war Baron Karl Closen.

Die Atmosphäre in der Zweiten Kammer war so schlecht, dass Georg bereits am 22. November davon überzeugt war, der König werde den Landtag auflösen. Er machte dafür den unglücklichen Text der o. g. Dankadresse, den Widerstand der Ersten Kammer gegen das von der Regierung eingebrachte Gesetz über den Reichsrat und die Intrigen Rudharts verantwortlich.

Vom König, bzw. von der Regierung wurden dem Landtag von 1827/28 so viele Gesetze vorgelegt, dass eine gründliche Bearbeitung durch die Kammern kaum möglich war. Ihr Text war teilweise so schlampig formuliert, dass Fürst Wrede mehrmals dem König riet, die Gesetze zurückzuziehen. Das galt auch für das Kulturgesetz. Georg legte fristgerecht seinen Bericht vor, musste aber erleben, dass Closen sein Gutachten nicht abgab, sodass das Gesetz nicht beraten werden konnte. Mit einer temperamentvollen Rede im Landtag beschwerte sich Georg am 14. Juli 1828, dass Closen die Verabschiedung des Gesetzes unmöglich mache. Dieser aber wies darauf hin, dass er von hochgestellter Seite den Wink erhalten habe, seinen Kommentar nicht abzugeben, um die Verabschiedung des Gesetzes kurz vor dem Ende der Landtagssession, am 8. August, zu verhindern.[46] Georg fühlte sich von der Regierung im Stich gelassen. Auch mit seinem engagierten Eintreten für den Bau von Eisenbahnen scheint er kein Interesse gefunden zu haben.

Georgs Tagebuch ist bei aller Ergebenheit dem König gegenüber ausgesprochen kritisch. Er behauptete, dass die Münchner Gesellschaft Ludwig I. reserviert gegenüberstehe. Seinem Tagebuch vertraute er die vielfältigen Eskapaden des Königs an. Sie machen verständlich, dass Georg Ludwig alles, auch eine Beseitigung der Verfassung zutraute. Er beklagt sich unter anderem über die willkürliche Behandlung verdienter Staatsbürger. So hätte Ludwig anlässlich des Hofkonzerts am Ostermontag vor allen Leuten den ihm treu ergebenen Präsidenten des Landtags,

Baron Schenk, angeherrscht, dass er mit dem Verlauf des Landtags nicht zufrieden wäre: „Nicht mit der Kammer bin ich unzufrieden, sondern mit der Geschäftsführung." Schenk war sofort bereit, als Präsident zurückzutreten, was durch Zentner und Armansperg verhindert wurde.

Mit seiner Impulsivität beschwor Ludwig häufig peinliche Szenen herauf. Mitte April begegnete der Deputierte in der Zweiten Kammer, Regierungsrat Philipp Heffner, dem König im Hofgarten. Völlig unvermittelt konfrontierte ihn der König mit der Forderung: „ Wo gehen wir hin? Warum arbeiten Sie nicht?" Es entspann sich ein Gespräch, in dem Heffner darauf hinwies, dass der dritte Ausschuss alle Gesetzesentwürfe der Regierung bis auf das Kulturgesetz bearbeitet habe. „Das weiß ich", antwortete der König, „aber die Gesetze werden oft verpfuscht. Es muß mehr gearbeitet werden. Ich meine es so gut mit meinen Untertanen. Alle meine Gesetzesvorschläge werden bekrittelt und verdorben." Grußlos ließ der König den armen Heffner stehen und rief ihm noch zu: „Und mit der Zweiten Kammer bin ich sehr unzufrieden!" Diese Auftritte, die in der Öffentlichkeit diskutiert wurden, schadeten dem Ansehen Ludwigs I. sehr, wie Georg in seinem Tagebuch festhielt.

Über eine Entscheidung des Königs war Georg so empört, dass er mehreren Seiten seines Tagebuchs seinen Ärger anvertraute: 1827 berief Ludwig den österreichischen Abenteurer Joseph Freiherrn von Hormayr als politischen Berater. Was Georg von Aretin irritierte, war die Tatsache, dass Hormayr beim Tiroler Aufstand 1809 eine Rolle auf österreichischer Seite gespielt hatte. Heinz Gollwitzer, der Biograf Ludwigs I., beurteilt diesen Mann äußerst negativ und bedauert, dass der König so lange an dieser fragwürdigen Person festgehalten hat.[47]

Insgesamt war Georg von den Leistungen des Landtags beeindruckt, auch wenn er im Tagebuch Negatives festhielt und nicht weniger als zehn ernsthafte Verletzungen der Verfassung feststellte. Positiv beurteilte er die Tatsache, dass es in dieser Session gelungen war, das Landratsgesetz zu verabschieden, über das man bereits im Landtag von 1822 diskutiert hatte. Damals war es am Widerstand der Ersten Kammer gescheitert.

Wenn Georg auch keineswegs so schwierig wie sein Bruder Christoph war, so hat er sich doch im Landtag von 1827/28 eine

Menge Feinde geschaffen. Gehörte er zu Beginn der Session zu den Deputierten, für die in der Kammer wichtige Positionen vorgesehen waren, so ist er am Ende offensichtlich bei Ludwig in Ungnade gefallen. Das wurde deutlich, als Georg die Zeitschrift *Aurora* neu herausgab, und er erwartungsvoll das erste Exemplar dem König überreichte.[48] Es wurde vom König „sehr kalt aufgenommen", wie der enttäuschte Georg notierte.

Zu den Deputierten des Landtags von 1831 zählte Georg nicht mehr. Über die Gründe seines Ausschlusses ist nichts bekannt. Er wurde wieder Publizist und übernahm am 1. Oktober 1829 die Zeitschrift *Volksfreund.* Als überzeugter Liberaler polemisierte er gegen Obskurantismus und Jesuitismus und griff diese in zahlreichen Aufsätzen an.[49] Nach einer Beschwerde der bayerischen Bischöfe über Georgs antiklerikale Haltung schied er am 1. Juli 1830 aus der Redaktion des *Volksfreund* aus. 1830 gab er die Zeitschrift *Thron und Volksfreund* und 1831 das *Münchner elegantes Wochenblatt* heraus.[50] Im Tagebuch, das er bis 1834 führte, steht über diese Tätigkeiten nichts.

1833 erlitt Georg in München einen Schlaganfall. Danach zog er sich auf Gut Wimbuch zurück. Sein Tagebuch enthält ab da etwas wirre Gedanken und Betrachtungen. Am 30. Januar 1845 ist er in München gestorben.

Vielleicht ist der stärkste Eindruck von Georgs sehr ausführlichem Tagebuch, seine darin an vielen Stellen erkennbare Enttäuschung, dass Ludwig I. eben alles andere als ein konstitutioneller Monarch war, ja, es auch gar nicht sein wollte. Georgs anfängliche Begeisterung für Ludwig I. zeigt, was er von diesem Herrscher erwartete. Das spätere Verhalten Ludwigs I. zerstörte die Vorstellungen, welche Aretin von einem konstitutionellen Monarchen hatte. Das macht Georgs Enttäuschung verständlich. Sein Idol blieb der gutmütige, auf natürliche Art Vornehmheit ausstrahlende König Max I. Joseph. Insofern gehört Georg wie auch seine Brüder in die zurückliegende Ära Montgelas.

Anmerkungen

1 Von Prof. Reinhard Wittmann ist mir ein Tagebuch Christophs für die Landtage von 1819 und 1822 „Diarium über meine Geschäftsführung als Mitglied der Deputiertenkammer" zur Verfügung gestellt worden. Ich bedanke mich herzlich bei dem Besitzer. Dieses Tagebuch geht auch eingehend auf die Vorkommnisse bei Christophs Wahl für die Zweite Kammer ein. Nicht durch Anmerkungen belegte Stellen sind dem Tagebuch entnommen.

2 Aus dem 1. Heft der Landtagszeitung, zitiert nach Lothar Sachs, Die Entwicklungsgeschichte des bayerischen Landtages in den ersten drei Jahrzehnten nach der Verfassungsgebung 1818–1848. Im Zusammenhang mit der allgemeinen politischen Geschichte jener Zeit, o. J.,S. 31.

3 Zitiert nach Eugen Franz, Bayerische Verfassungskämpfe. Von der Ständekammer zum Landtag, 1926, S. 72. Über sein Gespräch mit dem König: Brief Christophs an seinen Bruder Adam v. 15. 1. 1819, Haidenburg.

4 Zitiert nach Michael Doeberl, Entwicklungsgeschichte Bayerns Bd. 2, 1928, S. 595 f.

5 Im Tagebuch Aretins vom 23./24. 2. 1819 ist der Antrag Hornthals nicht erwähnt. In der langen Notiz im Tagebuch wird später Behr zitiert, der den Antrag Hornthals für verfassungswidrig erklärte. Notizen einer Erklärung Aretins gegen Hornthals Forderung, Aretiniana 3, Bayerische Staatsbibliothek. Ulrich Wagner, Wilhelm Joseph Behr. Eine biographische Skizze, o. J. schreibt, Behr habe den Antrag Hornthals unterstützt. Als Christoph in der Landtagszeitung schreiben wollte, Behr stehe hinter dem Antrag Hornthals, drohte Behr mit einer Klage. Zum Verhalten des Königs vgl. Eberhard Weis, Montgelas 1759–1799, Bd. 1. Zwischen Revolution und Reform, 1971.

6 Die beiden Zitate nach E. Franz, (wie Anm. 3), S. 72 f. Der Brief Christophs an seinen Bruder Adam 20. 3. 1819, Haidenburg.

7 Anton Chroust, Gesandtschaftsberichte aus München. Die Berichte des preußischen Gesandten Bd. 1, 1816–25, 1949, S. 214; er berichtet von einem langen Gespräch mit Fürst Wrede.

8 Die Panikstimmung des Königs über die Vorgänge in der Zweiten Kammer ist am eindringlichsten anhand der Privatkorrespondenz Max Josephs zu sehen. Vgl. Adalbert Prinz von Bayern, Max I. Joseph von Bayern, Pfalzgraf, Kurfürst und König, 1957, S. 778–786.

9 Tagebuch v. 28. 3. 1819.

10 Tagebuch v. 29. 3. 1819.

11 Tagebuch v. 4. 5. 1819.

12 Brief v. 7. 5. 1819, Haidenburg.

13 Tagebuch v. 8. 5. 1819.

14 Tagebuch v. 23. 7. 1819.

15 Ludwig Gösser, Der gemässigte Liberalismus im bayerischen Landtag 1819–1848, Diss.phil 1929, S. 38.

16 Augsburger Allgemeine Nr. 91, 1819.

17 Gösser, (wie Anm. 15) S. 36.

18 Gösser, (wie Anm. 15) S. 22. Über diesen Erfolg berichtet er auch in seinem Tagebuch.

19 Vgl. Michael Stolleis, Das bayerische Hypothekengesetz von 1822, in: Wissenschaft und Kodifikation. Das Privatrecht im 19. Jahrhundert, Studien zur Rechtswissenschaft des neunzehnten Jahrhunderts, Bd. 3, 1967, hrsg. von Helmut Coing und Walter Wilhelm. S. 247–250. Der Vortrag Aretins vom 5.5.1819 mit den Verhandlungen der Kammer der Abgeordneten, Bd. 1, S. 339 ff. Das Zitat aus dem Brief an seinen Bruder v. 26.4.1819, Haidenburg.

20 Vgl. Dirk Götschmann, Bayerischer Parlamentarismus im Vormärz. Die Ständeversammlungen im Königreich Bayern 1819–1948, S. 366; auf S. 412 Aretins Ärger über den Passus im Landtagsabschied von 1819, das Hypothekengesetz habe wegen der überscharfen Kritik der Zweiten Kammer nicht verabschiedet werden können.

21 Der Baierische Verfassungsfreund erschien ohne Angabe der Herausgeber. Es erschienen vier Hefte: Heft 1 im Juni, Heft 2 im September, Heft 3 im November 1819, Heft 4 im Januar 1820.

22 Tagebuch vom 27.7.1819.

23 Der Baierische Verfassungsfreund, Heft 1 Juni 1819, S. 8 f.

24 Manuskript Aretiniana 3, Bayerische Staatsbibliothek, München.

25 Erklärung der Minister v. 21.11.1819, MJnn 44786, München.

26 Verfassungskatechismus, 1819, S. 14, 19.

27 Der Darstellung des Landtags 1822 liegt Christophs „Mein Tagebuch für den Landtag 1822" zugrunde. Nur wichtige Zitate werden durch Hinweis auf die entspr. Stelle im Tagebuch nachgewiesen.

28 M. Stolleis, (wie Anm.19), S. 25 ff.

29 Die Rede wurde veröffentlicht in den Verhandlungen der Ständeversammlung des Königreichs Baiern, München 1822, Sitzungsprotokolle v. 28.5.1822, S. 350–354. Vgl. L. Sachs, (wie Anm. 2), S. 66. Sachs nennt sie eine große Rede.

30 Alexander Winter, Karl Philipp Fürst Wrede als Berater des Königs Max Joseph und des Kronprinzen Ludwig von Bayern (1813–1815), S. 320 f.

31 M. Doeberl, (wie Anm.4), S. 598.

32 Er hat zahlreiche Vorträge über das Hypothekenwesen im Land gehalten, die von seinem Bruder Georg als erschöpfende Abhandlungen gewertet wurden.

33 Konstitutionelle Zeitschrift, Plan derselben 1. Heft Januar 1823, S. 5.

34 Staatsrecht der Konstitutionellen Monarchie Bd. 1, 1824 S. VI.

35 Ebenda, S. 163 f.

36 Ebenda, S. 39 f.

37 Ebenda, S. 108.

38 Der Staatsmann Bd. III, 1824, 2. Heft S. 225–228.

39 Wie darf man in den Bundesstaaten über politische Gegenstände schreiben? Eine Unterscheidung von Johann Christoph Freiherrn von Aretin, 1824.

40 Akten mit dem Schriftwechsel des Ministeriums – Christoph, MJnn 15842, München.

41 Akten des Akademiestreites MJnn 24078, München.

42 J. Leeb, Staatsrecht und Wahlen zur Zweiten Kammer der bayerischen Ständeversammlung im Vormärz (1818–1845), Bd.1, 1993, S. 712 f.

43 Tagebuch geführt auf dem Landtag vom Jahr 1827, Haidenburg. Es enthält neben dem reinen Tagebuch eine Reihe Betrachtungen, Resultate des Landtages und Bemerkungen. „Mein Glaubensbekenntnis über das Verhalten eines Landtagsdeputierten und der Regierung in Bayern; wirkliche Verletzungen

der Verfassung, versuchte Veränderungen der Verfassung; Was hat der Landtag vom Jahr 1828 für das Beste des Landes gewirkt? Positive Leistungen; negative Leistungen: Der Landtag von 1827/28 in vier Epochen eingeteilt." Diese letzten Betrachtungen sind von mir in der Festgabe für Max Spindler zum 90. Geburtstag, hrsg. von Andreas Kraus, Band III „Vom Vormärz bis zur Gegenwart", 1984, unter dem Titel „Zeitgenössische Betrachtungen über den Landtag 1827/28", S. 37–57 veröffentlicht worden. Zum Landtag von 1827/28 vgl. Heinz Gollwitzer, Ludwig I. von Bayern. Eine politische Biographie, 1986, S. 381–390. Da das Tagebuch keine brauchbaren Seitenzahlen hat, wird auf dieses als Ganzes verwiesen, ohne dass auf die zitierten Stellen hingewiesen wird.

44 Vgl. Franz Renz, Der Bayerische Landtag von 1827/28, Diss. München 1928, S. 36, 44.

45 Johann Nepomuk von Triva war von 1808 bis 1820 bayerischer Kriegsminister. Er verstarb am 8. 4. 1827.

46 Vgl. F. Renz (wie Anm. 44), S. 58 f. beschreibt, dass das Kulturgesetz von Wrede bereits im Staatsrat am 22. 2. 1828 aufgegeben worden sei.

47 H. Gollwitzer, (wie Anm. 43), S. 111, wo er Hormayr einen skrupellosen Schmeichler und Intriganten nennt.

48 Vgl. Erich Walch, Geistesleben der Montgelaszeit im Spiegel der Münchner Zeitschrift *Aurora*, in: Oberbayerisches Archiv für vaterländische Geschichte 67, 1930, S. 221 f., wo Walch aber nur ganz kurz auf diese kurzlebige Zeitschrift eingeht.

49 Vgl. Wilhelm Lampfied, Die Anfänge des parteipolitischen Lebens und der politischen Presse in Bayern unter Ludwig I., 1825–31, 1912, S. 192 f.

50 Zur journalistischen Tätigkeit Georgs: M. Doeberl, (wie Anm. 4), 1928, S. 504.

Schlussbetrachtung

Die Brüder Aretin haben auf sehr verschiedenen Gebieten des öffentlichen Lebens gewirkt. Was sie vereinte, war ihre Begeisterung für den von Montgelas geschaffenen Reformstaat Bayern.

Sie waren der festen Überzeugung, die Reformen des Systems Montgelas in Bayern würden Vorbildcharakter im Deutschen Bund haben. Diese Annahme erwies sich als Illusion.

Aus dem reichen Briefbestand, der sich im Archiv Haidenburg erhalten hat, geht hervor, dass die Brüder miteinander in enger Verbindung standen und regen Kontakt pflegten. Adam war sich seiner Stellung als der Älteste durchaus bewusst und erwartete, dass dies von den Jüngeren akzeptiert und von der Obrigkeit bzw. dem König berücksichtigt werde.

Auch nutzte Adam seine Stellung, um sich immer wieder für Christoph und Georg zu verwenden.

Die Brüder Aretin haben das Reformbayern des Grafen Montgelas mitgestaltet. Ihr Wirken zeichnet auch die Geschichte dieser Jahre. Als sie nach der Entlassung Montgelas' glaubten, sein Werk vollenden zu können, war die Zeit abgelaufen, in der Bayern in der großen Politik Einfluss besaß. Weder gelang es, am Bundestag für Bayern eine eigenständige Stellung zu erreichen, noch wurde die bayerische Verfassung beispielgebend für andere Länder. In der Politik der restaurativen Epoche des Vormärz spielte Bayern keine besondere Rolle mehr.

Mit dem Tod König Maximilians I. Joseph am 12. Oktober 1825 änderten sich die Verhältnisse grundlegend.

Georg von Aretin erlebte als einziger der drei Brüder noch die Regierungszeit Ludwigs I. Er hatte nach seiner Wahl in die Zweite Kammer gehofft, im Landtag von 1827/28 in die Fußstapfen seines verstorbenen Bruders Christoph treten zu können. Georg spielte jedoch nur eine untergeordnete Rolle und musste erkennen, dass er in die neue Zeit nicht mehr passte.

Max I. Joseph hatte durchaus eigene Vorstellungen in der Politik entwickelt, wie sein langer „Kampf" um eine Volksvertretung zeigt. Aber er konnte sich Montgelas gegenüber nicht durchsetzen. Mit König Ludwig I. übernahm ein Herrscher ganz anderen Wesens die Regierung. Im Gegensatz zu seinem Vater geschah während Ludwigs I. langer Regierungszeit nichts ohne das Einverständnis des Königs. Hatte sein Vorgänger mit der Entlassung Montgelas' noch gehofft, Bayern könne im Deutschen Bund eine bedeutende Rolle übernehmen, war das für Ludwig eine Illusion. Sein Bestreben ging vornehmlich dahin, den gewaltigen Schuldenberg abzutragen, den Bayern während der Ära Montgelas angehäuft hatte. Während Max I. Joseph, dem Vorurteil seiner Zeit folgend, die Aufhebung der bayerischen Klöster in der Säkularisation bejahte, betrachtete Ludwig I. dies als „Barbarei". Er begründete eine Reihe von Klöstern neu und gewann damit die Herzen seiner Untertanen.

Während Ludwigs Regierungszeit wurde München eine der schönsten Städte Deutschlands. Es entstanden Ensembles wie die Ludwigstraße oder der Königsplatz mit seinen Prachtbauten. Mit Leo von Klenze und Johann Friedrich von Gärtner besaß er zwei hervorragende Architekten, mit denen er das ludovizianische München schuf.

Hatte sich Max I. Joseph nach anfänglichen Schwierigkeiten mit der Rolle eines konstitutionellen Monarchen abgefunden, regierte Ludwig I. ab 1830 zunehmend autoritär. In die hohe Politik ließ er sich aufgrund seiner Begeisterung für Griechenland verwickeln. Mit Zustimmung der Großmächte wurde sein minderjähriger Sohn Otto 1832 von der griechischen Nationalversammlung zum König von Griechenland gewählt.

Mit Ludwig war eine neue Zeit angebrochen, in der Vieles konträr zur vorangegangenen geschah. Während die Regierungszeit Max I. Joseph als die Ära Montgelas bezeichnet wird, bildete Ludwig den Mittelpunkt seiner Regierung als Herrscher mit hohem Sendungs- und Geschichtsbewusstsein, als Regent, der das Kunst- und Kulturschaffen in Bayern maßgeblich beeinflusste.

Dank

Bei der Entstehung dieses Buches waren mir viele Menschen behilflich.

Mein Dank gilt den Mitarbeitern und Mitarbeiterinnen im Hauptstaatsarchiv München, die meine zahlreichen, häufig auch schwierigen Wünsche an Archivmaterial erfüllten. Das Gleiche gilt für alle Helfer an der Bayerischen Staatsbibliothek, die mir die benötigte Literatur beischafften. Besonders danken möchte ich den Herren und Damen der Handschriften- und Inkunabelabteilung, die mir die Schriften Christoph von Aretins im Besitz der Staatsbibliothek erschlossen. Für viele Hilfestellung danke ich den Mitarbeitern des Instituts für Bayerische Geschichte. Die Leiterin des Archivs der Bayerischen Akademie der Wissenschaften, Frau Dr. Rausch, half mir, die hier verwahrten Schriften Christoph von Aretins zu erarbeiten.

Ich habe sehr herzlich meiner Familie zu danken, die aus dem handgeschriebenen Manuskript eine digital lesbare und zu bearbeitende Vorlage machte.

Frau Dr. Katrin Herbst gilt mein spezieller Dank für ihr einfühlsames und gründliches Lektorat und ihre wichtigen Hinweise zur Gestaltung des Textes. Die Leser meines Buches werden ihr dankbar sein.

Die Tagebücher Christoph von Aretins zu den Landtagen von 1819 und 1822 wurden mir von Kollege Reinhard Wittmann zugänglich gemacht, in dessen Besitz sie sich befinden. Sie geben wichtige Hinweise zu den Vorgängen in diesen ersten bayerischen Landtagen.

Ich bedanke mich beim Verlag Friedrich Pustet für die Bereitschaft, mein Buch in sein Programm aufzunehmen und insbesondere bei Frau Elisabeth Pustet, die die Fertigstellung mit viel freundlichem Rat tatkräftig begleitete.

Register

Nicht aufgeführt sind die oftmals genannten und wiederkehrenden Hauptakteure: Adam, Georg und Christoph von Aretin, Graf Montgelas, Kurfürst/König Max Joseph

Bildnachweis

Bayer. Akademie der Wissenschaften, München: 99

Bayer. Hauptstaatsarchiv, München: 91, 164, 182

Bayer. Nationalmuseum, München: 84

Bayer. Schlösserverwaltung, München: 32, 126

Privat: 8, 19, 38, 95, 116, 148, 178

Stadtmuseum München: 66

Entnommen aus:
DAMALS 1/2009: 153, 161